海派经济学

Journal of Economics of Shanghai School

目录

论　文

综　述

CONTENTS

Paper

Overview

实现中华民族伟大复兴的中国梦必将计日程功

——学习党的十九大精神的一点体会

丁 冰

内容提要 我国是一个拥有辉煌过去的文明古国。本文以若干新的见解,并着重从经济角度系统阐明中国具有独特的经济政治优势、巨大的技术后发优势空间、特别是有深厚而广阔的科技原创性的潜力和面临第五个长波上行期与机遇期的有利条件,充分地论证了党的十九大重申实现中华民族伟大复兴的中国梦必将计日程功。

关键词 中国特色社会主义 经济增长 技术进步 人工智能

中图分类号 D616

2017年10月,党的十九大提出,新时代中国特色社会主义的总任务是实现社会主义现代化和中华民族伟大复兴。即从现在起,经过三年精准脱贫攻坚,将在全面建成小康社会的基础上,分两步走,到21世纪中叶,把我国建设成为富强、民主、文明、和谐、美丽的社会主义现代化强国,实现中华民族伟大复兴的中国梦。这是以习近平同志为核心的党中央,根据国内外形势和条件的深刻分析、准确判断而提出来的宏伟目标,并向全党全国人民发出的为此宏伟目标继续艰苦奋斗的动员令。笔者相信,只要上下团结一心,不畏艰险,努力奋斗,这个宏伟目标就必将计日程功。根据何在?本文即拟就此主要从经济与现实的条件出发,略抒管见,以就教于专家和读者。

一、中国辉煌的过去

中国是一个拥有5000年优秀文化传统的文明古国。远在公元前221年秦始皇统一六国,中国就成了全球最早实现由奴隶社会进入封建社会的先进文明国家;曾有汉唐盛世,四方来朝,俨若世界文明中心;推动人类文明发展的纸张、火药、指南针、印刷四大发明,也出自中国。只是到中世纪以后,欧洲沿海列强在中国四大发明等先进技术的启示下,进一步发明出热兵器和远航利舰,特别是随着15世纪新大陆的发现,开辟了新的世界市场,杀人越货,残酷

收稿日期:2018—05—06

作者简介:丁冰(1930—),首都经济贸易大学教授,主要研究方向为马克思主义经济学。

掠夺原始、弱小民族才逐渐强盛起来，迎来了新的资本主义时代。马克思说："火药、指南针、印刷术——这是预告资产阶级社会到来的三大发明。火药把骑士阶层炸得粉碎，指南针打开了世界市场并建立了殖民地，而印刷术则变成新教的工具，总的来说，变成科学复兴的手段，变成对精神发展创造必要前提的最强大的杠杆。"(马克思、恩格斯，1979)世界格局在此几百年的沧桑巨变之间，中国的经济政治和科学技术，却由于长期受到较完备的封建制度的束缚而相对进步缓慢或停滞。到1840年鸦片战争之后，中国更是受尽西方列强的欺凌，而逐渐陷入半封建半殖民地的困境。但即便如此，尚在鸦片战争爆发前20年的1820年，中国经济发展的水平，按购买力平价计算，GDP约占全球的30%[①]，位居世界榜首。当然，这与中国是一个地大物博、人口众多的国家有关，但毕竟说明，中国凭着人多地广等独特优势，特别是在当前已走上了唯一符合我国国情的中国特色社会主义这条康庄大道，只要全民认真团结起来，努力奋斗，就完全有可能，也应该重登世界大国、强国的位置，实现中华民族伟大复兴的中国梦。

二、中国拥有独特的经济政治制度优势

经济增长的速度和规模水平，主要是由一定生产力与相应的生产关系和经济政治制度在辩证统一的矛盾运动中共同作用决定的。

从生产关系和经济政治制度方面来看，人类经历的五种社会形态的生产力总是后者超过前者的。例如资本主义社会的生产力就大大超过之前的一切社会的生产力。正如马克思、恩格斯在1848年说的："资产阶级争得自己的阶级统治地位还不到100年，它所造成的生产力却比过去世世代代总共造成的生产力还要大、还要多"(马克思、恩格斯，1965)。同理，社会主义社会的生产力也必将比资本主义社会的生产力以更快速度向前发展。其根本原因在于，社会主义生产资料公有制使劳动者摆脱了被资本家剥削、压迫的雇佣劳动地位而成为国家和企业的主人，以致在生产中能充分发挥主人翁的生产积极性和创造性；同时在政治上有以马克思主义为指导的无产阶级政党的领导和无产阶级专政政权的保障，以及在宏观经济上有自觉的协调安排，因而能集中力量办大事，也能避免资本主义市场经济所固有的周期性危机与失业，从而使经济能持续稳定地增长。

新中国成立半个多世纪以来，在中国共产党领导的社会主义和中国特色社会主义制度下的生产，尽管因种种原因有曲折，但总的说来，其经济增长速

① 经济学家安格斯·麦迪逊估计数据(转引自英国《经济学家》周刊网站2014年8月22日文章:《捕捉老鹰》)。

度要比旧社会和西方世界快得多。统计数据显示：我国 GDP 年均增长速度，1952—1978 年为 7.7%、1978—1998 年为 9.7%[①]，都大大高于同期世界经济包括发达国家在内的 GDP 年均经济增长约 3%—4%的水平；进入 21 世纪后，在全党和全国人民的共同努力下，我国经济又以更快的速度增长，2003—2007 年 GDP 年均增长 11.65%；2008—2012 年，因受国际金融危机的影响，GDP 增速虽呈下降趋势，但各年仍分别增长 9%、8.7%、10.4%、9.3%、7.7%，即每年仍保持在 8%以上高速增长线上。2013—2017 年间，以习近平同志为核心的新一届党中央，重申以为人民服务为宗旨，强调坚持以马克思列宁主义、毛泽东思想和中国特色社会主义理论，特别是习近平新时代中国特色社会主义思想为指导，励精图治，反腐倡廉，大得人心，同时又紧紧围绕统筹推进"五位一体"总体布局和协调推进"四个全面"战略布局、五个发展理念，并及时出台十分务实的"三去一降一补"的供给侧结构改革的方针政策，使我国的经济虽然处于产业结构调整的转换时期，也并未出现莫须有的所谓"中等收入陷阱"[②]而呈新常态的增长，随后又转向高质量发展阶段。即 GDP 在此 5 年年均增长 7.1%，各年分别增长 7.7%、7.3%、6.9%、6.7%、6.9%。我国经济长期持续快速增长，以至从原来"一穷二白"的国家，到 2010 年的 GDP 仅次于美国，成为世界第二大经济体。时至今日，看来中国经济要赶超美国已为期不远，这也是我国多年来梦寐以求的目标。

早在 1958 年"大跃进"时期，我国就曾提出过"超英赶美"的口号。如果说在那时还只表明我国人民的雄心壮志和美好愿望，那么在今天乃是一个实实在在的行动方针，甚至说要"超美"也不过分。当然我们仍须保持冷静，不能盲目乐观。据德国一位研究中国问题的专家弗兰克·泽林于 2014 年 12 月 12 日在德国《商报》发文称，根据购买力平价(PPP)计算，在当年(2014)中国的 GDP 将达到 17.6 万亿美元，而美国则只有 17.4 万亿美元。[③] 即认为我国 GDP 在四年前似乎就已超过美国而跃居世界第一了。笔者认为，这无疑是一种不切实际的说法，不能当真，谨防坠入盲目乐观的"陷阱"。因为在现实国际经济的交往关系中，实际都是通用国际汇率，而没有依 PPP 计算成交的；更不用说若按人均 GDP 计算，在 2014 年，我国人均 GDP 只有 11868 美元，还排在世界 80 多个国家之后，不仅远远低于人均 5.3 万美元的美国，也落后于土库曼斯坦、塞尔维亚、多米尼加等人均 GDP 属于中下等国家的水平。但话又说回来，现在我们毕竟有中国特色社会主义经济和政治制度的优势，以往既已长期保持快速增长的历史记录，若再继续艰苦奋斗若干年，在实际经济体量上超

① 《中华人民共和国国史百科全书》，中国大百科全书出版社 1999 年版，第 568 页。

② 这是西方资产阶级经济学家于 2006 年提出来的妄图把我国经济引入歧途的一个伪命题和"理论"陷阱。笔者曾撰文批驳。参见《〈世行报告〉的主要问题在哪里——兼评所谓"中等收入陷阱"之谜》，收入丁冰著《从中国走向世界》，中国经济出版社 2017 年 9 月出版。

③ 见《参考消息》2014 年 12 月 15 日，第 15 版。

过美国是完全有可能的。试测算如下：

据媒体报道，2017年中国和美国的GDP分别为12.725万亿美元和18万亿美元。参照以往经验和现实情况，则今后GDP年均增长率，对于中国来讲，按最保守的估计为6.5%，对于美国来讲，按最乐观的估计为3%(2017年为2.3%，达到了10年来的最高水平；美国商务部预计，2018年将升到3%)；同时假定目前国际汇率不变，用复利公式计算，11年后，2028年中国GDP预计为25.4392万亿美元，美国为24.9156万亿美元，[①]中国GDP明显超过美国，居世界榜首，这已成为目前世界舆论的共识。[②]

三、中国对生产力和科技拥有巨大后发优势和发展潜力

现撇开生产关系和经济政治制度的影响不谈，单从生产力和科学技术的进步对经济增长的影响来讲，我国经济发展的空间依然很大，甚至比经济制度方面的影响还大。

按英国经济学家哈罗德的经济自然增长率模型($G_n=S/C_r$)的观点，从长期来看，只要实际GDP的增长率与自然增长率(或称潜在增长率)相等，就会使经济处于长期持续稳定均衡增长，因而一国GDP的实际最佳增长率的上限乃是它的自然增长率。

所谓自然增长率，是指劳动力的增长率与技术进步的增长率之和。例如，假定一国某年劳动力对GDP增长的贡献率为1%，技术进步的贡献率为6%，该国某年GDP的自然增长率便为7%，因而GDP的实际最佳增长率也为7%。

就劳动力的增长率来说，从长期来看，一般与人口的自然增长率正相关。我国由于过去长期实行独生子女政策，人口自然增长率下降，甚至过早出现人口老龄化、劳动人口减少现象。数据显示，2015年劳动年龄人口减少487万人，降至9.11亿人。到2016年虽然放开二胎，但因整个社会已临近实现全面小康社会的繁荣时期，养育成本增大，人口的自然增长率依然较低，所以，在影响GDP增长率的劳动力的增长因素中，自然劳动力增长贡献较小，实际直接影响GDP增长率较大的是相对剩余劳动力转到就业岗位的人数。如果失业率越大，潜在就业率增加的幅度就越大，因而对GDP增长率的贡献就越大。以此而论，我国近些年来登记的失业率都保持在约4%的水平，估计今后一个时期内也不会有大的变化。因此，我们可以假定我国今后若干年内有1%—2%的劳动力的增加去促进GDP增长，是不会有什么问题的。

---

① 具体算法：中国为12.7250万亿美元×$(1.065)^{11}$=25.4392万亿美元。美国为18万亿美元×$(1.03)^{11}$=24.9156万亿美元。

② 中国经济总量或10年内超美国，《参考消息》第4版，2018年1月20日。

从技术进步来说，一般可分为仿创式和原创式两种类型。仿创式是指通过引进、消化、仿造、创新途径获得的技术进步，这可视为技术后发优势所取得的成果。原创式是指在一定科学技术基础理论指导下，独立自主地开发创造出来的新技术，这可视为从无到有的技术创新发明。正因为它是从无到有的创新发明，所以与由后发优势所取得的技术进步成果比较起来，所需时间要长得多、风险要大得多、成本费用也要多得多，总之要困难得多。

那么，我国现在还有多少技术进步的后发优势呢？在社会大生产的市场经济条件下，假定一国的资源充裕，劳动者每天的劳动时间与强度不变，一般而论，该国年人均GDP水平，乃是随着该国因技术进步而引致的生产率的提高而提高的。可见，在正常情况下，一国人均GDP水平便能大体反映该国技术进步的程度和发展水平。因此，如果撇开各国自然资源的差异和国际贸易收支的影响不谈，各国人均GDP的差异，能大体反映各国的生产技术发展水平的差距。以此而论，前述我国在2014年人均GDP为11868美元，尚处于世界排名第80多位，只及技术最先进的美国约5.3万美元的1/5，这实际就意味着我国的生产技术水平总体上只及美国的1/5，差距很大。这差距就是我国GDP增长可利用的后发优势空间，或者说能促使经济增长的潜力。林毅夫先生在《中国的奇迹是否可持续》一文中参照日本、韩国经济增长赶超时，以美国的经济技术水平为标杆，研究了日本、韩国在相当于我国2008年与美国技术差距时的生产技术水平的年份，分别是在1951年和1997年。然而它们因利用技术后发优势，各自GDP分别继续维持了20年年均9.2%和7.6%的高速增长。由此，他断定"我国从2008年开始应该还有20年平均每年8%的增长潜力"①。我觉得这种分析是有一定道理的，但又有所不足。主要是在考察日本、韩国GDP增长速度时，只注意到技术后发优势效应，而完全忽视了经济制度和"战后"恢复性增长的影响，从而未能说明日本、韩国为什么只维持20年的高速增长，而不像我国那样远多于20年以后仍能继续维持中高速增长，特别是日本自20世纪90年代以来还出现经济停滞或缓慢增长20年的现象②。但不管怎么说，林毅夫先生认为从2008年开始的20年内，我国GDP应有年均增长约8%的观点还是值得重视的。他的这种预测与笔者上述按以往几十年实践经验作最保守估计年均增长6.5%的观点并不矛盾；或者说，林的观点进一步佐证了笔者这个6.5%的增速，若把利用技术后发优势因素考虑在内，是绝对有把握实现的。

---

① 林毅夫，中国的增长奇迹是否可持续，《参考消息》第12版，2014年12月12日。

② 日本GDP在1991—2012年的22年间年均增长仅1%。（参见丁冰著，《从中国走向世界》，中国经济出版社2017年9月出版，第215页，"'安倍经济学'的破产及其对我的启示"一文。）

四、中国拥有深厚而巨大的独立自主的科技创新潜力

与上述技术后发优势相比较，在技术进步因素中更重要的是原创式的技术创新。纵观历史，原创式的科技创新始终是一个国家、一个民族发展的重要力量。从现实来看，它的重要性更加明显。现代国际间的竞争，说到底是包括经济、军事实力在内的综合国力的竞争，关键是科学技术的竞争。谁掌握了科技优势，谁就掌握了经济军事竞争的主导权，谁就更有可能在经济军事竞争中取胜。特别是在当今世界科技日新月异、突飞猛进的形势下，一个国家的科技不创新不行，创新慢了也不行；只重视仿创式创新不行，只重视原创式创新也不行。

过去我国虽然在仿创式创新方面下了很大功夫，也取得了很大成绩，但对原创式创新却重视不够，甚至有人认为“造船不如买船，买船不如租船”，连一点自力更生的志气也没有。即使要创新，也多在一般先进技术，或只需仿创式的创新方面，而把前沿先进技术、企业核心技术寄托于用市场去换取、用金钱去购买，或者用合资、引资去取得，结果多以失败而告终。2005年5月获得中共中央、国务院颁发的国家级科技奖的优秀专家们根据自己的经验，几乎异口同声地说：“真正的核心技术是买不来的。”（丁冰等，2006）因此，只有下定决心在原创式科技创新上努力拼搏，才是我国赶超世界先进技术水平的唯一正确的战略选择。

为此，习总书记在2016年5月30日全国科技创新大会上指出：“实现‘两个一百年’奋斗目标，实现中华民族伟大复兴的中国梦，必须坚持走中国特色自主创新道路，面向世界科技前沿、面向经济主战场、面向国家重大需求，加快各领域科技创新，掌握全球科技竞争先机。这是我们提出建设世界科技强国的出发点。”并明确提出科技发展进程的时间表：“我国科技事业发展的目标是……到2020年时使我国进入创新型国家行列，到2030年时使我国进入创新型国家前列，到新中国成立100年时使我国成为世界科技强国。”接着又特别强调：“科技创新不能等待观望，不可亦步亦趋，当有只争朝夕的劲头。时不我待，我们必须增强紧迫感，及时确立发展战略，全面增强自主创新能力。我国科技界要坚定创新自信，坚定敢为天下先的志向，在独创独有上下功夫，勇于挑战最前沿的科学问题，提出更多原创理论，作出更多原创发现，力争在重要的科技领域实现跨越发展，跟上甚至引领世界科技发展方向，掌握新一轮全球科技竞争的战略主动。”①总之，一句话，就是要把科技创新的重点放在原创式的创新上。尽管这比仿创式创新费时长、花费多、风险大，那也必须如此，否

---

① 习近平，为建设世界科技强国而奋斗，《经济日报》第2版，2016年6月1日。

则，就不能实现“两个一百年”的中国梦和赶超世界先进的强国梦。

自那以来，全国广大科技工作者和各族人民在习总书记伟大号召的鼓舞下，更进一步振奋精神，意气风发，积极投身于科技创新热潮之中，并已取得了可喜成绩。2016年8月16日，我国成功发射了世界首颗量子科学实验卫星“墨子号”。它标志着我国在世界上首次实现卫星和地面之间的量子通信，构建起天地一体化的量子保密通信科学实验体系，成为世界量子通信的领跑者。再看“长征七号”“长征五号”运载火箭先后完成首飞，“天宫二号”“神州十一号”接连升空，还有“蛟龙号”深潜7000米、“海斗号”深潜超万米等世界领先科技成就，真好似实现了神话般的“可上九天揽月，可下五洋捉鳖”的梦想。再如《厉害了，我的国》纪录片中所描述的中国船、中国车、中国桥、中国港、中国网等震撼人心的“超级工程”，无一不是领先于世界的骄人成就。更可喜的是，在作为世界科技前沿的基础设施建设方面，我国在一些重要领域，如超算设施、互联网电子商务、人工智能的发展等都已居世界领先地位或前列。据媒体报道，2017年11月13日公布的全球超级计算机500强榜单中，中国“神威·太湖之光”和“天河二号”的浮点运算速度分别为每秒9.3亿亿次和每秒3.39亿亿次。这样，中国在超算速度上，继2016年首次超过美国之后又再次超过美国而居世界榜首。[①] 这标志着新的工业革命到来的人工智能(AI)技术的发展，也已名列世界前茅。数据显示：2016年，我国智能制造业产值达1.4万亿元，从2011年开始，过去5年年均增长率超过20%，远高于同期GDP的增速，预计到2020年的产值还将翻一番，达到3万亿元。[②] 在当前制造业中，作为机器人化程度最高之一的汽车制造业的智能化发展也很出色。据媒体报道，我国智能网联汽车创新联盟已于2017年6月12日成立，它将拉动5G、车联网、大数据等多个领域快速发展[③]；再如2017年12月2日，深圳市海梁科技有限公司有4辆公交车在福田保税区开展“全球首次在开放道路上进行智能驾驶公交试运行”，它必将有力推动我国整个智能驾驶业和智能制造业的发展。美国《纽约时报》报道，波士顿咨询公司的研究显示，中国将在15年内成为世界上最大的自动驾驶车辆市场。[④] 总之，我国目前科技创新，特别是AI技术创新的整体水平已达到一个新的高度。正如我国科技部权威人士所指出的那样：目前，我国科技创新在党和国家全局中的战略地位显著提升，整体创新能力和创新效率显著提高；从全球来看，中国的科技创新由过去的跟跑为主，逐步转向更多领域中并跑、领跑；从促进经济增长的角度来看，我国科技进步贡献率由52.2%提高到57.5%；从创新的项目来看，我国重大科技创新成

① 中国再登顶全球超算500强榜单，《北京日报》第9版，2017年11月14日。
② 黄鑫，智能制造业推进体系已基本形成，《经济日报》第4版，2017年11月25日。
③ 董碧娟，引领产业革命的颠覆性技术，《经济日报》第14版，2016年10月21日。
④ 赵觉珵、刘扬、任重，“无人驾驶巴士”在深圳上路了，《环球时报》第8版，2017年12月3日。

果不断涌现,数字经济、共享经济等新业态、新模式正在引领世界新潮流。①

值得注意的是,作为新一轮技术革命主要标志的AI技术的应用范围,十分广泛,除上述制造业等行业外,诸如金融、房产、教育、法律、医疗、能源、物流、翻译、对话、家务、城市大脑、语音图像识别等,几乎是无所不在,必将成为我国科技创新和国际科技竞争的焦点与重点。因此,我国现已把发展AI产业提升至国家战略层面的高度。2017年7月国务院印发的《新一代人工智能发展规划》(以下简称《规划》)指出:“必须放眼全球,把人工智能发展放在国家战略层面……牢牢把握人工智能发展新阶段国际竞争的战略主动,打造竞争新优势、开拓发展新空间、有效保障国家安全。”《规划》还提出,2020年我国人工智能总体技术和应用与世界先进水平同步;到2025年,人工智能基础理论实现重大突破,部分技术与应用达到世界领先水平,人工智能届时要成为中国产业升级和经济转型的主要动力;到2030年使中国成为全球人工智能创新中心,引领全球智能技术发展。笔者认为,这个《规划》的宏伟目标是完全有可能实现的。主要根据是,除有以习近平同志为核心的党中央的坚强领导和以中国共产党领导为最本质特征的中国特色社会主义唯一正确道路外,还有如下几点重要理由:

1. 有党和政府的高度重视、扶持、引导。除前述习总书记的讲话、国务院印发的《规划》以外,政府还在科研经费上给予大力支持。2000年以来我国对科技研发资金的投入年均增长18%,而同期美国年均增长4%。2016年,我国科研经费投入4080亿美元,已接近于美国投入的4969亿美元。二者分别占2015年全球投入近2万亿美元科研经费总额的21%和26%,说明中美两国在科研投入上的差距不大。②

2. 我国拥有世界第一的作为AI技术基础的超算设施建设。这在前面已阐明,此处不再赘述。

3. 我国拥有大量的生产和研发智能技术平台。目前我国拥有智能企业592家,占全球同类企业总数的22.52%,仅次于占全球同类企业总数41%的美国1078家,居世界第二位③;其中大型研发生产机构企业,我国也有15家(如华为、BAT三巨头、科大讯飞、中车、新松、海梁等),仅次于美国30家(如苹果、亚马逊、谷歌、脸书、微软等),居世界第二位④;目前全球十大互联网企业中我国占了4家。这些都说明,我国AI技术虽然起步较晚,却发展很快,已拥有相当强大的研发阵地,总体的发展水平仅次于美国,居世界第二位。

① 中国科技创新正走向领跑,《参考消息》第8版,2018年3月11日。

② 中国改变世界科学技术格局,《参考消息》第15版,2018年1月26日。

③ 数据来源:根据陈青青,2018年,人工智能产业“挤泡沫”(见《环球时报》2018年3月3日第5版)提供的数据推算。

④ 中美欧展开人工智能争霸战,《参考消息》第1版,2018年2月23日。

4. 我国有关科技的学术论文、专利申请大量涌现。仅2016年公开发表的论文有42.6万余篇，占全球总数的18.6%，首次超过美国的40.9万篇，居世界第一[①]；我国受理的发明专利申请量占全球总量的42.8%，而美国仅占19.4%、日本占10.2%、韩国占6.7%，欧盟和其他国家分别占5.1%和15.8%，稳居世界首位[②]；2017年人工智能领域的科研论文，中国占全球的23%，仅次于美国的34%，位居第二。[③] 这些都意味着我国已蕴藏着巨大的科技原创潜力。

5. 我国科技人才的来源充足，后劲看好。2000—2014年，我国理工科本科毕业生从每年约35.9万人增至165万人，增加了360%；同期美国从48.3万人增至74.2万人，仅增53.6%[④]；在我国政府"千人计划"的召唤和影响下，学业有成的科技归国留学人员，目前已有日益增多之势。据有关负责人士估计，在10年前出国留学与归国就业的比例是7∶1，现在已变为7∶6[⑤]；2012—2016年共有约250万留学生学成回国，其中2016年有43.2万人，远高于2012年。随着我国经济发展和国际地位的提高，外籍专家来华应聘者，近5年来增加40%，而且据负责"千人计划"筛选工作的有关人士透露，每年约有数千外籍科技专家申报该计划。[⑥] 这些就为我国科技发展，特别是人工智能技术发展所需要的最宝贵的人才资源，提供了重要来源。

6. 我国国内有极其广阔的AI产品市场。全国近14亿人口中有一半以上(7.3亿人)是网民。他们构成了庞大智能应用程序的参与者和产品的消费者群体。表现在：第一，中国互联网的电子商务交易额，到2016年已占同年全球的42%，移动支付交易额达7900亿美元，是美国的11倍[⑦]，稳居世界第一。第二，由于AI技术发展需要有大量数据积累进行训练，7亿多网民使用同样的语言在数据积累方面自然就具有举世无双的绝对优势。第三，2015年国内工业机器人销量达到近7万台，同比增长20%，约占同年全球总销量的27%，排名世界第一。2016年中国新投入使用的工业机器人占世界总量的1/3。第四，作为当前象征人工智能发展尖端之一的5G，据CCS洞察公司公布的数据显示，"到2022年中国估计会成为5G技术的最大市场"。[⑧] 如此庞大广阔的国内市场，便成为我国AI技术迅速发展的强大驱动力，也使我国成为全球AI

---

① 中国改变世界科学技术格局，《参考消息》第15版，2018年1月26日。

② 全球智力资源加速流向中国，《参考消息》第4版，2018年4月22日。

③ 中美欧展开人工智能争霸战，《参考消息》第1—2版，2018年2月23日。

④ 中国向科技超级大国惊人转型，《参考消息》第16版，2018年2月23日。

⑤ 中国人才流失"已看到尽头"，《环球时报》第6版，2018年3月1日。另据CCTV2018年4月1日《新闻联播》报道：近5年来我国有230余万留学人员学成回国。仅2017年学成归国者就有48.09万人，较上年增长11.9%，其中获硕博研究生学历及博士后出站人员共22.74万人，较上年增长14.9%。

⑥ 中国正在"爆买世界头脑"，《参考消息》第15版，2018年5月8日。

⑦ 数字化发展正在改写中国经济，《参考消息》第16版，2017年12月12日。

⑧ 中国在全球5G竞赛中"占优势"，《参考消息》第15版，2018年3月9日。

技术发展的最大试验场。

因此,可以预见,我国完全能够独立自主地实现前述习总书记提出的"力争在重要科技领域实现跨越发展,跟上甚至引领世界科技发展方向,掌握新一轮全球科技竞争的战略主动"的要求,完满地实现《规划》提出的宏伟目标,从而有效引领和推动产业升级,促使经济快速增长。

作为把中国视为自己安全战略两大竞争对手之一的美国,眼见中国科技的快速发展,则心生恐惧和忌恨,竟公然发动贸易战,并挥舞其所谓"301条款"大捧来遏制我国技术进步和经济崛起,着重阻挠我国为适应第四次工业革命要求的"中国制造2025"计划的进行。众所周知,中国经过几十年的改革开放,在保护知识产权方面已日益完善。中国走向科技创新的第一线是大势所趋,无人可挡。慢说原创式的创新,即使是仿创式的创新,美国也无法阻挡,更无权干涉。因为美国的产品只要往外卖,世界必然会在不违反知识产权法的情况下学习、跟进、超越,美国妄想规定中国只买只用,但不能超越。这是霸王条款,与全球化的逻辑格格不入。因此,它遭到我国针锋相对的坚决反击和世界各国人民的厉声谴责,也就势所必然了。不仅如此,从唯物辩证法的观点来看,美国对我国科技发展的遏制,却又必将成为激发我国进一步奋发图强、加紧迎头赶超的强大动力。2018年4月27日,美国宣布对我国中兴科技企业实行"301条款"的监管制裁,禁售芯片。5月3日,我国全球新一代人工智能芯片发布会便在上海召开,中科院旗下的寒武纪科技公司发布我国自主研发的Cambricon MLU100云端智能芯片和板卡产品、寒武纪IM终端智能处理器IP产品,其中芯片的理论峰值速度达每秒128万亿次定点运算,已达到世界先进水平。我国人工智能芯片市场规模在2016年仅36亿美元。在当下,经大家奋发图强加油干,据预测,到2021年将超过110亿美元,发展极为迅速。①

现不可忽视的一个理论问题是,技术先进的发达国家的经济增速为什么一般比后进的发展中国家低?须知技术先进的发达国家,因技术进步的后发优势较弱,而原创式技术成果的成本又太大。撇开非内生的制度因素不谈,这乃是技术先进发达国家的经济增长往往慢于发展中国家经济增长的一个主要原因。有的学者惯用发达国家的经济增长的基数很大来解释其增长缓慢的原因,笔者觉得是不准确的。② 在此,我们还应看到,后进国家的经济虽因利用技术进步的后发优势,能比先进国家有较快速度增长,但这后发优势效应却会随其技术的继续发展而递减,遂只得越来越主要靠原创式的技术创新来支撑

① 郭静,国内首款云端人工智能芯片发布,《经济日报》第5版,2018年5月4日。

② 因为若按此逻辑,在中古时代各国经济增长的基数都很低,其经济增长的速度就应很快了,然而事实是那时经济发展十分缓慢,甚至停滞。据著名经济史学家麦迪逊的研究发现,在高度发达的欧洲工业化国家,18世纪以前平均每年人均GDP的增长仅为0.05%,到1400年才翻一番。

其经济继续增长，以致其增速将会日益趋缓。当然就我国来说，将来经济增速尽管也可能面临同样趋缓的命运，但凭着拥有社会主义制度的优势和现有深厚的原创式潜力，将来至少要比当前发达国家的增速快一些，是毫无疑问的。我国现在如果把技术的后发优势效应和原创式效应叠加在一起，前述预计 2028 年，即在 10 年内 GDP 以年均增长 6.5%的速度达到在总量上超过美国就更没有什么问题了。

五、我国现正处于第五个长波的上升期

在近代世界经济发展史上，有所谓短周期（又称基钦周期，约 3 年半）、中周期（又称尤格拉周期，约 9—10 年）、长周期（又称康德拉季耶夫周期，约 50—60 年）。长周期又称长波，是由俄国经济学家康德拉季耶夫（1892—1938 年）在 1925 年的一篇论文中提出来的。随后，美国经济学家熊彼特（1883—1950 年）沿袭康氏的思路，以自己的创新理论为指引，以能形成主导产业兴衰的重大技术革命的发展为依托，把百多年来资本主义经济发展过程划分为三个长波，并以三种周期在时间上的重叠交叉共同作用的节点为标志，判定长波的起点、终点和从上升到下降的转折点。即认为：第一个长波是由蒸汽机问世引起的第一次产业革命时期，起于 1783 年，终于 1842 年，从上升到下降的转折点是 1813—1814 年；第二个长波是由蒸汽机引起的铁路化时期，或称钢铁时代，起于 1842 年，终于 1897 年，从上升到下降的转折点是 1869—1870 年；第三个长波是由电气、化学、汽车业蓬勃兴起发展的时期，或称电气、化学、汽车时代，起于 1897 年，终于 1939 年，从上升到下降的转折点是 1924—1925 年。后来又有经济学家提出，第二次世界大战后世界进入了第四个长波时期，是由电子、核能、计算机、网络、航空航天等高新技术引起的，起于 1949 年，终于 2008 年，从上升到下降的转折点是 1973—1974 年。其中在 20 世纪 90 年代，从作为世界唯一超级大国的美国来看，它的经济因享有“冷战”结束和信息技术网络等高新科技迅猛发展的有利条件，曾一度获得连续 10 年（1991 年 3 月—2001 年 11 月）的增长。但随即便开始下滑至 2008 年跌至谷底。这可以说是第四个长波中因“冷战”结束而出现的一个特殊现象。

这里应当说明，马克思主义经济学认为，上述资本主义社会经济中的中周期、短周期是由资本主义经济的基本矛盾引起并必然要产生的，因而与社会主义经济或社会主义市场经济无关。有人硬要从我国社会主义经济发展中去找出中周期和短周期，如果不是在缘木求鱼，就是在张冠李戴，误用一些非经济的或某种偶然因素去解释本来属于规律性范畴的经济周期问题。其结果就不可避免地把社会主义经济发展中的起伏波动视同资本主义经济特有的范畴去考察，因而混淆了两种不同性质经济的原则区别。然而就长波来说，既然主要

是由重大技术革命，以致引起主导产业的兴衰而形成的，那就与不同性质的经济制度无关，不仅资本主义经济会受其影响，社会主义经济也同样要受其影响。

按此长波论逻辑，笔者认为当前世界已进入第五个长波时期。它主要是由信息互联网和AI技术引起的，起于2009年。受2008年国际金融危机的冲击，世界经济经过约10年的缓慢复苏后，现正在继续缓慢攀升。IMF公布：全球经济在2016、2017年分别增长3.2%、3.7%，并预测2018、2019年都将可能是3.9%，从而恢复到危机前约20年的年均增长水平。① 这样，我们在可预见的将来，一是伴随着第四次工业革命高潮的到来，特别是AI技术的进一步发展，以及作为AI技术基础设施的互联网协议第六版(IPV6)的发展完善，即以人与人相连为特点的当代互联网将变成人与人、人与物、物与物相连的三位一体的新一代互联网的发展完善；二是由甲醇制烯烃(由煤变油)技术的生成、对深海可燃冰的开发等新能源的利用；三是对石墨烯等新材料、新技术的开发、航空航天事业的深入发展等便有可能不断地引领推动新产业的产生、升级，从而使经济在新的更高层级上继续不断发展。因此，这第五个长波就有可能延续到本世纪中叶。若能如此，前面设定我国今后年均经济增长6.5%的10年期间(2018—2028年——经济总量开始超过美国的年份)，则正处于这第五长波的上行期，因而那6.5%年均增长指标有此上行期的支撑，就如虎添翼，何愁不能实现。进而言之，以习近平同志为核心的党中央所提出的“两个一百年”强国梦的时限，也恰好处于这第五个长波的机遇期，因此实现这个梦想的客观条件无限好，只待我们去开发、去利用、去落实。当然，一艘巨轮在向前行进的航程中，总难免有顽石暗礁，有汹涌波涛。但这正是七尺男儿千载难逢的大显身手的好时机。长风破浪会有时，直挂云帆济沧海。只要大家看清形势、挺直腰杆、撸起袖子加油干，中华民族伟大复兴的中国梦就必将计日程功！

参考文献

[1]丁冰等，2006，《我国利用外资和对外贸易问题研究》，北京：中国经济出版社，第93页。

[2]马克思、恩格斯，1965，《马克思恩格斯全集》第47卷，北京：人民出版社，第427页。

[3]马克思、恩格斯，1965，《马克思恩格斯全集》第4卷，北京：人民出版社，第471页。

① IMF上调今明两年世界增长预期，《环球时报》第11版，2018年1月23日。

The Chinese Dream of Realizing the Great Rejuvenation of the Chinese Nation Will Surely be Counted On

—Some Experience in Studying the Spirit of the 19th National Congress of the Communist Party of China

Ding Bing

Abstract China is an ancient civilization with a splendid past. This paper takes a number of new solutions and focuses on an economic perspective that systematically clarifies that China has unique economic and political advantages, huge space for technological advancement, especially the potential for deep and broad scientific and technological innovation, and facing the conditions for the fifth long-wave upturn and the opportunity period, these fully demonstrated that the 19th National Party Congress reaffirmed that the Chinese dream of realizing the great rejuvenation of the Chinese nation will surely be planned.

Key words Socialism with Chinese Characteristics　Economic Growth　Technological Progress　Artificial Intelligence

非对称创新战略的内涵实质与理论诠释
——习近平新时代中国特色社会主义科技创新思想探析

陈元志 华 斌

内容提要 “非对称创新”是习近平新时代中国特色社会主义科技创新思想的重要组成部分。非对称创新就是要在关键领域与科技强国不断缩小差距的基础上,利用不同创新体之间存在的信息非对称、认知非对称、前期投入非对称、决策优先级非对称等差异,在科技强国不知晓、不明晰、不情愿、不重视的科学技术领域果断布局,在科技强国“没想到”“没想好”“不情愿”“不迫切”的领域寻求突破,积极参与和主导新标准、新规则的制定,积极培育知识产权优势,以实现弯道超车或者换道超车的战略目标。当然,非对称创新战略的成功实施,需要以重视基础科学为前提,遵循科学技术的客观规律,充分考虑国情国力,将战略性跨越与经济性跨越相结合,注重核心技术知识产权攻防体系的建设。

关键词 非对称创新 知识产权优势 赶超战略
中图分类号 D616

习近平新时代中国特色社会主义思想提出了在全面建成小康社会的基础上,分两步走全面建设社会主义现代化国家的新目标,强调要加快创新型国家的建设,在 2035 年中国要跻身创新型国家前列。中国特色自主创新道路是一条必由之路,习近平总书记反复强调,提高自主创新能力,掌握高新核心技术的极端重要性。他多次指出,“科技强国不是一句口号,得有内容,得有标志性技术”①,要“研究开发直接决定产业核心竞争力的关键技术,提高基础工艺、基础材料、基础元器件研发和系统集成水平”②,要深入研究“前沿关键技术”、“深入开展基础研究,潜心探索自然规律,努力在世界科技前沿取得更多研究成果”③。他强调,要采取“非对称”战略,更好地发挥自己的优势,在关键领

收稿日期:2018—06—10

作者简介:陈元志(1977—),中国浦东干部学院教研部副教授,主要研究方向为创新管理。华斌(1978—),上海财经大学法学院博士研究生,主要研究方向为创新经济。

基金项目:本文系中国浦东干部学院教研咨一体化重点委托课题“习近平总书记科技创新思想”(celap2016—jyz—04)的阶段性研究成果。

① 习近平,科技工作者要为加快建设创新型国家多作贡献——在中国科协第八次全国代表大会上的祝词,2011 年 5 月 27 日。

② 同上。

③ 同上。

域、卡脖子的地方下大功夫。对看准的方向,要超前规划布局,加大投入力度。着力攻克一批关键核心技术,加速赶超甚至引领步伐(习近平,2016a)。只有这样,才能在国际竞争中后来居上,弯道超车,才能避免受制于人,才能在国际舞台上掌握主动权、拥有更多的话语权。习近平同志非对称创新思想,是其科技创新思想体系中十分重要的组成部分,它得益于古今中外许多思想家、政治家、军事家、科学家、经济学家的观点启迪,运用求实、辩证的科学思想方法,把握科技创新的本质规律,形成系统的论述。

一、非对称战略的缘起

"非对称"(或"不对称")一词相对于"对称"而存在[①]。根据现代汉语词典(第6版),"对称"是指图形或者物体对某个点、直线或者平面而言,在大小、形状和排列上具有一一对应关系(李政道,2000)。如人体、船、飞机的左右两边,在外观上都是对称的。"非对称"是指图形或者物体缺少这种平衡和对称性。李政道(2000)认为,"对称"和"不对称"是自然辩证法的一对范畴。某种事物、现象、过程和规律,包括物质或能量的转换、运动,物质的条件、结构、属性和关系等在一定变换条件下的不变性,就称作它们对于这些变换的对称性。与此相对应,非对称(或"不对称")就是在一定变换条件下,不保持不变性,亦即对称性的破缺。具体的对称性取决于运动物质的具体条件和内容。"非对称"最初应用在物理、化学、信息、生命等自然科学领域,随后"非对称"应用到经济学、国际政治、军事战略等社会科学领域。对于国家战略而言,"非对称"的概念既指不同国家之间实力的非对称,亦指战略选择的非对称。对于处于强势地位的参与者来说,非对称战略意味着在自己主导的竞争格局中,发挥竞争优势来击败弱势参与者;对于弱势参与者来说,非对称战略意味着采取非常规方式来攻击强者的弱点,积极创造有利于自己生存发展的格局。本文认为,非对称战略旨在将对手感知的优势转化为劣势,将自己感知的劣势转化为优势。非对称战略不仅仅是以弱胜强的战略,强者运用非对称战略亦可以获得令人惊讶的效果。本文侧重研究处于相对劣势的参与者利用强大对手优势中所存在的弱点而采取的一系列行动,使得强大对手无法做出有效的反应,从而形成有利于弱势参与者的竞争局势[②](吴振海,2007)。这种竞争格局有助于规避与强大对手进行正面的对抗,为弱势参与者创造生存发展的时间和空间。

---

① 从严格意义上来讲,"非对称"的内涵包括"不对称"。"不对称"突出强调了"不同"的概念,"非对称"所指的"不同"并不否认"部分的相同"。

② 吴振海(2007)分析了市场竞争中的不对称创新。他认为,对处于相对弱势地位的挑战者来说,生存发展的最佳方式就是摆脱有利于领先者、不利于挑战者的竞争局势,积极创造更有利于自己生存和发展的非竞争局势。但是,在科技创新领域,没有对手的非竞争局势几乎不存在,即使有也是稍纵即逝。

第一，弱势参与者根据“敌强我弱”的客观现实，利用强势参与者处于明处、弱势参与者处于暗处的非对称局面，选择优先发展强势参与者并不知晓的领域。

第二，弱势参与者利用强势参与者的认知差异，选择优先发展强势参与者尚未充分认知和理解的领域，在强势参与者进入该领域之前，率先制定标准和竞争规则。现有的竞争规则通常由强势参与者制定，弱势参与者要改变不利的竞争地位，发现新的竞争领域和创建新的竞争规则是重要的途径。

第三，弱势参与者利用强势参与者“趋利避害”的特征，选择优先发展可能颠覆强势参与者现有竞争优势的领域。强势参与者在现有竞争规则下积累了构成其竞争优势的各类资源。强势参与者通过不断加强其优势资源来强化其竞争优势。这样的惯性做法在提高强势参与者竞争优势的同时，也使其对现有成功模式和现有资源存在路径依赖。强势参与者对于可能颠覆现有竞争优势的领域，为了避免“自相残杀”而容易陷入“犹豫不决、进退两难”的决策困境，这种自我保护的理性动机成为其现有竞争优势中的弱点，容易发生延迟反应，甚至错过最佳行动的时机。

第四，弱势参与者根据强势参与者的决策顺序，选择优先发展强势参与者决策优先级别较低的领域，在强势参与者重视程度不高的领域寻找生存发展的空间，创造有利于生存发展的环境。

总体而言，非对称战略是弱势参与者根据与强势参与者存在竞争实力非对称的客观现实，利用决策信息非对称、认知非对称、前期投入非对称、决策优先级非对称等差异，在强势参与者不知晓、不明晰、不情愿、不重视的领域果断布局，做强势参与者“没想到”“没想好”“不情愿”“不迫切”的事情，在强势参与者尚未重点布局之前创造新的竞争标准、竞争规则和竞争格局。在新的竞争格局下，强势参与者原先的能力优势可能会衰弱甚至消失，甚至成为其继续前进的障碍。比如，毛泽东“以弱胜强”的军事思想，科学把握了战争全局和局部的强弱、优劣关系，深刻揭示了“战略上以弱胜强”和“战役上以强击弱”的辩证关系，阐明了革命战争以弱小的军事力量在战略上打败敌人的主要途径和主要规律。再比如，乔良和王湘穗(2014)提出的超限战理论，他们认为战争超越一切界限和限度。战争意味着手段无所不备、信息无所不至、战场无所不在；意味着一切武器和技术都可以任意叠加；意味着横亘在战争和非战争、军事与非军事两个世界的全部界限都要被打破；还意味着已有的许多作战原则将会被修改，甚至连战争法也需要重新修改。

二、非对称创新战略的理论诠释

著名经济学家程恩富教授的研究团队(2003a，2003b，2004a，2004b，2005，

2006)针对比较优势和竞争优势的理论和实践缺陷,提出了“知识产权优势”的理论观点,该理论能够较好诠释非对称创新战略的逻辑。程恩富教授的研究团队认为,“比较优势是由一国资源禀赋和交易条件所决定的静态优势,是获取竞争优势的条件;竞争优势是一种将潜在优势转化为现实优势的综合能力的作用结果……要实现我国出口产品的结构升级,就必须以国际经济综合竞争为导向,将现有的比较优势转化为竞争优势,而其中的关键就在于创造和培育我国的知识产权优势”。知识产权优势是以程恩富教授为代表人物的海派经济学的一个基本原理,知识产权优势是指“通过培育和发挥拥有自主知识产权的经济优势……突出了以技术和品牌为核心的经济优势或竞争优势”。它不仅“应体现在我国的高新技术产业部门及具有战略意义的产业部门,必须掌握自主研究、自主开发、具有自主知识产权的核心技术,建立以自主知识产权为基础的标准体系,而且还体现在我国传统的民族产业或低端产品部门,包括劳动密集型产业部门,也必须塑造在国际上具有一定影响力的民族品牌和名牌”(程恩富、丁晓钦,2003a,2003b)。知识产权优势理论中把“核心技术作为获取优势的核心要素”的观点与习近平同志“着力攻克一批关键核心技术,加速赶超甚至引领步伐”的科技创新思想非常契合。

在创造和培育知识产权优势的途径上,程恩富、丁晓钦(2003b)认为,“在高科技局部领域抢占专利权制高点过程中,我国的整体水平和绝对水平与世界强国还有相当的差距,但在某些局部领域也有自己的优势,处于世界前沿,其中许多极有价值的发明创造需要予以高度重视和保护。高科技在市场竞争中具有决定性的意义,中国企业必须在局部领域取得自主的知识产权,以占领知识产权制高点”,因此,“必须拥有自主知识产权的核心技术”。知识产权优势理论是对传统比较优势理论和竞争优势理论的发展和补充,运用开放式创新的思想,充分利用国内外市场以及自然和知识两种要素资源,强调以知识产权特别是专利权作为突破口构建自主知识产权体系,来培育和维持基于核心技术(或标志性技术)的竞争优势,这些理论观点有助于更好地诠释和践行习近平非对称创新思想。

三、非对称创新战略的实施要件

非对称创新实际上是非对称战略在科技创新领域的运用。近年来,中国科技创新的国际地位稳步提升,已经成为科技大国:研发投入高速稳定增长,科技人力资源总量大幅增加,科学前沿和战略高技术研究加速推进,原始创新能力不断提升。国家科技部的研究显示,中国技术水平基本上形成了“领跑、并跑、跟跑并存”的历史新阶段,科技创新格局已发生历史性转变,这是中国近代以来所未曾有过的重大改变,表明我国科技发展站上全新的历史起点。当然，我们也要清醒地认识到，与美国等发达国家相比，中国在科学技术领域仍然处于相对弱势的地位。非对称创新就是要在关键领域与科技强国不断缩小差距的基础上，利用不同创新体之间存在的信息非对称、认知非对称、前期投入非对称、决策优先级非对称等差异，在科技强国不知晓、不明晰、不情愿、不重视的科学技术领域果断布局，在科技强国"没想到""没想好""不情愿""不迫切"的领域寻求突破，积极参与和主导新标准、新规则的制定，培育知识产权优势，以实现弯道超车或换道超车的战略目标。非对称创新战略的成功实施，应该以重视基础科学为前提，遵循科学技术的客观规律，充分考虑国情国力，将战略性跨越与经济性跨越相结合，注重核心技术知识产权攻防体系的建设。

(一)非对称创新要以重视基础科学为前提

在物质世界中，"自然"是宇宙中观察现象的本质特征的全体。"科学"是通过研究活动来发现和解释自然。"技术"是为了人类的意图而操控自然的知识。科学是全人类在所有历史时期不断积累的知识结晶，当科学知识积累到一定程度时会出现突变。科学经历突破后，知识结构会产生变化，科学知识在更高层次以更快速度积累，为下一次科学突破蓄力。总体而言，积累则是长期的渐变过程，突破是短期的突变现象。因此，科学研究要尊重客观规律，不能急功近利。回顾世界科技发展史，科学领域发生弯道超车(或换道超车)的概率要远低于技术领域。技术领域的弯道超车(或换道超车)必须要以科学研究能力为基础。历次技术赶超没有获得成功，很大程度上是因为忽视了"先进技术的科学基础"这一关键因素。因此，在我们倡导非对称创新，实施技术超越战略，一定要重视基础科学研究。党的十九大报告提出，要瞄准世界科技前沿，强化基础研究，实现前瞻性基础研究、引领性原创成果重大突破。习近平同志特别强调要发挥社会主义制度优越性，集中力量办大事，抓重大、抓尖端、抓基本。

(二)非对称创新应充分考虑国情国力

非对称创新一定要经过严格的科学论证，并充分考虑中国的国情国力，弯道超车的主观愿望必须以尊重生产力发展规律为前提。目前，科学研究的形态发生着深刻的变化，世界现代科学研究在微观、宏观、复杂性等方面不断深入，学科分化与交叉融合加快，科学研究已经进入了"大科学"时代。大科学时代的研究特点主要表现为投资强度大、多学科交叉、需要昂贵且复杂的实验设备、研究目标宏大等。因此，我们应该有所为有所不为，以若干领域作为突破口，集中力量、重点突破。技术的超越亦是如此。我们应根据技术资源的实际状况，制定可行的技术赶超战略：决定技术跨越的目标是"世界领先水平"还是"世界中间水平"；决定技术赶超的方式是"一步跨越"还是"分阶段跨越"。未充分考虑国情国力、完全依靠主观热情所制定的技术赶超战略是不会持久、难以持续的。因此，实施非对称创新战略既要拥有"敢为人先"的决断力，又要具备“有所为有所不为”的战略定力。

(三)非对称创新应将战略性跨越与经济性跨越相结合

非对称创新不仅仅涉及科技本身，其宗旨是国家富强、民族兴旺、国家实力的增强，要将战略性跨越与经济性跨越相结合，着力发挥科技创新对促进社会发展和民生改善的关键作用，以科技创新满足人民日益增长的美好生活需要。战略性超越是宏观层面的技术跨越，是在正确认识国家生存发展需要的基础上，准确选择战略突破口，以达到提高国际威望、增强国际话语权的目的。例如，中国在1964年试验原子弹时，没有选择其他国家在核武器预备阶段所使用的“炮筒引爆技术和钚-239裂变材料”，而是直接使用更高级的“内裂引爆技术和浓缩铀-235”；中国在研制导弹时没有选择常规的地对空导弹，而是以中程或中远程弹道导弹为设定目标(丁栋、谈利兵，2006)。这些战略性跨越使得中国从“小米加步枪”的低级武器装备阶段直接跨越到拥有洲际导弹的尖端武器装备阶段。经济性跨越是凭借技术跨越获得市场竞争力以及规模效益，以提高综合国力和人民的生活水平。例如，中国高铁从消化吸收到自主创新，从模仿跟进到逐步领跑，实现了角色转换和质的突破。具有完全自主知识产权的中国标准动车组“复兴号”，在技术层面获得全面的突破，中国标准在全部254项重要标准中占比84%[①]。中国高速动车组技术全面实现自主化、标准化和系列化，极大增强了中国高铁的国际话语权和核心竞争力，更标志着中国制造的新高度和新水平，是经济性跨域与战略性跨越相结合的典型案例。

(四)非对称创新应以培育知识产权优势为突破口

核心技术的知识产权保护直接影响到产业竞争力的持续发展，中国企业同时面临先发国家“专利陷阱”和后发国家“山寨模仿”的双重压力，因此我们要采取综合手段应对先发国家的技术壁垒以及后发国家的技术盗取与复制。我们在关键技术的研发过程中要采用非对称的知识产权战略，一方面要积极推进知识产权的情报工作，动态评估先发国家的技术壁垒，制定完整的专利申请战略，寻求突破先发国家技术壁垒的途径；另一方面应抢在后发国家之前完成在关键国家和关键市场的知识产权布局，建立自主核心技术的技术壁垒和防御体系。例如，“复兴号”的成功，离不开知识产权团队的巨大贡献，他们在全球范围内进行专利检索，分析和评估侵权风险，对可能侵犯他人专利权的技术进行规避设计，以确保“复兴号”拥有完全自主知识产权，这是“走出去”企业应该具备的先决条件。但是，我们也应该清醒地意识到，现阶段与高铁相关的海外专利申请占所有专利申请的比重仍然低于10%，相关企业应意识到在海外加大专利申请的紧迫性和重要性，避免来之不易的创新成果被其他国家所盗取。

① 李拯，从“复兴号”启程看弯道超车，《人民日报》第5版，2017年6月27日。

四、非对称创新战略的实施路径

实施非对称创新战略，既要善于在对手的优势中发现其能力弱点，把对手的优点变成缺点；又要善于挖掘自身的能力优点，把自己的缺点变成优点。习近平同志不仅在理论上提出了一系列富有创见的重大思想观点，而且在战略上指导作出一系列具有前瞻性、引领性的重大部署。关于非对称创新战略，习总书记既讲是什么、怎么看，又讲怎么办、怎么干；既部署"过河"的任务，又指导解决"桥或船"的问题。

一是要立足自主创新。"我国发展到现在这个阶段，不仅从别人那里拿到关键核心技术不可能，就是想拿到一般的高技术也是很难的，西方发达国家有一种教会徒弟、饿死师傅的心理，所以立足点要放在自主创新上。"（习近平，2016b）"只有把核心技术掌握在自己手中，才能真正掌握竞争和发展的主动权，才能从根本上保障国家经济安全、国防安全和其他安全。不能总是用别人的昨天来装扮自己的明天。不能总是指望依赖他人的科技成果来提高自己的科技水平，更不能做其他国家的技术附庸，永远跟在别人的后面亦步亦趋。我们没有别的选择，非走自主创新道路不可。"（习近平，2016c）

二是要加强基础研究。科技创新领域的大国博弈是基于硬实力的博弈与互动，投机取巧的机会主义行为是没有市场的。在实力差距悬殊的科技创新博弈中，弱者难以发现与强者进行策略互动的机会。弱势参与者只有在基础研究领域不断缩小与强势参与者的差距，才有可能在技术领域实施非对称创新，实现弯道超车。"基础研究是整个科学体系的源头，是所有技术问题的总机关。只有重视基础研究，才能永远保持自主创新能力。当前，基础研究和应用开发关联度日益增强，基础研究显得更为重要。要继续抓好这项打基础、利长远的工作，为国防科技和武器装备持续发展增强后劲。"（习近平，2016d）"要高度重视原始性专业基础理论突破，加强科学基础设施建设，保证基础性、系统性、前沿性技术研究和技术研发持续推进，强化自主创新成果的源头供给。"（习近平，2016e）

三是要做好顶层设计。"要研究和找准世界科技发展的背景、发展的趋势，以及中国的现状、中国应走的路径，把需要与现实能力统筹考虑，有所为有所不为，长远目标与近期工作结合，提出切合实际的发展方向、目标、工作重点。"（习近平，2016f）"推进科技自主创新，必须超前谋划，下好先手棋，打好主动仗。如果只是跟在别人后面追赶，不能搞出别人没有的一招鲜，最终还是要受制于人。国际竞争历来就是时间和速度的赛跑，谁见事早、动作快，谁就能掌控制高点和主动权。"（习近平，2016g）"我们必须采取更加积极有效的应对措施，在涉及未来的重点科技领域超前部署，大胆探索。"（习近平，2016h）

四是要确定正确的跟进和突破策略。“一方面，要跟进全球科技发展方向，努力赶超，力争缩小关键领域差距，形成比较优势；另一方面，要坚持问题导向，通过创新突破我国发展的瓶颈制约。”（习近平，2016i）“从国情出发确定跟进和突破策略，按照主动跟进、精心选择、有所为有所不为的方针，明确我国科技创新主攻方向和突破口。”（习近平，2016j）“我们科技总体上与发达国家比有差距，要采取‘非对称’赶超战略，发挥自己的优势，特别是到2050年都不可能赶上的核心技术领域，要研究‘非对称’性赶超措施，在国际上，没有核心技术的优势就没有政治上的强势。在关键领域、卡脖子的地方要下大功夫。军事上也是如此。”（习近平，2016k）“我们在科技方面应该有非对称性‘撒手锏’，不能完全是发达国家搞什么我们就搞什么。”（习近平，2016l）“我们要按照主动跟进、精心选择、有所为有所不为的方针，提高技术认知力，加强独创性设计，发展独有的‘撒手锏’，确保不被敌实施技术突袭。对看准的，要超前规划布局，加大投入力度，加速赶超步伐。”（习近平，2016m）

五是要主导和参与国际竞赛规则的制定。“科学技术是世界性的、时代性的，发展科学技术必须具有全球视野。当前，科技创新的重大突破和加快应用极有可能重塑全球经济结构，使产业和经济竞争的赛场发生转换。在传统国际发展赛场上，规则别人都制定好了，我们可以加入，但必须按照已经设定的规则来竞赛，没有更多主动权。抓住新一轮科技革命和产业变革的重大机遇，就是要在新赛场建设之初就加入其中，甚至主导一些赛场建设，从而使我们成为新的竞赛规则的重要制定者、新的竞赛场地的重要主导者。”（习近平，2016n）这样才能争取到公平的外部环境，逐步改变西方国家主导的国际竞赛规则造成我国在国际交流中长期处于不利地位的状况。

六是不能关起门来搞创新。“自主创新不是闭门造车，不是单打独斗，不是排斥学习先进，不是把自己封闭于世界之外。”（习近平，2016o）“在经济全球化深入发展的大背景下，创新资源在世界范围内加快流动，各国经济科技联系更加紧密，任何一个国家都不可能孤立地依靠自己的力量解决所有创新难题。我们要更加积极地开展国际科技交流合作，用好国际国内两种科技资源，在更高起点上推进自主创新，并同国际科技界携手努力，为应对全球共同挑战做出应有贡献。”（习近平，2016p）随着基础研究在科学前沿全方位拓展以及在微观和宏观层面的深入发展，许多科学问题的范围、规模、成本和复杂性远远超出一个国家的能力，必须开展双边和多边的科技合作，组织或参与国际大科学研究计划以及耗资巨大的大科学工程成为进入国际科学前沿和提高本国基础研究实力和水平的重要途径。“要积极主动整合和利用好全球创新资源，从我国现实需求、发展需求出发，有选择、有重点地参加国际大科学装置和科研基地及其中心建设和使用。”（习近平，2016q）

总之，非对称创新是习近平新时代中国特色社会主义科技创新思想的一个核心观点，我们要面向世界科技前沿、面向国家重大需求、面向国民经济主战场，根据中国的创新资源禀赋实施非对称创新战略。着力加强面向科技强国的基础研究，提高原始创新能力。着力培育知识产权优势，打造现代化经济体系的战略支撑。着力发挥科技创新对促进社会发展和民生改善的关键作用，以科技创新满足人民日益增长的美好生活需要。着力强化战略科技力量建设，在新一轮科技革命和产业变革中抢占国际科技竞争制高点。

参考文献

[1]程恩富，2004a，必须确立自主知识产权优势，《光明日报》。

[2]程恩富，2006，创造和培育知识产权优势 建设创新型国家，《中国社会科学院院报》。

[3]程恩富、丁晓钦，2003a，世界工厂与知识产权优势——著名经济学家程恩富访谈，《社会科学家》第3期，第4—9页。

[4]程恩富、丁晓钦，2003b，构建知识产权优势理论与战略——兼论比较优势和竞争优势理论，《当代经济研究》第9期，第20—25页、第73页。

[5]程恩富、廉淑，2004b，比较优势、竞争优势与知识产权优势理论新探——海派经济学的一个基本原理，《求是学刊》第6期，第73—78页。

[6]程恩富、廉淑，2005，比较优势、竞争优势与知识产权优势理论新探，《经济前沿》第1期，第23—27页。

[7]丁栋、谈利兵，2006，毛泽东军事科技思想探析，《湖南第一师范学院学报》第3期。

[8]李政道，2000，《对称与不对称》，北京：清华大学出版社。

[9]毛泽东，1991，论持久战，《毛泽东选集》(第2卷)，北京：人民出版社(第2版)。

[10]乔良、王湘穗，2014，《超限战》(十五周年纪念版)(第1版)，武汉：长江文艺出版社。

[11]吴振海，2007，《不对称创新：挑战者的成功之道》，北京：北京师范大学出版社。

[12]习近平，2016a，《习近平关于科技创新论述摘编》，北京：中央文献出版社(第1版)，第42页。

[13]习近平，2016b，《习近平关于科技创新论述摘编》，北京：中央文献出版社(第1版)，第50页。

[14]习近平，2016c，《习近平关于科技创新论述摘编》，北京：中央文献出版社(第1版)，第46页。

[15]习近平，2016d，《习近平关于科技创新论述摘编》，北京：中央文献出版社(第1版)，第44页。

[16]习近平，2016e，《习近平关于科技创新论述摘编》，北京：中央文献出版社(第1版)，第47页。

[17]习近平，2016f，《习近平关于科技创新论述摘编》，北京：中央文献出版社(第1版)，第40—41页。

[18]习近平，2016g，《习近平关于科技创新论述摘编》，北京：中央文献出版社(第1版)，第43页。

[19]习近平,2016h,《习近平关于科技创新论述摘编》,北京:中央文献出版社(第1版),第35页。

[20]习近平,2016i,《习近平关于科技创新论述摘编》,北京:中央文献出版社(第1版),第17页。

[21]习近平,2016j,《习近平关于科技创新论述摘编》,北京:中央文献出版社(第1版),第48—49页。

[22]习近平,2016k,《习近平关于科技创新论述摘编》,北京:中央文献出版社(第1版),第41页。

[23]习近平,2016l,《习近平关于科技创新论述摘编》,北京:中央文献出版社(第1版),第49页。

[24]习近平,2016m,《习近平关于科技创新论述摘编》,北京:中央文献出版社(第1版),第49—50页。

[25]习近平,2016n,《习近平关于科技创新论述摘编》,北京:中央文献出版社(第1版),第29页。

[26]习近平,2016o,《习近平关于科技创新论述摘编》,北京:中央文献出版社(第1版),第46页。

[27]习近平,2016p,《习近平关于科技创新论述摘编》,北京:中央文献出版社(第1版),第42—43页。

[28]习近平,2016q,《习近平关于科技创新论述摘编》,北京:中央文献出版社(第1版),第47页。

[29]中国社会科学院语言研究所词典编辑室,2012,《现代汉语词典》(第6版),北京:商务印书馆。

Asymmetric Innovation: The Overtaking Strategy for the Weak to Defeat the Strong

—An Analysis of Xi Jinping's Thought on Innovation of Socialism with Chinese Characteristics for a New Era

Chen Yuanzhi Hua Bin

Abstract "Asymmetric innovation" is an important part of Xi Jinping's thought on innovation of socialism with Chinese characteristics for a new era. Asymmetric innovation is the strategy for weak participants to narrow the gap in key areas with strong participants, by taking the advantage of the differences of information asymmetry, cognitive asymmetry, input asymmetry, decision priority asymmetry. So, the weak participants could seek breakthrough in the areas that are "Unexpected", "not good enough", "unwilling", "not urgent" to the strong participants, actively participate in the formulation of new standards, and actively cultivate the advantages of intellectual property. The implementation of asymmetric innovation strategy should be based on the progress of basic science, be conform to the situation in our country, combine strategic leapfrog with economic leapfrog, emphasize on the construction of intellectual property defense system for core technology.

Key words Asymmetric Innovation Intellectual Property Advantage Overtaking Strategy

十月革命开启的社会主义道路：来自中国经济的推动

刘义圣　何　英

内容提要　俄国十月革命的胜利,将社会主义由理想变为现实,成为20世纪社会主义实践的起点,开启了社会主义的道路。本文分析了20世纪90年代的俄罗斯、东欧和中国的发展道路,俄罗斯、东欧各国实行了"休克疗法",而中国走上了具有中国特色的社会主义道路;并对中国特色社会主义和新自由主义的区别进行研究,认为"四个自信"引导中国特色社会主义的未来,中国的改革发展推动了世界社会主义的发展。

关键词　十月革命　社会主义道路
中图分类号　F124

一、十月革命与社会主义道路的开启

19世纪中叶,资本主义基本矛盾逐渐充分暴露,无产阶级和资产阶级之间阶级斗争日趋尖锐化,三大空想社会主义学说蓬勃发展,因而推动了科学社会主义的诞生,使得社会主义运动成为不可抗拒的历史潮流。俄国十月革命的胜利,将社会主义由理想变为现实,把马克思主义推进到一个新的历史阶段——列宁主义阶段,并成为20世纪社会主义实践的起点。

俄国的十月革命解放了俄国穷苦的劳动人民,使俄国进入全新的历史阶段;开辟了社会主义道路,传播了社会主义新价值,开创了历史新纪元;打破了资本主义一统天下的垄断局面,开创了世界社会主义运动的新阶段。由此,世界上第一个社会主义国家就此诞生,社会主义制度开始崭露头角。社会主义为殖民地半殖民地的解放指明了道路,社会主义制度的优越性开始被广泛接受。一些国家开始认识到社会主义的优势,逐渐加入社会主义国家阵营,且阵营呈扩大趋势。

十月革命的胜利使东欧各国的社会主义者看到了经济文化相对落后的国

收稿日期:2018－06－12

作者简介:刘义圣(1958－),泉州师范学院政治与社会发展学院院长、教授,福建师范大学经济学院博导,主要研究方向为理论经济学。何英(1995－),福建师范大学经济学院硕士研究生,主要研究方向为理论经济学。

家通过社会主义革命来取得成功的希望。在十月革命的直接推动和影响下，东欧各国纷纷走上了社会主义的道路，特别是在1918年至1923年这期间，无产阶级革命高潮持久不断。1918年11月，德国爆发了以无产阶级为主体的十一月革命。第二年3月，在匈牙利共产党的领导下，匈牙利爆发了苏维埃社会主义革命，并建立了匈牙利苏维埃共和国——继俄国苏维埃之后的世界上第二个无产阶级专政的政权。此外，在波兰、捷克斯洛伐克、南斯拉夫、罗马尼亚、保加利亚等国，工人阶级勇于挑起大梁，反对资产阶级的统治，进行了一次次战斗和起义。

各国在走社会主义道路之中取得了显著的成就，但是也留下了深刻的教训。首先，要把科学社会主义基本原理与本国实际相结合，找出适合本国国情的社会主义模式。其次，改革方向必须坚持以科学社会主义为指导。同时，坚持发展共产党党内民主，发展人民民主，使人民群众当家作主。此外，要充分认识历史上遗留的和现实中存在的民族问题和民族矛盾的复杂性与长期性，促进民族团结，尊重各少数民族的传统和风俗习惯，促进各民族经济文化共同发展。

十月革命结束后，马克思主义被引入中国并广泛传播，在此基础上，中国共产党应势而生。十月革命开启了世界社会主义的大门，为社会主义中国的诞生创造了契机。在十月革命的影响下，中国共产党领导全中国人民，艰苦斗争长达28年，于1949年取得了新民主主义革命的伟大胜利。十月革命的发生，促进了社会主义制度和马克思主义在世界范围内的传播，从而促使中国走上了一条正确而合适的道路，并取得辉煌成就。

十月革命道路的实质是以社会主义道路代替资本主义道路，中国特色社会主义道路仍然是十月革命道路的继续，是结合中国实际和时代特征对十月革命道路的继续与发展。2013年12月3日，习近平同志在中共中央政治局第十一次集体学习时强调："马克思主义哲学深刻揭示了客观世界特别是人类社会发展一般规律，在当今时代依然有着强大生命力，依然是指导我们共产党人前进的强大思想武器。"①在21世纪的今天，我们党仍然坚持着马克思主义的建党学说，仍然要求党员时刻保持革命精神，坚定对马克思主义的信仰和共产主义远大理想的信念。

二、转轨时期的道路分歧与中国的独特发展

1992年，俄罗斯、东欧和中国同时进入转轨时期。虽然均以市场经济为

① 习近平，推动全党学习和掌握历史唯物主义，新华网，http://www.xinhuanet.com/politics/2013－12/04/c_118421164.htm。

取向,但转轨时期的战略目标和路径却大相径庭。俄罗斯和东欧以新自由主义理论为基础,坚持私有化制度,走上了"休克疗法"的道路;而中国在坚持社会主义道路的同时,坚持社会主义市场经济,通过改革开放,走出了契合中国国情的独特的发展道路。

20世纪70年代末期,中国开始实行伟大的改革开放。对内改革从农村入手发展经济,引入社会主义市场经济体制,发展民主,加强法制,实现政企分开、精简机构,从而使中国解决了文革留下的诟病,并摆脱了贫困落后的局面,经济实现快速发展。对外开放从各个方面来推动我国经济增长和社会进步。首先,主动扩大对外经济交往,积极参与经济全球化;其次,积极引进外资,增加积累资本;最后,放宽政策,取消各种限制,摒弃以往封锁国内市场和国内投资场所的保护政策,大力发展国际市场,发展开放型经济。

中国从本国的实际国情出发进行改革,没有照搬其他国家的改革模式。在中国改革开放总设计师邓小平同志的指导下,不同于东欧的激进式改革,中国改革采取渐进式改革,先农村后城市,由试点到推广,由易到难逐步向纵深推进,"摸着石头过河",分阶段进行,循序渐进。通过实行"计划经济与市场调节相结合"的双轨过渡体制模式,中国高度重视处理改革、发展与稳定三者的关系,最终实现体制的平稳转轨与平稳过渡。中国渐进式的改革成功受到了全世界的瞩目,吸引了全球的目光,中国走出了一条蕴含中国特色的社会主义市场经济的道路,为世界改革难题贡献出中国智慧。如今,经过38年改革开放,中国已经成为世界上第二大经济体。今后,我们要继续高举改革旗帜,站在更高起点谋划和推进改革,坚定改革定力,增强改革勇气,总结运用好党的十八大以来形成的改革新经验,再接再厉,久久为功,坚定不移将改革进行到底。

中国特色的社会主义市场经济的道路在历史上是空前的。20世纪八九十年代,中国改革开放的成效初显,经济呈现高速增长趋势,人民生活水平显著提高,综合国力大大增强,社会局面和谐稳定。这些都与同时期推崇新自由主义改革的苏联原加盟国和东欧各国形成了鲜明对比,也是同时期经济萎靡不振的老牌资本主义国家所望尘莫及的。

中国特色社会主义是一条与西方国家发展道路大不相同且具有鲜明中国特色的现代化道路。中国特色社会主义不仅是中国实现现代化和民族复兴的正确道路,同时充分证明现代化的路径绝非只有西方模式一种,拓宽了发展中国家走向现代化的途径,为人类对社会发展规律和道路的认识丰富了理论知识。这条道路坚持科学社会主义基本原则,同时又植根于中国历史和国情,引领中国走向更加美好光明的未来。中国改革实现了改革与发展的良性循环,中国特色社会主义的巨大成效受到了全世界的关注,产生了良好的"溢出效应",为其他发展中国家走向现代化提供示范,为世界贡献了中国智慧、提供了中国方案。中国曲折的发展过程能够为发展经济学的理论研究提供更为丰富的经验素材，因而中国的经济发展实践更具有典型的发展经济学意义。此外，中国改革的模式与经验对发展经济学主流理论提出了巨大挑战，宣告了西方国家新古典经济学关于“私有制的市场经济模式最优”论断及“休克疗法”的改革方式的破产，并反衬出其理论模式的凝滞和贫乏。中国社会主义道路迸发出来的旺盛生命力，打破了西方发展模式为人类社会终极模式且不可改变、不可战胜的神话。

三、中国特色社会主义与新自由主义的分野

履不必同，期于适足；治不必同，期于利民。习近平同志指出：“中国立足自身国情和实践，从中华文明中汲取智慧，博采东西方各家之长，坚守但不僵化，借鉴但不照搬，在不断探索中形成了自己的发展道路。”①无论是从社会根本制度、基本经济制度，还是从社会主义市场经济调控现实各个层面分析，新自由主义都不适用于中国。

（一）新自由主义与我国社会根本制度不契合

习近平同志指出：“历史和现实都告诉我们，只有社会主义才能救中国，只有中国特色社会主义才能发展中国，这是历史的结论、人民的选择。随着中国特色社会主义不断发展，我们的制度必将越来越成熟，我国社会主义制度的优越性必将进一步显现，我们的道路必将越走越宽广。”②改革开放几十年来，中国发生了翻天覆地的变化，这归功于我们不断坚持的中国特色社会主义道路、中国特色社会主义理论体系和中国特色社会主义制度。一个国家实行什么样的制度，不是由主观意志决定的，而是取决于该国的基本国情和经济发展水平。中国的根本制度是社会主义制度，中国特色社会主义是发展中国、稳定中国的必由之路，中国的政治基础和政治文化并不适用于新自由主义的发展。而新自由主义作为一种社会思潮，作为西方经济学的一个流派，在政治观上攻击共产党的领导和社会主义制度，其理论观点与社会主义的政治主张存在相驳。新自由主义的鼻祖哈耶克对社会主义制度所显示出的巨大优越性熟视无睹，将社会主义比作一条通往奴役之路，否认社会主义有实行经济计算和合理配置资源的可能性，攻击中国社会主义形式民主旨在通过集中计划经济破坏个人自由。

习近平总书记指出：“中国特色社会主义是社会主义而不是其他什么主义，科学社会主义基本原则不能丢，丢了就不是社会主义。一个国家实行什么

① 陈金龙，世界社会主义发展的中国智慧，《光明日报》，2018年3月29日。

② 陈曙光，一以贯之坚持和发展中国特色社会主义，人民网，http://theory.people.com.cn/n1/2018/0108/c40531－29750180.html。

样的主义，关键要看这个主义能否解决这个国家面临的历史性课题。”①在改革发展过程中，一方面，中国特色社会主义要充分利用市场经济体制来促进经济发展；另一方面，要借助国家政府的外部力量来克服市场体制和市场机制本身存在的缺陷。如果仿照西方模式进行改革，照搬新自由主义的理论去指导我国的社会主义建设，就可能会导致经济危机爆发，社会动荡不安，国家陷入四分五裂的局面。在坚定不移走社会主义道路的中国，社会主义和谐社会发展欣欣向荣，新自由主义没有可以扎根培育的政治土壤。

（二）新自由主义与我国基本经济制度不符合

党的十一届三中全会以来，中国共产党不断发展和完善社会生产关系，建立了以公有制为主体、多种所有制经济共同发展的基本经济制度，取得了巨大成效。这与新自由主义经济理论大力鼓吹的私有制背道而驰。新自由主义将私有制度神圣化，认为私有制度具有最高效率，公有制效率低下。我国基本经济制度与新自由主义经济理论在所有制问题上的分野决定了我国不能照搬新自由主义，实行绝对的私有化制度。

就国企私有化来说，全面实现国有企业私有化，需要高度的市场化和自由竞争的市场基础，而目前中国实际显然并没有达到。国企私有化可能并不会大大提升个人的财力，反而会导致国家经济命脉被私人甚至国外控制，对国家经济运行造成巨大冲击。新自由主义以完全自由竞争市场为前提，倡导个人主义，宣扬市场私有化，要求对公共资源进行私有化改革。这种自由化管理往往无法支撑起持续的经济发展，缺失相应配套的监管制度，最终会导致社会动荡和经济风险。无独有偶，俄罗斯的经济体制转型采取了以新自由主义“休克疗法”为特征的激进式改革；中国的经济转轨则采取了循序渐进的方式，逐步推进改革，避免了激进自由化带来的经济大起大落。两相比较，俄罗斯经济危机愈演愈烈，社会急剧动荡，通货膨胀急剧恶化，国家社会陷入高度混乱；而我国稳步推进改革，经济持续稳定增长，综合实力大幅度增强，社会保持长期稳定。改革开放后30多年时间里，中国经济总量超越俄罗斯、意大利、英国、法国、德国和日本等强国，人民的生活水平大幅提高。中国道路的优越性已经从被质疑到被全球广泛承认。而与此同时，从2008年金融危机开始，西方资本主义的生命力受到广泛质疑，越来越多的国家对西方资本主义经济制度、发展模式和民主政治制度开始动摇，新自由主义理论优越性黯然失色。

（三）新自由主义与我国社会主义市场宏观经济调控现实不切合

新自由主义者主张“经济非调控化”，坚定认为自由市场自发调节国家经济运行，完全肯定“看不见的手”的力量，强调市场进行自由竞争是实现资源最

---

① 李慎明，习近平新时代中国特色社会主义思想的历史地位与世界意义，人民网，http://theory.peoplc.com.cn/n1/2018/0101/c40531—29738651.html。

佳配置和充分就业均衡的唯一途径。新自由主义理论认为市场自发的经济活动一旦被外在的人为行为操作介入,会导致价格机制中价格信号的扭曲失真,进而带来资源配置不合理和低效率的现象。而达到“市场化”的理想状态必须要求国家市场机制的发育程度很高。现实情况中,市场总是处于非出清状态的,市场信息不对称不完全,市场“经济人”并非时时刻刻都会对市场变化做出明智的反应,市场机制存在自身难以克服的缺陷。“市场化”不但要以市场机制为依托,而且要在市场发育程度足够成熟的条件下才会产生效果。

然而,社会主义初级阶段是当代中国的最大实际国情,市场机制处于决定性作用的地位,但其作用有一定的局限性。我国是世界上最大的发展中国家,目前尚不具备市场机制自发良好运行的充足条件和制度法规,存在着市场经济对价格信号的反应不敏感,政府与市场的关系扭曲等问题。因此,在这些制度完备之前,市场机制的作用程度和范围必然要受到限制,我国需要政府对经济的宏观调控来支持市场健康运作。对于社会主义市场经济,习近平总书记指出:“我国仍处于并将长期处于社会主义初级阶段的基本国情没有变,人民日益增长的物质文化需要同落后的社会生产之间的矛盾这一社会主要矛盾没有变,我国是世界上最大发展中国家的国际地位没有变。这是我们谋划发展的基本依据。”①

新自由主义在推崇市场化的同时却排斥政府的宏观调控作用。我国处于社会主义初级阶段,存在着资源匮乏、发展不平衡等问题。此外,由于市场机制不完善,市场经济在运行过程中会暴露出盲目性、滞后性等缺陷,且这些缺陷无法通过市场机制自行克服,必须借助外力来克服。这就决定了我国需要实行国家宏观调控与市场机制自行调控并举的经济调控模式。宏观调控是社会主义基本制度的重要组成内容,将宏观调控与社会主义制度结合起来,可以弥补市场机制的不足与弱点,通过科学地计划和组织经济活动以实现市场资源合理配置。新自由主义实质上是西方国家在发展中国家推行资本主义制度的思想武器。拉美及亚洲众多发展中国家受到西方国家的影响,被新自由主义的短暂效益迷惑,开始实行新自由主义,渐渐丧失了经济主权,政府的地位大大降低,进而导致行业遭受沉重打击,失业问题加重,经济主权严重损害。这些国家的经历留给我们深刻的教训:要时刻保持清醒的头脑,坚持政府干预政策,实现政府对市场经济的宏观调控,坚持独立自主的发展方针,选择适合自身的发展道路,坚决摒弃新自由主义的侵袭,强化国家主权意识,维护国家利益。

---

① 刘学礼、孙迪,牢牢把握社会主义初级阶段的基本国情,《光明日报》,2017年12月2日。

四、"四个自信"引领中国特色社会主义的未来

在中国共产党第十八届中央纪律检查委员会第六次全体会议上,习近平总书记提出了"四个自信"——道路自信、理论自信、制度自信、文化自信。从中国特色社会主义"三者统一"到"三个自信",再到"四个自信"提出,深刻揭示出党对中国特色社会主义的孜孜追求,这是党在理论上对中国特色社会主义认识的创新发展和进一步深化。习总书记提出的"四个自信",一方面生动阐释了社会主义的本质,另一方面为中国特色社会主义提供方向指引、行动指南、根本保障、精神动力,为开辟21世纪马克思主义、发展中国特色社会主义打开了广阔的空间。

(一)坚定道路自信,深刻认识中国特色社会主义道路

坚定道路自信,本质在于坚定不移地走中国特色社会主义道路,始终坚信中国特色社会主义道路是实现国家富强、民族振兴、人民幸福的必由之路。方向决定道路,道路决定命运。道路问题是根本问题,直接关乎党的前途命运、国家的事业兴衰和人民的生活幸福。在长期实践探索中,西方国家新自由主义者从未放弃向中国大肆宣传新自由主义理论。在困难重重的环境下,党和人民始终保持清醒头脑,审视思考,独立自主,通过不懈的努力,不但形成了中国革命、建设、改革的完整事业,而且在世界范围内开辟了独树一帜的中国特色社会主义道路。此创举将使中国以独特的姿态在全球中崛起,从根本上改变了中国人民和中华民族的前途命运。习近平总书记深刻指出:"我们要坚信,中国特色社会主义道路是实现社会主义现代化的必由之路,是创造人民美好生活的必由之路。"①

道路自信的提出是以外部世界和本国国情的科学把握作为理性基础。回顾历史,自第一次鸦片战争开始,为抵御外寇、保家卫国、实现民族复兴,无数中华英雄儿女奋起抗争,虽屡战屡败,但自从中国共产党诞生之日起,无数英勇战士前仆后继、顽强奋斗,最终取得了新民主主义革命的伟大胜利,从此中华民族以崭新的姿态屹立于世界之林;改革开放近40年以来,党始终牢记宗旨,团结带领全国各族人民攻坚克难,取得了一系列举世瞩目的伟大成就,于2010年超过日本跃居世界第二大经济体;中共十八大以来,以习近平同志为核心形成的党中央团结带领全国各族人民迎难而上,攻坚克难,砥砺前行,通过多年的发展,我们即将实现全面建成小康社会的宏伟目标,中华民族实现了从"站起来"到"富起来"再到"强起来"的历史性跨越。当前,站在新的历史发

① 杜飞进,在与时俱进中坚持和发展中国特色社会主义(纪念改革开放四十周年)——真理标准问题大讨论的启示,《人民日报》,2018年6月25日。

展起点上，我国面临着全新的机遇与挑战，中国特色社会主义也迈向了崭新的历史发展阶段。我们要以新的精神状态和奋斗姿态把中国特色社会主义持续向前推进，正如习总书记所言，我们当前所处的时期比历史上任何时期都更接近中华民族伟大复兴的目标，比历史上任何时期都更有信心、有能力实现这个目标。

曾经辉煌了半个多世纪的社会主义阵营"老大哥"已不复存在，如今唯剩中国特色社会主义"风景这边独好"。苏联解体，原因涉及各个方面。但其中一个不可否认的重要原因是，他们否定了俄国十月革命和苏联社会主义建设的历史，事实上这就是缺乏道路自信。古人早就说过："灭人之国，必先去其史。"由此可见，对历史的认知和解释，特别是对国家史的认知和解释，从古至今都是关系政权安危的大事，在意识形态领域中占有重要位置。我们要接受苏联因为否定自己历史的教训，坚定道路自信，绝不能重蹈覆辙。

(二)坚定理论自信，深刻领会中国特色社会主义理论体系

坚定理论自信，事实上就是坚定不移地将中国特色社会主义理论体系作为实现"中国梦"的理论指导和行动指南。在"7·26"重要讲话中，习总书记做出的关于中国特色社会主义进入"新的发展阶段"的重大判断，不仅是对我国当前发展阶段性特征的准确把握，也是对中国特色社会主义发展历史方位问题总结得出的科学性结论，更是对全面建成小康社会和不断深化中国特色社会主义发展目标所提出的带有全局性、战略性和前瞻性的行动纲领的理论基础。习近平强调："必须高度重视理论的作用，增强理论自信和战略定力，对经过反复实践和比较得出的正确理论，要坚定不移坚持。要根据时代变化和实践发展，不断深化认识，不断总结经验，不断实现理论创新和实践创新良性互动，在这种统一和互动中发展21世纪中国的马克思主义。"①中国特色社会主义理论体系始终立于时代前沿、与时俱进，是具有鲜活生命力的科学理论，是中国特色社会主义伟大事业的行动指南。

新中国成立后，我们党始终把马克思主义作为立党立国的指导思想和行动指南。改革开放以来，我们党更加注重将马克思主义与中国实际紧密结合，不断在新的历史发展阶段创新运用马克思主义思想来解决和处理面临的重大理论和实践问题，在不断探索和实践中找到了符合中国革命实际的正确发展道路，形成了中国特色社会主义理论体系。十八大以来，党中央科学把握当今世界和当代中国的发展大势，适时提出了一系列治国理政创新理念和战略，推出多项重大战略举措，不断完善和发展了中国特色社会主义理论体系，开创了21世纪马克思主义发展的新境界。

① 石云霞，习近平新时代中国特色社会主义思想创新发展的基本原则，《光明日报》，2017年11月24日。

因此,中国特色社会主义理论体系是对马克思主义的丰富和发展,是契合中国发展实际的、符合时代发展潮流的当代中国马克思主义。广大的中国马克思主义理论工作者,一方面要继续扎根传统,在传统中探寻新思想;另一方面要着眼当今国内外新形势,不断补充完善和发展中国特色社会主义理论体系,让理论体系与时俱进,让21世纪的马克思主义迈向新的发展境界,让当代中国马克思主义折射出更璀璨的光芒。

(三)坚定制度自信,深刻把握中国特色社会主义制度

制度自信,就是始终坚信中国特色社会主义制度是带有鲜明中国特色、符合中国发展实际并具有明显制度优势的先进制度,要始终坚持将中国特色社会主义制度作为我国改革开放和社会主义现代化建设的根本制度。中国特色社会主义道路符合中国的发展传统,"以人民利益为出发点"得到了广大人民群众的认同,具有雄厚的群众基础。中国特色社会主义制度适应了中国社会生产力解放和发展的客观要求,是党和人民沿着中国特色社会主义道路最终实现民族伟大复兴的根本制度。正如习总书记深刻指出:"我们要坚信,中国特色社会主义制度是当代中国发展进步的根本制度保障,是具有鲜明中国特色、明显制度优势、强大自我完善能力的先进制度"(习近平,2016)。

对于一个国家社会的和谐与稳定,最重要的保障就是健全的社会制度。在近40年的改革开放实践中,我们党始终坚持把根本政治制度同基本经济制度以及各种相关制度有机整合,始终坚持把党的领导、人民当家作主、依法治国三者紧密结合,社会主义制度不断保持着强劲鲜活的生命力。中国特色社会主义制度的提出,宣告了中国社会主义建设已从模仿套用、渐进探索的初级阶段,过渡到理性的按照社会发展的规律建设社会主义的阶段。中国特色社会主义制度的确立,彻底改变了旧中国的经济社会发展模式,也改变了数百年来积贫积弱的状态。随着改革开放伟大事业的不断前进,我国在各个领域不断缩小与传统发达国家的差距,中国人民真真切切地体会到我国从"站起来"、"富起来"再到"强起来"的历史性跨越。中国特色社会主义制度体系以其独特的制度优势,促使我国在经济上保持长期稳定快速发展,如今已超越日本成为全球第二大经济体。正是有了这一根本制度作为保障和支撑,才使我国在世界激烈发展的浪潮下,劈波斩浪,不断前行。

(四)坚定文化自信,深刻体会中国特色社会主义文化

文化自信是更加基础、更加广泛、更加深厚的自信,是对我国传统文化、革命文化和社会主义先进文化的价值认同。文化自信是习近平总书记提出的时代课题,准确抓住了我国一直以来在文化领域的核心问题,这是我党对三大规律认识方面的升华,是我党创新治国理政新战略的深刻体现。习近平总书记

指出:“坚守我们的价值体系,坚守我们的核心价值观,必须发挥文化的作用。”[①]文化是一个国家和民族的灵魂,文化之于民,就像水之于生命,文化凝聚着一个国家、一个民族的精神和品格,是我国走向世界一流强国的必备基础。我们要始终坚定文化自信,让中国特色社会主义的道路自信、理论自信和制度自信获得更基础、更广泛、更深厚的力量之源,为推进中国特色社会主义伟大事业提供源源不断的精神力量。

习近平总书记深刻指出:“文化自信,是更基础、更广泛、更深厚的自信。在5000年文明发展中孕育的中华优秀传统文化,在党和人民伟大斗争中孕育的革命文化和社会主义先进文化,积淀着中华民族最深层的精神追求,代表着中华民族独特的精神标识。”(习近平,2016)一个大国的崛起与发展,是建立在坚定的文化自信的精神基础上。对民族文化的肯定性把握以及对文化价值观的充足自信,是大国的重要精神支撑。只有一个拥有坚定文化自信的国家,才能在全球发展中发出独特的、响亮的声音,才能在世界局势中把握全局,沉稳有力。

结　语

当代中国所取得的伟大成就,归功于中国共产党在一切艰难险阻面前,毫不动摇地坚持和发展马克思主义,毫不动摇地建设中国特色社会主义。苏联虽然解体了,但在拥有近14亿人口的中国,共产党仍然在执政,社会主义制度仍然在实行,我们仍生活在十月革命开辟的从资本主义向社会主义过渡的时代,这充分说明,十月革命的道路依然具有不竭的生命力。中国特色社会主义凝结着中国无数实践者的胜利成果,承载着中国共产党几代人的理想,寄托着无数海内外仁人志士的期盼,是近代以来中国社会发展探索的必然选择,是我国未来继续稳定前行的必由之路。如今,中国特色社会主义推动这条道路不仅得到延续,而且焕发出勃勃生机,具有了新的强大创造力和感召力。在中国,任何发展道路和模式都不能取代中国特色社会主义,因为中国特色社会主义是中国自己探索出的符合自己特点的真正成功之路。

参考文献

[1]于沛,2007,十月革命和科学社会主义的历史命运——纪念十月革命90周年,《中国社会科学》第5期。

[2]马璇,2014,对坚定中国特色社会主义“三个自信”的深入思考,《长春大学学报》第9期。

[3]刘义圣、陈燕,2006,发展经济学贫困阙疑与中国经济发展强势,《经济评论》第1

① 冯刚,坚守核心价值观必须发挥文化的作用,《光明日报》,2015年11月10日。

期。

[4]齐卫平,2016,文化自信的实质与意义,《中原文化研究》第5期。

[5]刘冠军,2016,论坚定“四个自信”与践行“四个意识”——学习习近平总书记系列重要讲话的体会,《马克思主义学刊》第9期。

[6]卢迎春,2017,近十年来国内学术界关于十月革命研究述评,《科学社会主义》第1期。

[7]习近平,2016,《在庆祝中国共产党成立95周年大会上的讲话》,北京:人民出版社。

[8]朱安东、王天翼,2016,新自由主义在我国的传播和危害,《当代经济研究》第8期。

[9]赵付科、孙道壮,2016,习近平文化自信观论析,《社会主义研究》第5期。

The Socialism Induced by the October Revolution: the Push From China

Liu Yisheng　He Ying

Abstract　The victory of the Russian October Revolution turned socialism from ideal to reality and became the starting point of socialist practice in the twentieth century. This paper analyzes the development path of Russia, Eastern Europe and China in the 1990s: Russia and Eastern European countries have implemented "shock therapy", while China embarked on the socialist road with Chinese characteristics. China studies the difference between neoliberalism and socialism with Chinese characteristics, and believes that "four self-confidence" guides the future of socialism with Chinese characteristics. And China's reform and development have promoted the development of world socialism.

Key words　The October Revolution　Socialism Path

《资本论》语境下的中国经济:解读与重构

李子联　华桂宏

内容提要　在《资本论》语境下解读中国经济,着重分析了生产关系层面的财税制度和土地制度、分配关系层面的收入分配制度对生产力层面经济发展方式的影响。研究发现:第一,财税分权是政府展开"县域竞争"的根本原因,直接带动了以招商引资、公共投资、城镇化建设和房地产投资为标志的投资驱动增长模式的形成,但同时也因其所带来的金融风险而对经济可持续发展构成了制约;第二,土地要素的确权不仅从微观上有效地激发了经济主体的生产积极性,还从宏观上加快了工业化、城镇化和现代化的建设进程,这一"要素红利"将随着土地确权的推进而得以不断释放;第三,收入分配不平等既带来了要素投入的增加和技术创新的缺乏,又带来了消费需求的不足和贸易顺差的扩大,两者都共同引致了中国"要素投入型增长"和"外向型经济增长"模式的形成。

关键词　《资本论》语境　中国经济　经济制度
中图分类号　F120.2

一、问题与方法

在《资本论》语境下解读中国经济,即要在以《资本论》为理论源泉的马克思主义政治经济学研究范式下,使用一般性的话语体系,遵从一致性的理论逻辑,分析中国经济同时取得"成就"与面临"约束"的成因,并以此提出提升经济增长质量和促进经济可持续发展的有效路径。就《资本论》的话语体系而言,尽管其所使用的是与"资本主义生产方式及其相适应的生产关系"这一研究对象相关的学术用语,但是,仍然有许多在《资本论》中明确认为到未来社会不再存在、而在社会主义初级阶段的实践中仍然起作用的经济范畴,需要进入中国特色社会主义政治经济学的话语体系(洪银兴,2016);在《资本论》中所论述的资本主义市场经济及其他的一般性理论,仍然可以用来指导中国目前的社会

收稿日期:2018-06-17

作者简介:李子联(1985-),江苏师范大学商学院教授,主要研究方向为政治经济学。华桂宏(1966-),江苏师范大学党委书记、教授,主要研究方向为发展经济学。

基金项目:本文系国家社科基金教育学青年项目"高等教育质量提升的经济绩效及实现机制研究"(CFA160178)的阶段性研究成果。

主义市场经济体制建设(王延礼,1996)。因此,基于《资本论》的理论体系和话语体系而建立起来的研究范式,包括以人为本的基本立场、“按劳分配”和“要素参与分配”等术语的基本话语、“与生产力相适应的生产关系”的研究对象、唯物辩证法和历史分析法相结合的研究方法,仍然是当下分析和解决中国经济问题的有效工具。

就中国经济发展现实而言,中国改革开放以来所取得的巨大经济成就一直为世界所瞩目,且在目前世界经济较为低迷的形势下,中国经济依然“遥遥领先”。尽管如此,其前景却并不“喜人”。这是因为:自2010年第1季度以来,中国经济增长率由12.2%逐渐下降到了2017年第2季度的6.9%,而年均增长率则由2010年的10.6%下降到了2016年的6.7%,且这一增速放缓的态势并未出现明显反弹的迹象;从减速性质来看,尽管不少观点认为目前的持续下滑只是由于外部问题带来的“周期性”减速,随着世界经济形势的好转而必将出现“周期性”复苏(林毅夫,2014;华民,2014),但中国经济波动的短周期特征、经济增长所面临的诸多约束以及更多不同的观点均表明,目前的增速放缓是持续稳定的“结构性”减速,不具有“周期性”复苏的可能①(张平,2012;沈坤荣,2013)。因此,“中国增长奇迹”中的“高速”已逐渐转向了“中高速”,且长期而言将在“L”型底部成为一种常态。

对于中国经济自“高速”转向“中高速”这一增长常态的形成,许多学者尝试从不同的角度对其深层次的动力特征进行剖析,且大致认为人口红利、基建投资、房地产市场、出口需求、汽车消费、产业与消费结构演变、宏观经济政策以及国家发展战略的实施是经济增长的主要动力(潘建成,2017)。应当看到,这些观点从供给与需求层面来解构经济增长的动力,不管是从理论还是从现实来看,都具有较强的解释力。这是因为长期以来,要素驱动、投资导向和外需依赖一直是中国经济获得高速增长的主要原因。但是,仅从供给和需求层面来挖掘经济增长的动力,很容易忽略制度变量在其中所发挥的重要作用,因而对于经济增长过程中“成就”与“约束”并存这一现象,也就同样难以进行解释。我们认为,从制度层面来解读中国经济的发展方式是一个更为重要且根本的视角,这是因为制度因其对人所带来的“激励效应”而将深刻地影响着人所参与的一切经济活动。这正如马克思所指出的那样:“人本身是他自己的物质生产的基础,也是他进行的其他各种生产的基础。因此,所有对人的这个生产主体发生影响的情况,都会在或大或小的程度上改变人的各种职能和活动,从而也会改变人作为物质财富、商品的创造者所执行的各种职能和活动”(马克思,1975)。因此,“真正的财富就是所有个人发达的生产力”(马克思、恩格

① 李扬,新一轮经济结构调整与转型,和讯网,http://news.hexun.com/2012/caijingnh,2013年1月19日。

斯,1979a),而制度是影响生产力发挥作用的重要因素。

本质上而言,制度是生产关系的具体形式或发展形式(颜鹏飞,2013),而经济增长则是生产力提升的重要过程或现实表现。因此,从制度层面来解读中国经济的发展方式,实际上是对马克思主义政治经济学中生产关系与生产力两者之间关系的具体论证。作为马克思主义政治经济学的理论源泉,《资本论》对资本主义生产关系的研究,是在生产力和生产关系、经济基础和上层建筑的矛盾运动中得以体现的。具体关系表现为:生产力处于决定地位,生产关系处于核心地位,生产力决定生产关系,生产关系必须适应生产力的发展;上层建筑既受生产力的影响,又受经济基础的决定,它对生产力的发展和经济基础的巩固与变革具有能动作用。从这一关系来看,在中国的发展实践中,生产力发展水平决定了经济制度的形成,经济制度反过来对生产力的发展具有能动作用;目前中国经济增速的放缓,极有可能是由经济制度固化所带来的“约束”造成的。

从制度的属性来看,它是一种“社会形态”,是“生产关系的总和”或“社会的经济结构”,“社会发展到一定阶段的经济制度即生产关系的总和”(马克思、恩格斯,1995a),而“生产关系的总和”就是生产关系、流通关系、分配关系和消费关系的总和。按此概念,“制度”既可以理解为社会经济制度或基本经济制度,是“基本的生产关系”;又可以理解为经济运行过程中的单一制度或特定制度,是“特定的生产关系”,如我们所常见的收入分配制度、要素所有权制度等。因此,在分析影响中国经济发展方式的制度因素时,就可以从特定制度的层面来对其影响机制进行解读。本文着重分析了生产关系层面的财税制度和土地制度、分配关系层面的收入分配制度对中国经济发展方式的影响。之所以选取这三种制度,除了是因为所常见的制度均与此关联颇多外,更是因为土地制度、财税制度以及收入分配制度由于其对社会经济所带来的“激励效应”,在推动了中国经济增长的同时,也不可避免地带来了经济发展的约束,形成了中国经济增长的特有模式(华桂宏、李子联,2016)。

二、从生产关系的角度来解读中国经济

从生产关系的角度来解读中国经济,集中体现在生产关系对生产力发展所带来的能动作用上。按照马克思的观点:“为了进行生产,人们相互之间便发生一定的联系和关系,只有在这些社会联系和社会关系的范围内,才会有他们对自然的影响,才会有生产”(马克思、恩格斯,1995b),也就是说,生产关系是人们从事社会生产的前提,在生产关系中所形成的与时俱进的、合理有效的经济制度,能够有效地促进生产力的发展。相反,固化的、不合理的经济制度则将成为生产力发展的制约,且如果这些制度未加规范和改革,则其对生产、

交换、分配和消费的约束会不断加重,最终再生出不适应于生产方式的生产关系。但是,生产关系并不会直接与现实生产力发生作用,在生产关系影响生产力的传导过程中,存在着一些中介变量或中介环节。从理论上来看,经济体制是生产关系的实现形式,马克思所说的"派生的、转移来的、非原生的生产关系""第二级的和第三级的东西"(马克思、恩格斯,1979b),也就是经济制度、经济体制、经济机制、发展方式、管理方式等,在不同的历史发展阶段都不同程度地发挥着中介变量的作用;从现实来看,转变发展方式正如改革开放一样,是关系我国发展命运的战略抉择,是新的历史条件下一次新的革命性转型,是今后数十年贯穿于中国经济社会发展全过程和各领域使生产力和生产关系平衡发展的突破口(颜鹏飞,2013)。我们认为,这一突破口的定位点在于:从财税制度和土地制度两个重要制度层面来解读发展方式并以此促进发展方式的转变。

财税分权是政府展开"县域竞争"的根本原因,直接带动了以招商引资、公共投资、城镇化建设和房地产投资为标志的投资驱动增长模式的形成,但同时也因其所带来的金融风险而对经济可持续发展构成了制约。这是因为:在"分税制"制度下,由于中央和地方明确划分了各自的事权和税权,地方政府将不仅仅满足于来自现有纳税主体的税收收益,还将通过各种渠道比如招商引资扩大财政纳税基数。这种基于税收收益的权力划分必将对地方政府产生极大的激励,这一激励效应主要表现在:第一,财政分权赋予地方政府更多的事权和税权。地方政府从财政分权中可以获得更多的财政收入,并可以将更多的财政收入用于地方公共事业和基础设施的投资,形成有效的财政政策效应。这一机理能够很好地解释财政支出和公共投资在中国经济增长中的作用。第二,财政分权带来了地方政府之间的竞争,进一步强化了财政投资和政府职能在经济增长中的作用。在公共品的供给问题上,向地方政府的分权可以解决中央政府面临的信息缺损问题。因为只要居民可以在不同地方之间自由迁徙,他们自己的真实偏好就实际上通过"用脚投票"的机制显示出来了。另外,因为地方政府的收入与纳税主体的数量成正比,所以必然因此产生地方政府之间的竞争,而这个类似于竞争性市场的机制就可以影响地方政府的公共支出模式(Tiebout,1956)。分权竞争的结果是:促进和维护了不可逆转的市场机制的发展、促进了乡镇企业的发展、促进了城市化和基础设施的建设、导致了改革实验的发生和模仿以及促进了外商直接投资的流入(钱颖一、许成钢,1993)。第三,财政分权下中央对地方政府的绩效考核强化了地方政府之间的竞争,并使竞争朝着"良性趋好"的结果发展。财政分权并没有改变中央集权的格局,中央对地方政府的晋升仍然保有考核权和决定权。中央政府"一个中心、两个基本点"的发展路线将经济发展设为地方政府绩效的主要考核标准之一,这必将鼓励地方政府大力发展经济,积极参与到经济建设的竞争中来。在政治集中和财政分权共同存在的制度下，中国的财政分权产生了“良性趋好的竞争”(Blanchard,Shleifer,2000)，而正是这种“县域式的竞争”才促进了中国经济的持续高速增长(张五常,2008)。但是也应看到，财税分权所带来的投资驱动模式，不可避免地带来了房地产价格的飙升和地方政府债的扩大，而两者所带来的金融风险的累加，必将对中国经济的可持续发展带来极大的制约，而这正是当下中国经济发展所面临的主要问题。

土地要素的确权不仅从微观上有效地激发了经济主体的生产积极性，还从宏观上加快了工业化、城镇化和现代化的建设进程，这一“要素红利”将随着土地确权的推进而得以不断释放。土地确权对生产者产生了较强的激励效应，主要表现在：一方面，土地确权强化了产权约束和产权保护，使得所有者和使用者能够利用产权范围内的生产资料进行自主生产和自主经营。在这一逻辑下，生产者的财富保值和财富创造意识得到有效激发。另一方面，土地确权强化了所有者或使用者之间的竞争意识。由于所有者或使用者必须独自承担土地使用和经营的成本与收益，因此在生产过程中，所有者或使用者必须对其生产盈亏进行自主负责，这将鼓励其提高绩效，在竞争中获得生存。以农村土地的确权对城镇化建设所带来的经济效应为例：一方面，征收制度赋予土地征收以政府属性，而土地出让则为市场属性，因此两种行为的不同使得政府在土地征收中能够获得较大的利差，其结局便是土地城镇化的急剧扩张和城市空间的不断扩大(范进、赵定涛,2012)，而一种推动土地农转非市场化改革的制度安排则能够提高土地的价值，同时农民能通过转让土地筹集进城长期居住的资金而加快其向城市的转移，因而农地确权能够有效地解决“空间城镇化”和“人口城镇化”发展失衡的问题(Yang,1994)。另一方面，农地使用制度则为农民带来了经营性收入，后者为劳动力迁移提供了一种重要的低成本保障期权，土地的保险和保障作用使得农民更愿意从事高风险、高回报的工作，从而促进了劳动力迁移进入工资经济的抗风险能力(姚洋,2000;陶然、徐志刚,2005)。因此，一种具有较长使用权的农地制度安排能够鼓励农村剩余劳动力向城市转移。综合来看，土地产权的不清晰是中国城市发展困境以及粗放型发展模式的重要成因，而土地的进一步确权则是突破约束的重要制度渠道。

三、从分配关系的角度来解读中国经济

我们分别论述生产关系和分配关系对中国经济的影响，并无意于人为割裂生产关系和分配关系之间的内在联系。从本质上来说，“分配关系是同生产过程的历史规定的特殊社会形式，以及人们在他们生活的再生产过程中互相所处的关系相适应的，并且是由这些形式和关系产生的。这些分配关系的历史性质就是生产关系的历史性质，分配关系不过表示生产关系的一个方面”

(马克思,2004a),分配关系决定于生产关系,是生产关系变化的结果,两者是与生产力相对应的同一事物的两个方面。因此,与生产关系和生产力之间的辩证关系一样,分配关系与生产力之间的关系表现为:生产决定分配,分配也会反作用于生产;离开分配谈生产,生产将变为一般生产,而离开生产谈分配,分配将丧失存在的前提(武平平,2012)。正如马克思所言,"如果在考察生产时把包含在其中的这种分配撇开,生产显然是一个空洞的抽象;反过来说,有了这种本来构成生产的一个要素的分配,产品的分配自然也就确定了"(马克思、恩格斯,1995c)。但是,生产的成果和生产的方式分别决定了分配的对象和形式,因此生产始终优先于分配。这与古典经济学家分配优先于生产和"庸俗经济学家"生产和分配同等重要的观点是不一致的。应当看到,马克思承认生产的优先性并不是为了否定分配的作用,他在肯定生产对分配起决定作用的同时也指出,分配对生产也具有反作用(李子联,2015)。因此,在中国经济发展的过程中,从分配关系的角度来分析中国经济发展方式的形成及其所面临的约束,并以此根据生产力的发展状况来自觉调整分配关系,对促进经济持续快速发展意义重大。

分配对生产的影响,很大程度上来自于分配"本身"存在的"必然"不平等对人的行为所带来的激励效应。而不平等的"必然性"产生的原因,则主要有:首先,"一个人在体力或智力上胜过另一个人,因此在同一时间内提供较多的劳动,或者能够劳动较长的时间"(马克思、恩格斯,1995d),从而使不同的劳动者因向社会提供的劳动量的不同而取得个人消费品的数额不同。其次,"一个劳动者已经结婚,另一个则没有;一个劳动者的子女较多,另一个的子女较少,如此等等。在劳动成果相同,从而由社会消费品中分得的份额相同的条件下,某一个人事实上所得到的比另一个人多些,也就比另一个人富些"(马克思、恩格斯,1995e)。在马克思看来,社会主义社会中个人消费品分配不承认任何阶级差别,从而不承认依靠大量占有资本和地产的剥削者阶级占有他人劳动这一特权。在这里,只默认"劳动者的不同等的个人天赋,从而不同等的工作能力,是天然特权。所以就它的内容来讲,它像一切权利一样是一种不平等的权利"(马克思、恩格斯,1995e)。最后,在市场竞争环境下,为了获得生存和发展,资本所有者不得不继续积累以扩大再生产,因为只有积累,才能扩大资本,而只有扩大资本,才能维持资本(胡钧,2012)。因此,随着私人资本的不断积累,财富会不可避免地积聚在少数人手中,同时越来越多的劳动者将被排斥在生产过程之外,成为相对过剩的贫困人口,"工人阶级中贫苦阶层和产业后备军越大,官方认为需要救济的贫民也就越多。这就是资本主义积累的绝对的、一般的规律"(马克思,2004b)。从这一角度来说,资本的不断积累将会造成更加严重的收入分配不平等(蔡萌、岳希明,2016)。这一规律依然适用于当今中国的市场经济条件,因为随着资本有机构成的不断提高,管理劳动就将成为重要的、富有巨大价值的生产力，而这无疑带来了收入的分层和差距的扩大（周肇光，2012）。

我们认为，分配不平等之所以是影响中国经济发展方式形成和带来发展成就与约束的重要原因，主要是因为：一方面，收入分配不平等使社会更加倾向于积累物质资本而非人力资本，这就导致了社会物质资本的增加和人力资本的不足，前者显然为社会投资提供了强而有力的资金支持，因而带来了投资规模的扩大和数量的增长；后者则明显不利于技术的进步和创新的提升，使得生产投资只能依赖于资本驱动下的劳动和资源等要素投入。另一方面，收入分配不平等使得占总人口较大多数的低收入阶层的消费水平明显偏低，既表现在其消费规模小，又表现在其消费层次低，这将进一步导致社会消费需求的不足，使得投资所生产的产品只能通过外部需求来购买实现。综合来看，收入分配不平等既带来了要素投入的增加和技术创新的缺乏，又带来了消费需求的不足和贸易顺差的扩大，两者都共同引致了中国"要素投入型增长"和"外向型经济增长"模式的形成。因此，一种更加注重公平且有效的收入分配制度则不仅有利于人力资本的积累和技术水平的提高，还有利于需求结构的平衡和优化。第一，公平的收入分配能够有效地扩大消费需求。收入差距的扩大导致了我国消费需求的不足，而收入分配的改善和收入差距的缩小则能够有效地提高边际消费倾向，因而能够有效地扩大消费需求，改善需求结构失衡的局面。第二，公平的收入分配能够有效地提升对外贸易质量。从劳动要素的角度，收入差距所带来的农村剩余劳动力转移为出口产品的生产提供了充裕的廉价劳动力，从而促进了劳动密集型产品的出口，带来了贸易数量的增长；从资本要素的角度，收入差距通过资本积累对贸易增长产生的影响具有"结构效应"，即所带来的物质资本积累有力地促进了资本密集型产品的出口，但所带来的人力资本的减少则不利于技术密集型产品的出口。可见，中国的收入分配通过劳动要素、物质资本要素和人力资本要素促发了贸易模式的形成，公平的分配制度有利于贸易质量的提升。第三，公平的收入分配有利于自主创新能力的提升。收入分配通过需求规模和需求结构对自主创新产生了不同的经济效应，公平的收入分配制度能够有效地扩大消费规模的数量和促进消费结构的升级，并因此而提升自主创新能力，带来经济增长质量的提高。第四，公平的收入分配有利于农村剩余劳动力的优化配置。一种更为公平的收入分配，能够有效地留住自农村向城市转移的劳动力，并带来劳动要素更为优化的配置。第五，公平的收入分配有利于人力资本的有效积累。一种资产收入由高收入者向低收入者的再分配及其力度的加大有助于提高人力资本的投资总量和平均生产率。因此，缩小收入差距的公平分配制度，能够有效地促进社会人力资本积累程度的提高，因而带来了经济增长质量的提升。

上述观点对从收入分配的角度来重构中国经济发展方式的意义在于：从

需求结构的角度看，收入分配改革能够提高消费需求在国内生产总值中的占比，从而使经济结构得到进一步优化，经济增长质量得到提升；从供给结构的角度，收入分配制度的改革及其深化促进了技术进步和人力资本积累，并使经济增长的效率得到有效提高，经济增长方式能够实现由要素投入向创新驱动的转变，同时还能有效地提高自主创新在经济增长中的作用，使经济增长质量得以有效提升。

四、中国经济的动力重构

从《资本论》中生产力同生产关系、经济基础同上层建筑相适应的矛盾运动规律可以看出，体制是经济制度与生产力的连接点或中介环节，全面深化改革的重点是经济体制改革（卓玛草、孔祥利，2014）。因此，突破中国经济发展的现实困境，构建中国经济发展的持久动力，必须正确处理“以经济建设为中心，发挥经济体制改革的牵引作用，推动生产关系同生产力、上层建筑同经济基础相适应，通过体制改革和制度创新挖掘‘制度红利’，推动中国经济社会持续健康发展”①。我们认为，应主要侧重于如下三种制度的深化改革：

第一，深化财政税收制度的结构性改革。财税制度结构性改革的内涵主要在于加强个人所得税的累进性、促进营业税向增值税的全面转型并适当调整增值税在央地之间的分配比例、有选择性地推行并扩增财产税以及进一步加强环境税等。首先，加强个人所得税的累进性，在当下中国的现实中就是应提高高档次税级的税率以及适时提高纳税门槛。其中，提高高档次税级税率，应在现存税率的基础上，进一步就更高档级的税率进行提升，以有效达到“限高”的目的；而适时提高纳税门槛，则应进一步提高免征额，以使更多中等收入者能够获得更大幅度的收入增长，以使部分低收入者能够免于征税而分享到经济高速增长的成果，最终达到“扩中”和“提低”的目标。其次，促进营业税向增值税的全面转型，就是应在税收制度中以增值税全面替代营业税，这不仅能够消除重复征税的不合理现象，还能在适用较低增值税率的过程中降低企业的经营成本；而适当调整增值税在央地之间的分配比例，就是应适当提高地方政府在增值税中的比例分成，以通过增加地方政府的财政税收来缓解事权和税权不对等的现象。再次，应有选择性地推行并扩增财产税。推行并加征财产税的目的在于增加纳税种类，使高收入者对社会总税收增长做出更多应有的贡献。财产税征收的选择性体现在：应适当提高房产税率，以遏制房产交易中的投机炒作现象；应适时推出遗产税，以促进居民参与经济社会活动时的机

① 《中共中央关于全面深化改革若干重大问题的决定》，新华网，http://www.xinhuanet.com/politics/2013－11/12/c_118112746.htm，2013 年 11 月 12 日。

会平等。最后,进一步加强环境税。环境税的征收不仅有利于产业结构的升级和发展方式的转型,更有利于居民生存空间和企业生产环境的改善。加强环境税的征收,应采取横向差异化和纵向螺旋式的方式逐层、逐步地提高污染型企业的纳税比例。

第二,继续深化农村土地制度改革,释放生产要素红利。毫无疑问,土地制度是国家的基础性制度,因此也是供给侧结构性改革极为重要的内容(贾康,2015)。而在国家土地中,农村土地的高效利用及其制度完善尤为重要,不仅是因为依托于农村土地的农业是国民经济的基础产业,更是因为土地制度的改革及其深化能够带来其"本身"以及劳动要素更为优化的配置,这对于农民收入的增长、工业用地紧张的缓解以及农业现代化和规模化的实现,都具有十分重要的正向作用。比如,农地制度改革中农地使用权期限的延长以及土地流转机制的完善,使得农民能够在流转市场中按市场价格进行土地转让,以此在满足城市建设用地需求的过程中获取高额的土地收益,而地方政府低价征收农村集体土地的现象也能得到较大的改观(王国生,2005)。这一过程既增加了城市用地的需求,又提高了农民的收入水平。因此,一项旨在扩大农民土地产权自由、增加农民土地交易收益的农地制度改革及其深化,不仅能够促进土地要素的合理流转,进而提高土地经营的产出效率,还能够激励农村剩余劳动要素的有效转移,进而推进新型城镇化并带来新的增长点。我们认为继续深化农村土地制度改革,应进一步进行土地整理和归置以盘活闲置的土地资源,进一步完善农村土地流转机制并积极引导土地承包经营权流转。可以尝试进行两个"探索":探索"地随人走"的"人地挂钩"模式,逐步实行城乡之间城镇建设用地增加规模与吸纳农村人口进城定居规模相挂钩,地区之间城镇建设用地增加规模与吸纳外来人口定居规模相挂钩的运作方式;探索并建立城乡统一的建设用地市场交易平台,成立农村土地整理公司进行统筹运作,将退出的集体建设用地由村集体经济组织或原使用人负责复垦,经国土部门验收合格后,对置换的建设用地指标或占补平衡指标在综合交易平台上市交易,而没有实现交易的,则由农村土地整理公司进行兜底收购。

第三,推进收入分配制度的公平性改革。收入分配公平不仅是促进消费结构升级的直接渠道,更是提升经济增长质量的重要保障。深化收入分配制度的公平性改革,应在已有改革成果的基础上,继续坚定改革信心和巧用改革智慧。首先,应从起点上更加重视机会平等的制度建设,应让社会成员都能够更加平等地参与经济建设、更加全面地享受医疗保障、更加有效地获取教育培训等活动。在这一过程中,应进一步促进劳动要素的自由流动和优化配置,坚持"任人唯贤"的人才选拔理念;应进一步去除城乡对峙和城乡分割的传统壁垒,实现人口、资本和土地等要素更为良性的互动和更为优化的配置;应进一步在法律框架内约束特殊社会群体的特殊权利,以推进社会资本的良性运作。

其次,应在结果上进一步缩小居民收入差距,以实现居民收入分配的结果公平。在分配过程中,应全面整治非法活动,严厉打击非法收入;应继续惩贪治污,严控通过“灰色通道”所获得的灰色收入;应完善薪酬谈判机制,提高劳动者的工资性收入。在这一过程中,应将着力点放在个人收入的快速增长上,以不断提高劳动者报酬在初次收入分配中的比重;应搭建产业平台并发挥产业增收的优势,以使低收入者所拥有的资源禀赋能够得到更为有效的发挥。最后,应在机制上深化市场运行机制改革。应继续完善市场价格的有效形成机制,以发挥市场价格在收入分配中的调节作用;应进一步规范分配秩序,以实现公平有效的市场竞争机制和合理有序的分配格局。此外,还应继续拓宽资产市场的增收渠道,促进居民财产性收入的稳步增长。

参考文献

[1]Blanchard, O. , and A. Shleifer, “Federalism with and without Political Centralization: China versus Russia”, MIT Working Paper, 2000, 1—15.

[2]Tiebout, 1956, A Pure Theory of Local Expenditure, *Journal of Political Economy*, 64 (5), pp. 416—424.

[3]Yang D. , 1994, “Knowledge Spillovers and Labor Assignments of the FarmHousehold”, Ph. D. dissertation, University of Chicago.

[4]蔡萌、岳希明,2016,从马克思到皮凯蒂:收入分配的跨世纪之辩,《经济学动态》,第11期,第11—21页。

[5]范进、赵定涛,2012,土地城镇化与人口城镇化协调性测定及其影响因素,《经济学家》,第5期,第61—67页。

[6]洪银兴,2016,《资本论》和中国特色社会主义经济学的话语体系,《经济学家》,第1期,第5—15页。

[7]胡钧,2012,资本主义资本的积累过程(上),《改革与战略》,第8期,第17—25页。

[8]华桂宏、李子联,2016,中国供给侧结构性改革的维度框架与路径选择,《江海学刊》,第6期,第74—81页。

[9]华民,2014,中国经济高增长并未结束,《人民论坛》,第2期,第59—61页。

[10]贾康,2015,供给侧改革的核心内涵是解放生产力,《中国经济周刊》,第49期,第78—79页。

[11]李子联,2015,分配与增长:一个马克思主义经济学的分析,《马克思主义研究》,第4期,第48—57页。

[12]林毅夫,2014,什么是经济新常态,《小康·财智》,第10期,第20页。

[13]马克思,1975,《剩余价值理论》(第1册),北京:人民出版社,第300页。

[14]马克思,2004a,《资本论》(第3卷),北京:人民出版社,第998页。

[15]马克思,2004b,《资本论》(第1卷),北京:人民出版社,第742页。

[16]马克思、恩格斯,1979a,《马克思恩格斯全集》(第46卷下册),北京:人民出版社,第222页。

[17]马克思、恩格斯，1979b,《马克思恩格斯全集》(第46卷上册)，北京：人民出版社，第47页。

[18]马克思、恩格斯，1995a,《马克思恩格斯选集》(第2卷)，北京：人民出版社，第32页。

[19]马克思、恩格斯，1995b,《马克思恩格斯选集》(第1卷)，北京：人民出版社，第344页。

[20]马克思、恩格斯，1995c,《马克思恩格斯选集》(第2卷)，北京：人民出版社，第99页。

[21]马克思、恩格斯，1995d,《马克思恩格斯选集》(第3卷)，北京：人民出版社，第304—305页。

[22]马克思、恩格斯，1995e,《马克思恩格斯选集》(第3卷)，北京：人民出版社，第305页。

[23]潘建成，2017，2017年中国经济前瞻，《国家行政学院学报》，第1期，第20—24页、第125页。

[24]钱颖一、许成钢，1993，中国的经济改革为什么与众不同——M型的层级制和非国有部门的进入与扩张，《经济社会体制比较》，第1期，第29—40页。

[25]沈坤荣，2013，中国经济增速趋缓的成因与对策，《学术月刊》，第6期，第95—100页。

[26]陶然、徐志刚，2005，城市化、农地制度与迁移人口社会保障，《经济研究》，第12期，第45—56页。

[27]王国生，2005，增加农民收入问题讨论综述，《经济理论与经济管理》，第4期，第71—75页。

[28]王延礼，1996，《资本论》的市场经济理论，《社会科学辑刊》，第1期，第82—86页。

[29]武平平，2012，分配关系和生产关系的关联性问题研究，《黑龙江社会科学》，第2期，第70—72页。

[30]颜鹏飞，2013，《资本论》及其手稿再研究的新进展，《马克思主义研究》，第7期，第16—21页。

[31]姚洋，2000，中国农地制度：一个分析框架，《中国社会科学》，第2期，第54—65页。

[32]张平，2012，“结构性”减速下的中国宏观政策和制度机制选择，《经济学动态》，第10期，第3—9页。

[33]张五常，2008，《中国的经济制度》，香港：花千树出版社，第1—65页。

[34]周肇光，2012，从马克思私企管理劳动二重性理论看我国收入分配差异性演变趋势，《中国经济规律研究会第22届年会论文集》，第337—343页。

[35]卓玛草、孔祥利，2014，从《资本论》生产关系理论视角论全面深化改革，《资本论》研究，第10卷，第11—16页。

China's Economy in the Context of "Das Capital": Unscrambling and Restructuring

Li Zilian　Hua Guihong

Abstract　This paper tries to unscramble China's economy in the context of "Das Capital". It focuses on analyzing the influence of fiscal institution and land system in the level of production relationship, and income distribution institution in the level of distribution relationship on economic development model. Some conclusions are drawn: firstly, fiscal decentralization which is the basic cause of "country competition", directly forms the investment-driven growth model with the character of attracting investment, public investment, urbanization development and real estate investment. Meanwhile, it brings constraint to sustainable development for the financial risk. Secondly, the confirmation of land right not only encourages economic subject effectively, but also quickens industrialization, urbanization and modernization. This "factor bonus" will release constantly along with the confirmation of land right. Thirdly, income inequality not only brings increase of factor input and decrease of technological innovation, but also brings insufficient of consumption demand and expansion of trade surplus. Both of them form the model of "factor-input-growth" and "export-oriented-growth".

Key words　Context of "Das Capital"　China's Economy　Economic Institution

新时代中国特色社会主义政治经济学的理论内核

徐　敏

内容提要　新时代中国特色社会主义政治经济学是新时代中国特色社会主义经济发展规律的系统性经济学说。中国经济与西方国家经济在经济发展理念、制度、运行等方面均有所不同，因此新时代中国特色社会主义政治经济学的理论内核应涵盖理念、制度、运行、基本原则四个维度。

关键词　新时代　中国特色社会主义政治经济学　理论内核

中图分类号　F04　D616

2015年11月，习近平总书记在主持中共中央政治局集体学习时强调："要立足我国国情和我国发展实践，揭示新特点新规律，提炼和总结我国经济发展实践的规律性成果，把实践经验上升为系统化的经济学说，不断开拓当代中国马克思主义政治经济学新境界。"[①]2015年12月，中央经济工作会议也明确提出要坚持中国特色社会主义政治经济学的重大原则。2016年7月，在推进供给侧结构性改革中习近平总书记再次提出坚持和发展中国特色社会主义政治经济学的要求。2017年10月，在党的十九大报告中又进一步提出了新时代习近平中国特色社会主义新思想的论断。习近平总书记的系列讲话为新时代中国特色社会主义政治经济学指明了研究方向，也意味着新时代中国特色社会主义政治经济学已经上升到国家意志层面。

一、国内研究现状述评

鉴于目前国内对新时代中国特色社会主义政治经济学的研究文献较少，因此本文国内研究现状部分主要就中国特色社会主义政治经济学研究现状进行分析。从国内的研究现状来看，我国学者非常重视对中国特色社会主义政

收稿日期：2018—05—07

作者简介：徐敏（1976— ），上海财经大学马克思主义学院博士后科研流动站博士后，长春师范大学国际教师教育学院副院长、教授，主要研究方向为马克思主义政治经济学理论与实践。

① 习近平，立足我国国情和我国发展实践发展当代中国马克思主义政治经济学，《人民日报》第1版，2015年11月25日。

治经济学的研究，特别是2016年以来研究成果更呈现井喷式增长，这说明中国特色社会主义政治经济学已经引起了国内学者的高度关注。国内学者对中国特色社会主义政治经济学的形成与发展、研究对象、研究主线、逻辑起点、内容体系等进行了大量研究，对中国特色社会主义政治经济学的发展做出了重要贡献。不过中国特色社会主义政治经济学还处于发展中，国内学者在中国特色社会主义政治经济学的研究对象、研究主线、逻辑起点、内容体系等方面都存在不同意见。这里仅就不同学者对中国特色社会主义政治经济学理论体系的界定进行介绍。

(一)以系列理论成果作为中国特色社会主义政治经济学内容体系

从整体上来看，国内学者对中国特色社会主义政治经济学内容体系的界定有四种不同的方法。其中第一种方法是将中国特色社会主义政治经济学理论成果作为理论体系，主要就中国特色社会主义政治经济学理论成果进行介绍，同时也就中国经济发展中遇到的问题进行研究。就近年来的文献来看，这种研究方法居多。

卫兴华认为中国政治经济学(即中国特色社会主义政治经济学)蕴含以下原则：坚持社会主义本质论，关于社会主义初级阶段理论，关于社会主义初级阶段的基本经济制度，在分配关系上实行按劳分配为主体、多种分配方式并存，关于社会主义市场经济的理论观点，关于中国特色社会主义理论、制度、道路相统一的理论，关于促进社会公平正义、把效率和正义统一起来的理论，关于用好国际国内两个市场、两种资源和坚持改革开放与独立自主相统一的理论，关于改革、发展、稳定三者的统一，关于推进新型工业化、信息化、城镇化、农业现代化相互协调的理论，关于树立和落实五大发展理念的理论，关于我国经济发展进入新常态的理论。①

洪银兴的《学好用好中国特色社会主义政治经济学》共11章，主要就两个“一百年”发展目标，坚持和完善社会主义初级阶段基本经济制度，深化国有企业和国资管理的改革，正确处理政府和市场的关系，金融体系的完善和金融改革，按劳分配为主、多种分配方式并存的基本分配制度，创新驱动经济发展，农业农民和农村的现代化，宏观调控，世界经济的机遇和挑战，开放型经济新体制构建等进行了介绍(洪银兴，2017)。

顾海良、王天义的《读懂中国发展的政治经济学》共16章，主要就中国发展的政治经济学，中国特色社会主义政治经济学的重大原则，树立创新、协调、绿色、开放、共享的新发展理念，巩固和发展社会主义初级阶段基本经济制度，加强国有经济的改革与发展，坚持和完善社会主义基本分配制度，实现全体人民的共同富裕，坚持社会主义市场经济改革方向，社会主义市场经济中市场作

---

① 卫兴华，中国政治经济学蕴含的根本原则，《北京日报》第18版，2016年2月29日。

用与政府作用，加快实施创新驱动发展战略，主动适应、引领、把握经济发展新常态，供给侧结构性改革的理论与实践，农业、农民和农村的“三农”发展，推进以人为核心的新型城镇化，契合“一带一路”倡议，发展更高层次的开放型经济等进行了说明（顾海良、王天义，2016）。

张宇的《中国特色社会主义政治经济学》共9章，主要从中国特色社会主义经济制度的建立和发展、社会主义初级阶段基本经济制度、社会主义市场经济、社会主义收入分配、社会主义国家调控、社会主义经济体制改革、社会主义对外开放、社会主义经济发展等方面论述中国特色社会主义政治经济学的内容体系（张宇，2016）。

张占斌、周耀辉的《中国特色社会主义政治经济学》共13章，主要对本质论、制度论、发展论、改革论、市场论、新常态论、“四化同步”论、开放论、民生论、扶贫论等进行了介绍（张占斌、周耀辉，2016）。

杨承训的《中国特色社会主义政治经济学十二讲》主要介绍了中国特色社会主义政治经济学的渊源、成就和方法论，社会主义本质论（共同富裕—共享发展），体制改革的规律性、优越性、艰巨性，社会主义市场经济的机理、优势和风险，对外开放带来的巨大活力和面临的挑战，最大的实际（社会主义初级阶段），社会主义初级阶段的基本经济制度，基本分配制度和新民生观、消费观，五大发展理念，崇尚“第一动力”，协调产业发展、空间布局的创新，绿化发展和系统保护生产力，治国理政、新常态大逻辑和整体经济学（杨承训，2017）。

于建荣、何芹、汤一用的《中国特色社会主义政治经济学》共10章，主要就坚持以人民为中心，社会主义本质，社会主义初级阶段基本经济制度，树立创新、协调、绿色、开放、共享的发展理念，社会主义市场经济，经济发展进入新常态，供给侧结构性改革，推动新型工业化、信息化、城镇化、农业现代化相互协调，发展更高层次的开放型经济，经济社会发展的目标等进行了介绍（于建荣、何芹等，2016）。

（二）对中国特色社会主义经济进行整体研究并形成不同内容体系

第二种方法是将中国特色社会主义经济作为一个整体进行全方位介绍，以这种方法进行研究的体系结构，典型代表是张宇、谢地、任保平、蒋永穆等《中国特色社会主义政治经济学——制度、运行、发展、开放》、“中国特色社会主义政治经济学研究”重大项目课题组编写的《理论・现实・方法——中国特色社会主义政治经济学研究》[①]，逄锦聚的研究也属于此类。

逄锦聚认为，中国特色社会主义政治经济学的内容体系包括经济制度和发展阶段、经济运行、经济发展、世界经济和开放问题四部分。其中，经济制度

① 《中国特色社会主义政治经济学研究》重大项目课题组，《理论・现实・方法——中国特色社会主义政治经济学研究》，北京：经济科学出版社，2017年。

和发展阶段包括社会主义经济制度的确立，社会主义初级阶段理论，社会主义初级阶段的主要矛盾、主要任务，社会主义初级阶段的基本经济制度、分配制度，社会主义市场经济体制的建立、改革、发展和完善；经济运行包括微观经济运行、中观经济运行、宏观经济运行；经济发展包括为什么发展、要什么样的发展、怎么发展以及五大发展理念；世界经济和开放问题包括人类命运共同体、“一带一路”、亚投行、世界经济发展规律、开放型经济新体制建立与完善、融入世界经济等问题(逄锦聚，2016)。

张宇、谢地、任保平、蒋永穆等《中国特色社会主义政治经济学——制度、运行、发展、开放》分为中国特色社会主义经济制度、中国特色社会主义经济发展、中国特色社会主义经济运行、中国特色社会主义对外开放四篇。其中，制度篇主要就社会主义基本经济制度、社会主义市场经济制度、社会主义基本分配制度进行了介绍，运行篇主要就微观经济运行、中观经济运行、宏观经济运行进行了说明，发展篇主要就社会主义经济增长、社会主义经济发展、城乡一体化发展进行了研究，开放篇主要就经济全球化与对外开放、对外经济关系、积极参与全球经济治理进行了说明。同时设有结束语，主要就资本主义向共产主义过渡的历史必然性进行了说明(张宇、谢地等，2017)。

《中国特色社会主义政治经济学研究》重大项目课题组编写的《理论·现实·方法——中国特色社会主义政治经济学研究》分为5篇，分别是概论篇、制度和体制篇、运行和发展篇、思想史和制度体制比较篇、方法论篇。

(三)整体介绍中国特色社会主义政治经济学历史发展进程

第三种方法是从学科视角对中国特色社会主义政治经济学形成与发展的历史进行研究，这种研究方法不多，典型代表是洪银兴的《中国特色社会主义政治经济学理论体系构建》。

洪银兴的《中国特色社会主义政治经济学理论体系构建》共分5编，分别是中国特色社会主义政治经济学理论体系建设、社会主义经济理论溯源、中国特色社会主义经济的实践、马克思主义经济学中国化、中国特色社会主义政治经济学的若干重大理论(洪银兴，2016)。

(四)中国特色社会主义政治经济学个别理论介绍

第四种研究方法仅就中国特色社会主义政治经济学的个别理论进行研究，比如吕健的《共享发展的社会主义政治经济学》，高帆的《协调发展的社会主义政治经济学》，陈波、严法善的《开放发展的社会主义政治经济学》，严法善的《创新发展的社会主义政治经济学》等。这些研究仅就中国特色社会主义政治经济学的一部分理论成果进行重点研究，并不着意构建中国特色社会主义政治经济学的完整体系。

以上几种研究方法各具特色，并且从不同角度诠释了中国特色社会主义政治经济学。在以上几种方法中，本文认同中国特色社会主义经济作为一个整体进行研究的方法,并认同张宇、谢地、任保平、蒋永穆等《中国特色社会主义政治经济学——制度、运行、发展、开放》设置制度篇和运行篇的写法,但在内容体系设计上主张采取理念篇、制度篇、运行篇、展望篇。在理念篇、制度篇、运行篇、展望篇四篇结构中,最重要、最根本的是理念篇。这是因为,中国特色社会主义政治经济学与西方经济学的最大不同在于理念的不同,中国特色社会主义政治经济学是以人民为中心的经济学,而西方经济学是以资本为中心的经济学,因此,理念篇在中国特色社会主义政治经济学的体系结构中占据重要地位,是不可或缺的,但是在当前的研究中很多学者没有给予充分重视。制度由理念决定并为理念服务,以人民为中心需要在基本经济制度、基本分配制度、基本政治制度等方面服务于以人民为中心的主旨。运行由制度决定因此最终由理念决定并为理念服务,以人民为中心的主旨,以公有制为主体、多种所有制并存的基本经济制度,以按劳分配为主体、多种分配方式并存的分配方式,中国共产党领导下的经济发展,直接决定了中国特色社会主义经济在微观运行、中观运行、宏观运行、全球运行上都与西方国家有所不同。而展望篇的设计是因为中国特色社会主义政治经济学是发展中的政治经济学,中国特色社会主义政治经济学将随着中国经济乃至世界经济的演进而发生变化,但有些根本的原则不能变,因此在展望篇中需要对中国特色社会主义政治经济学的基本原则乃至中国经济和世界经济的未来进行研究,从而构成一个完整的体系。

二、新时代中国特色社会主义政治经济学的理论内核

新时代中国特色社会主义政治经济学涵盖的内容较多,为了更清晰地呈现出新时代中国特色社会主义政治经济学的全貌,本文从理念、制度、运行、基本原则四个维度对新时代中国特色社会主义政治经济学的理论内核进行梳理。

(一)理念

理念,主要由经济发展服务对象、经济发展目标、具体经济发展理念构成。

经济发展服务对象即经济发展是为了谁。新时代中国特色社会主义政治经济学的经济发展服务对象是全体人民。十九大报告中也明确提出以人民为中心,并指出:人民是历史的创造者,是决定党和国家前途命运的根本力量,必须坚持人民主体地位,坚持立党为公、执政为民,践行全心全意为人民服务的根本宗旨,把党的群众路线贯彻到治国理政全部活动之中,把人民对美好生活的向往作为奋斗目标,依靠人民创造历史伟业。以人民为中心,全心全意为人民服务,与西方经济学为资本服务的理念是完全不同的。以人民为中心是新时代中国特色社会主义政治经济学的最本质特征,也是中国经济取得跨越式

发展的法宝。

新时代中国特色社会主义经济发展目标包括总的经济发展目标、不同阶段的经济发展目标。其中,总的发展目标是实现国家富强、民族振兴、人民幸福的中国梦。不同阶段的经济发展目标包括“翻一番”说、“两个一百年”说、“翻两番”说等。在十九大报告中,习近平总书记明确指出:从2020年到2035年,在全面建成小康社会的基础上,再奋斗15年,基本实现社会主义现代化;从2035年到本世纪中叶,在基本实现现代化的基础上,再奋斗15年,把我国建成富强、民主、文明、和谐、美丽的社会主义现代化强国。中国经济发展目标的特点可以概括为:总发展目标的恒定不变性、不同阶段发展目标的可衔接性、总发展目标对不同阶段发展目标的指导性。

新时代中国特色社会主义具体经济发展理念主要是指创新、协调、绿色、开放、共享五大发展理念。创新驱动、协调发展、绿色发展、开放共赢、共商共建共享。十八大以来,在五大发展理念的指导下,中国在重大科技攻关、生态环保、改革开放、民生、社会保障等领域都取得了可喜的成绩,未来中国将在五大发展理念指导下不断创造辉煌。

(二)制度

新时代中国特色社会主义制度体系包括中国特色社会主义的基本经济制度、中国特色社会主义的基本分配制度以及中国基本政治制度。

中国特色社会主义的基本经济制度主要是以指公有制为主体、多种所有制并存的所有制。这是我国在社会主义初级阶段必须长期坚持的基本经济制度。

中国特色社会主义的基本分配制度主要是以指按劳分配为主体、多种分配方式并存的分配制度。这是我国在社会主义初级阶段必须长期坚持的基本分配制度。

中国基本政治制度是指中国共产党的领导。在十九大报告中,习近平总书记指出:明确中国特色社会主义最本质的特征是中国共产党领导,中国特色社会主义制度的最大优势是中国共产党领导。正是因为有了中国共产党的正确领导,中国经济才有了最坚强的核心,才能按照既定目标不断前进。

在以上制度体系中,国内学者一般只提及基本经济制度、基本分配制度,但是国内很少有学者分析中国基本政治制度对经济发展的有力保障与支撑。按照马克思主义的基本观点,经济基础决定上层建筑,上层建筑反作用于经济基础,中国基本政治制度无论从理论层面还是从实践层面都形成了对中国经济发展的强有力保障与支撑。特别是中国基本政治制度中有一条核心就是必须坚持中国共产党对经济发展的领导,这是确保我国经济发展的最有力保障与最重要支撑,也是中国经济区别于西方国家经济的重要特征,因此有必要专门分析。

(三)运行

在经济运行方面,张宇、谢地、任保平、蒋永穆等《中国特色社会主义政治经济学——制度、运行、发展、开放》和逄锦聚的内容体系均是涵盖了微观经济运行、中观经济运行、宏观经济运行,并没有涵盖全球经济运行,而是将开放作为一部分单独进行研究。周绍东认为以发展为主线的中国特色社会主义政治经济学研究的生产力包括微观、中观和宏观三个层面内容,其中中观是指劳动者与生产资料是如何在不同的区域和产业中进行技术—劳动方式的组合和搭配,而区域概念包括行政区域、城乡、国内、国际等多个维度。[①] 本文认为,全球经济同样属于运行层面的问题,且需要单独研究,因此将经济运行的概念拓展为微观经济运行、中观经济运行、宏观经济运行、全球经济运行。为此,运行部分包括微观经济运行、中观经济运行、宏观经济运行、全球经济运行。

微观经济运行包括企业(国有企业与非公有企业)、居民(城市居民与农村居民)、微观监管(市场准入、市场运行、市场评价)。

中观经济运行包括产业、区域、城乡,主要就中国三次产业发展、区域经济发展、城乡协调发展等。

宏观经济运行包括GDP与中国经济增长奇迹、总供给与总需求、中国宏观经济调控。其中中国宏观调控部分包括计划管理与市场管理、供给管理与需求管理、总量管理与结构管理、中长期管理与短期管理。这意味着,与张宇、谢地、任保平、蒋永穆等《中国特色社会主义政治经济学——制度、运行、发展、开放》将社会主义市场经济制度作为社会主义经济制度组成部分不同,本文认为社会主义市场经济体制属于运行层面的问题。

全球经济运行包括当代世界经济发展格局、中国在世界经济中的地位与作用、中国包容共享的全球发展观。

(四)基本原则

中国特色社会主义经济进入新时代,但是无论中国经济如何发展变化,新时代中国特色社会主义政治经济学必须坚持一些基本的原则。

在新时代中国特色社会主义政治经济学基本原则方面,本文认可程恩富对中国特色社会主义政治经济学基本原则的界定。程恩富认为,中国特色社会主义政治经济学包括八大基本原则:科技领先型的持续原则、民生导向型的生产原则、公有主体型的产权原则、劳动主体型的分配原则、国家主导型的市场原则、绩效优先型的速度原则、结构协调型的平衡原则、自力主导型的开放原则(程恩富,2017)。同时建议做如下更改:中国共产党领导下的发展原则、以人民为中心的主旨原则、公有主体型的所有制原则、劳动主体型的分配原

① 周绍东,构建中国特色社会主义政治经济学的发展理论,中国社会科学网,http://www.cssn.cn/index/index_focus/201708/t20170816_3611331.shtml,2017年8月16日。

则、国家主导型的市场原则、民生导向型的生产原则、科技领先型的持续原则、绩效优先型的速度原则、结构协调型的平衡原则、自主共享型的开放原则。在程恩富八大基本原则基础上，增设中国共产党领导下的发展原则和以人民为中心的主旨原则，是因为中国经济必须坚持中国共产党的领导、必须坚持以人民为中心，这是确保中国经济持续取得成功的前提。将公有主体性的产权原则改为公有主体型的所有制原则，将自主主导型的开放原则改为自主共享型的开放原则，是为了凸显中国的所有制属性和对外开放基本理念。将公有主体型的所有制原则、劳动主体型的分配原则、国家主导型的市场原则位置前移是为了凸显这三大原则的重要性。

三、结　论

本文在前人研究的基础上提出了理念、制度、运行、基本原则四个维度的新时代中国特色社会主义政治经济学理论内核，这一理论体系与现行主要理论体系的差别在于：

（一）新时代中国特色社会主义政治经济学高度重视理念的地位

在理念、制度、运行、基本原则中，理念是最核心、最重要的，因为理念决定制度、运行，也决定基本原则。而在理念中，突出强调以人民为中心的经济发展理念，这既是中国的特色，也是中国经济区别于西方国家经济的根本，更是中国经济取得胜利的法宝。

（二）新时代中国特色社会主义政治经济学重视中国基本政治制度的作用

在以往的制度分析中一般都涵盖社会主义基本经济制度、社会主义基本分配制度，有的也涵盖中国社会主义市场经济制度。本文制度分析中也涵盖社会主义基本经济制度、社会主义基本分配制度，但不涵盖中国社会主义市场经济制度，这是因为在本文看来，社会主义市场经济更多的是体制，是运行层面的问题而不是制度层面的问题。同时，本文在制度中涵盖了中国基本政治制度的作用，特别是强调中国共产党的领导对中国经济发展的作用，这是凸显中国特色的地方。

（三）新时代中国特色社会主义政治经济学涵盖了全球经济运行

一般运行中都涵盖微观经济运行、中观经济运行、宏观经济运行，而将开放作为单独一部分。本文将全球经济运行纳入运行，这是因为全球经济运行与微观经济运行、中观经济运行、宏观经济运行一样都属于运行层面的问题。而且中国在全球经济中扮演着越来越重要的角色，全球经济运行已经与微观经济运行、中观经济运行、宏观经济运行紧密相连、不可分割。

（四）界定了新时代中国特色社会主义政治经济学的基本原则

本文重点界定了新时代中国特色社会主义政治经济学的十大基本原则，

即：中国共产党领导下的发展原则、以人民为中心的主旨原则、公有主体型的所有制原则、劳动主体型的分配原则、国家主导型的市场原则、民生导向型的生产原则、科技领先型的持续原则、绩效优先型的速度原则、结构协调型的平衡原则、自主共享型的开放原则。

新时代中国特色社会主义经济发展是一项伟大的历史实践，新时代中国特色社会主义政治经济学也终将是一门伟大的学问。不过，目前新时代中国特色社会主义政治经济学的研究还处于起步阶段，还有很多问题没有解决，需要国内外的学者特别是中国学者继续探索。

参考文献

[1]程恩富，2017，中国特色社会主义政治经济学的八个重大原则，《唯实》，第1期，第26—30页。

[2]顾海良、王天义，2016，《读懂中国发展的政治经济学》，北京：中国人民大学出版社。

[3]洪银兴，2016，《中国特色社会主义政治经济学理论体系构建》，北京：经济科学出版社。

[4]洪银兴，2017，《学好用好中国特色社会主义政治经济学》，南京：江苏人民出版社。

[5]逄锦聚，2016，中国特色社会主义政治经济学论纲，《政治经济学评论》，第5期，第89—110页。

[6]杨承训，2017，《中国特色社会主义政治经济学十二讲》，北京：中国人民大学出版社。

[7]于建荣、何芹、汤一用，2016，《中国特色社会主义政治经济学》，北京：国家行政学院出版社。

[8]张宇，2016，《中国特色社会主义政治经济学》，北京：中国人民大学出版社。

[9]张宇、谢地、任保平、蒋永穆等，2017，《中国特色社会主义政治经济学——制度、运行、发展、开放》，北京：高等教育出版社。

[10]张占斌、周耀辉，2016，《中国特色社会主义政治经济学》，北京：北京联合出版公司。

The Theory Kernel of New Era Chinese Characteristics Socialism Political Economics

Xu Min

Abstract New era Chinese characteristics socialism political economy is a systemic economic theory of the new era Chinese characteristics socialism economic development rule, the Chinese economy is different from western countries' economic development in the aspects such as idea, system and operation, so the theoretical kernel of new era Chinese characteristics socialism political economy should cover the idea, system, operation and the basic principle.

Key words New Era Chinese Characteristics Socialism Political Economics Theory Kernel

“孤岛”时期上海工人阶级贫困化研究

俞使超　姚庐清

内容提要　工人阶级贫困化是马克思预言资本主义经济发展的主要趋势之一，也是构建社会主义社会的主要推动力。“孤岛”时期的上海工人阶级在中国民族资本主义发展初级阶段受到资本家的绝对剩余价值剥削，贫困化现象比较严重。分析表明，上海工人阶级的贫困化是资本追逐利润最大化，又进一步导致失业后备军不断壮大、劳动力恶性竞争不断加剧的必然结果，而且，当时的通货膨胀不断恶化也是其主要成因。这严重影响了劳资关系的和谐发展，以及社会经济的长期发展，甚至破坏了抗日统一战线的建立。由此发现，当时工人阶级的贫困化对于理解中国民族资本的阶段性发展及绝对剩余价值方法的实践具有重要的史学价值。

关键词　“孤岛”时期　工人阶级　贫困化　剩余价值

中图分类号　F113.9

所谓“孤岛”时期，是由于淞沪会战爆发致使上海市区除租界外全部沦陷，此后到1941年太平洋战争爆发前的上海租界。该时期在中国工人阶级发展史上具有特殊重要的地位。一般而言，在资本主义发展早期阶段，经济繁荣发达时期，市场竞争比较激烈，资本家为了占有更多的剩余价值，追逐尽可能多的利润，就会延长劳动时间，增加劳动剥削程度，也就是马克思所说的提高绝对剩余价值，只有在一定资本积累之后，社会劳动生产力得到进一步提升，资本家才会在劳动时间和劳动剥削程度不变的条件下，最大程度降低必要劳动时间，提高相对剩余价值。而“孤岛”时期正是中国民族资本主义发展相对落后状态下畸形繁荣发展的一个缩影，当时，与中国其他城市经济发展比较，上海依然是中国的经济中心，而且与外界的战乱动荡不定形成鲜明的对照，社会环境相对安全稳定，这就为工商业资本的自由竞争发展提供了难得的机遇，吸引了大量的相对过剩的资本流入。诚然，与发达国家资本主义发展早期的现

收稿日期：2018—06—10

作者简介：俞使超（1990— ），上海财经大学马克思主义学院博士研究生，主要研究方向为马克思主义政治经济学。姚庐清（1990— ），上海师范大学马克思主义学院博士研究生，主要研究方向为近现代经济史。

基金项目：本文获得2017年国家建设高水平大学公派研究生项目资助。

象一样，上海工人阶级也在资本家的逐利本性下受到严重的剥削，处境艰难，这对于理解当时中国民族资本的发展及绝对剩余价值方法的演变具有重要的价值。本文在查阅报刊，已刊、未刊档案，以及历史文献资料的基础上，深入分析上海工人阶级在这一时期的贫困化表现、贫困化的成因以及其产生的主要影响，旨在深入挖掘“孤岛”时期工人阶级的真实状况。

一、“孤岛”时期上海工人阶级贫困化的主要表现

(一)实际购买力持续下降，生活水平缺乏有效保障

“孤岛”时期，虽然上海工商业发展表现得异常繁荣，但是，这种非理性的繁荣并没有改善上海工人阶级及其他劳苦大众的社会福利，甚至，并不能维持工人阶级这一社会主要劳动力大军的基本物质需求，生活困境令人难以想象。比如，上海的实际工资水平逐渐下降，而物价却持续上涨(沙洲，1940)。从表1可以发现，1937—1938年工人的名义工资也是有所下降的，1939年工人阶级名义工资虽然略微增加，但是生活费指数翻倍，实际收入低于1930年，生活水平只达到战前的一半，此时上海各大百货公司的小职员每月工资7—8元，实习生仅有3—4元。而1939年至1941年间，名义工资涨幅较大，1940年和1941年的名义工资是1936年的2.42倍和4.76倍，但生活所需费用却是1936年的4.38倍和8.91倍，而此时工人阶级的实际收入只有战前的一半。

表1　1936—1941年上海市工人工资及生活指数表

年份	名义工资收入指数	生活费指数	货币购买力	实际工资指数
1936	100	100	100	100
1937	84.83	118.15	84.64	71.8
1938	92.38	158.9	65.4	60.42
1939	119.09	203.25	49.2	58.59
1940	242.49	438.22	22.82	55.53
1941	476.65	891.89	11.47	53.63

资料来源：改编自熊月之主编，潘君祥、王仰清卷主编：《上海通史·第8卷：民国经济》，上海人民出版社，1999年，第363页。

而生活指数的大幅度提升更能反映当时工人阶级的贫困化状态，从表2可以发现，1938年至1939年间除了燃料上涨指数低于总生活指数外，其他日常生活费用都高于总生活指数。尤其是受战事影响，物资紧缺是普遍现象，以至于食品价格上涨非常迅猛，据史料记载，1941年9月上海粮食的价格是战

前的10倍，而粮食支出在工人阶级家庭总支出中占53.2%(陈达，1941)，又比较缺乏需求弹性，就直接导致工人阶级生活难以为继。正如当时公共租界工部局所说，上海工人阶级的生活状况到了“不能再度紧缩其腰带”的地步①。此外，淞沪会战后，各大企业陆续复工，但工人的基本福利如米贴、赏金大多停发了，从而使工人阶级的生活恶化程度变本加厉。如丝织业，原本有四种赏金，分别是：生产快赏、勤工赏、功过赏、过年赏，其总额达工人阶级总收入的20%，也均被取消。工人阶级希望恢复米贴和赏金也成为其维持最低生活的要求之一。

表2 生活指数上升的变化情况(1936年为100)

时 间	房 租	衣 着	燃 料	其 他
1938年8月	141.18	258.22	139.62	164.80
1939年9月	221.95	282.41	184.10	307.71

资料来源：吴梦珠，生活费上涨与法币价值，《上海周报》第1卷第1期。

(二)劳动强度与日俱增，劳动剥削程度进一步加强

由于“孤岛”时期上海工商业的非理性繁荣，加大了对劳动力的实际需求，但为了降低成本、增加利润，资本家利用绝对剩余价值方法直接加强劳动强度，延长劳动时间，甚至取消正常的节假日休息时间，不断榨取工人阶级的剩余劳动。比如，1938年，上海四大公司之一的新新公司原本计划裁员百余人，后来经过工人们和社会各界的协商帮助，公司改变了计划准予所有职工继续工作，但每日需要延长半小时的工作时间，帮助公司增加收益。② 尔后，新新公司变本加厉，通过增加工人的劳动强度来获得更高的收益，营业时间调整为早上9点到晚上8点，并取消一切节假日，使得工人阶级的工作环境再度恶化。此外，纱厂、烟厂、面粉厂、印刷厂的工人，每天劳动都超过12小时，被不断延长的工作时间并没有使其收入增加，反而逐渐减少，工人只能喝粥维持免于死亡的最低生活，劳动环境极度恶劣。由此可以发现，像发达国家资本主义发展初级阶段工人阶级的雇佣关系一样，绝对剩余价值生产方法加剧了工人阶级被剥削的程度，摧残了工人阶级的身心健康，而在中国战事不断和民族资本畸形发展的条件下，上海工人阶级被剥削的程度更加严重。

(三)工作风险不断加大，失业人群数量增加

“孤岛”时期，工人阶级为了维持其基本生活，从事各类服务业、高危行业获取微薄的收入，且工作安全性与稳定性无法保障，还时刻面临着失业的风险，求职难度加大、失业人群不断增加。淞沪会战后，上海工商企业的收入均

① 上海之危机，香港《大公报》第3版，1941年10月9日。

② 新新公司裁员消息，1938，《团结周报》第9期，第9页。

下降 50%左右，资本家对工人采取解雇、停薪、减薪等办法，来弥补自身的损失。多数企业趁机聘用廉价失业工人，由于失业工人迫切需要工作，其工资一般能降低 20%—30%，甚至 40%—50%，并且愿意取消赏金和放弃向资方提出其他经济上的要求，进而增加竞争力获取工作机会。但仍然有很多市民求职无门，没有生活来源，1939 年初失业人群仍有 30 多万人。[①] 此时，大量无法复业的工人只能转移至服务业，或小商小贩，或拉黄包车，来维持生计。1940 年 6 月，日军侵略越南，滇越铁路和滇缅公路被截断，日军还在上海沦陷区的水陆交通沿线设立了监测站，传统的商品运输渠道被中断。迫于生计的失业人员和商人架起了“孤岛”与外界通商的地下通道，他们冒险通过日军的层层封锁将上海的商品转卖至各地。

二、“孤岛”时期上海工人阶级贫困化的成因

(一)资本追逐利润最大化的本性有增无减

“孤岛”时期，上海凭借其特殊的政治经济条件，经济一度出现繁荣发展的辉煌景象，但是，正如马克思所强调的随着经济异常繁荣，“工人变成赤贫者，贫困比人口和财富增长得还要快”(马克思、恩格斯，2009b)。最主要的原因，就在于马克思说的：“资本只有一种本能，这就是增值自身，获取剩余价值……吮吸的活劳动越多，它的生命就越旺盛”(马克思、恩格斯，2009d)。资本的逐利本性也决定了对劳动力最大限度地剥削压榨，尤其是在劳动生产力不发达的条件下，绝对剩余价值的占有是资本主义经济发展的一般规律，也是工人阶级贫困化的主要成因。所以，正如马克思所说“现代的工人却相反，他们并不是随着工业的进步而上升，而是越来越降到本阶级的生存条件以下”(马克思、恩格斯，2009b)。比如，“孤岛”时期，上海工商业的代表四大公司的营业状况就能反映当时的那种非理性繁荣(见表 3)。其中，作为四大公司龙头的永安公司，在“孤岛”时期营业额和利润额的增长均居四大公司之首，1935－1937 年永安公司年平均营业额 869.8 万元，平均盈利达 112.2 万元[②]，而 1939 年的营业额高达 1821.6 万元，利润额是战前的 3 倍之多；1941 年 10 月，仅一个月其营业总额就达 984.4 余万元，创下月营业总额最高纪录[③]，1941 年的营业额较 1938 年增长了 5.5 倍，利润额增长了 11 倍以上。这一时期永安公司的营业额每年平均 3307.7 万元，比 1935－1937 年平均营业额 869.8 万元翻了将近 4 倍。纯利润额每年平均达 663 万元，比抗战前每年平均 112.2 万元增加

① 《新闻报》，1938 年 10 月 18 日。

② 上海社会科学院经济研究所等编，《上海近代百货商业史》，上海：上海社科院出版社，1988，第 153 页。

③ 郭琳爽为汇报上海永安公司营业状况事致郭乐函稿(1941 年 11 月 12 日)，《近代中国百货业先驱——上海四大公司档案汇编》，上海书店出版社，2010，第 68 页。

了5倍。其他三家公司的经营状况也有明显提升，利润额均达到战前的数十倍之多，其中先施公司，1936年由于资金周转困难向汇丰银行贷款200万元港币，并发行200万元港币的公司债以解救财务危机，得益于“孤岛”时期工商业的快速发展，先施公司共获利达433万元，偿还了债务并渡过危机①。

表3 1937—1941年永安、先施、新新、大新四大百货公司营业额和利润情况

单位：法币万元

年份	永安公司		先施公司		新新公司		大新公司	
	营业额	利润额	营业额	利润额	营业额	利润额	营业额	利润额
1937	842.43	82.1	673.94	5.07	335.25	−4.6	379.46	7.17
1938	1 044.81	156.15	835.84	42.34	529.26	40.6	577.28	77.65
1939	1 821.6	314.11	1 457.23	75.17	814.97	11.3	886.82	176.75
1940	3 468.5	457	2 774.8	92.69	1 580.78	36.9	1 755.85	402.74
1941	6 895.86	1 724.48	5 516.69	220.67	3 866.46	154.66	3 925.97②	1 150

资料来源：改编自上海社会科学院经济研究所等编：《上海近代百货商业史》，上海社会科学院出版社，1988年，第116页。

与此同时，南市、闸北、虹口等沦陷区的许多店铺相继迁入租界，或到租界开设分店，在租界避难的富户商人也纷纷开始经商。增开的民族工厂和商店共1 608家，其中商业部分百货店增设了500家（魏达志，1985），酒菜馆增开400多家，西药房增开100家左右③，银楼、珠宝、玉器店增开50多家等。此外，上海的烟馆、妓院、赌场也是畸形发展，据鲍威尔1939年初调查，自从日军到来之后，“赌场、鸦片烟馆、海洛因吸食所、妓院如雨后春笋般出现”，几乎遍及城市各个角落。服务行业最需要的是广大工人参与，其恶劣的工作环境、无限延长的工作时间和低廉的工资报酬是造成工人阶级愈发贫困的根源之一。娱乐事业有利可图，各大资本家均大力发展附属行业，上海四大公司的旅馆、酒店、游乐场等均每日客满，如永安公司天韵楼游乐场游客如潮，据永安账册记载1938—1941年的总利润额达100万元以上。与当时的工人阶级生活水平指数比较，可以发现当时这些公司的利润大幅度增加，而工人阶级却日益贫困，社会福利并没有相应得到提高，说明其中资本所得利润很大程度上就是榨取工人阶级的无酬劳动。

（二）失业后备军不断壮大，劳动力恶性竞争加剧

由于“孤岛”时期，上海相对稳定的生存发展环境，而且当时上海经济发展

① 上海百货公司事业状况：永安公司、新新公司、先施公司、大新公司概要，1941，《远东贸易月报》第4卷第7期，第45—47页。

② 大新公司1936年开业后，虽受到三大百货公司的竞争影响，但出现1941年利润过高，与营业额不相适应，而现无资料可查核，仅供参考。

③ 上海社会科学院：《上海资本主义工商业的社会主义改造》，上海人民出版社，1980。

处于资本主义发展初级阶段，对劳动力的技能素养要求不高，低端劳动力的可替代程度就比较高，所以，上海吸引和留住了大量低端劳动力，导致劳动力之间的恶性竞争加剧，失业现象比较严重，均衡工资也就维持在较低水平。淞沪会战爆发后，由于租界社会环境相对安全、商业市场相对自由，闸北、江湾、吴淞一带以及上海周边地区的居民争先恐后向租界涌去。1937年8月13日仅一天进入租界的难民有6万人，随着战事西移，战争中的幸存者纷纷逃离战区，迁入租界。据公共租界和法租界统计，1938年下半年，租界人口从战前的167万人上升到450万人，增加了1.7倍。1939年，受到法西斯迫害的大批欧洲犹太人到上海避难，至1939年8月，来沪欧洲犹太人多达1.8万人。租界人口的激增，尤其是工人阶级人数的增加，而且大量失业工人在上海滞留，寻找工作机会以维持生计，不仅为上海工商业的恢复发展提供了充足的劳动力，还极大地增加了就业市场竞争压力。

（三）通货膨胀不断恶化，降低了实际购买力

由于当时上海发行了大量法币，经济上又缺乏具有收益增长潜力的投资项目，加之战事引起的物资紧缺，所以物价飞涨，通货膨胀压力比较大。对于工人阶级而言，“工资的增加远不及生产品的高涨来的急速，所以生产者就可获得更多的利益”（鹿萍，1941），而工人阶级承担了更多的通货膨胀税，成为实际购买力下降的一个重要成因。比如，1938年10月，武汉、广州沦陷，原计划从上海逃往香港的大量游资，重新流回上海，游资增加使得进口商品价格猛涨72%，生活指数上升虽较为平稳，但已打破1926年以来的历史最高纪录①。1939年9月，东南亚华侨因惧战争，携带大量资金渡海北上进入上海租界，平均每日流入的游资有20万元②，进一步推动商品价格的上涨；由于参战各国物资缺乏，输入中国的商品更为减少，加上越南沦陷，运输更加困难，日本当局则利用时机加紧对中国经济封锁，外货输入就更少了，因此中国国内的生产减少了，直接造成各地物价不断上涨。1940年下半年，广西、南京沦陷，进口商品价格又翻了一番，再次带动了物价的上涨。1941年6月，上海租界游资达30亿元③，大多为银行活期存款以待机遇从事投机商业活动（汤心仪，1945），大量的游资涌入上海租界，且进入商业流通领域，进一步刺激了物价飞涨。具体来看，1937年的物价指数为100%，1941年为985.2%④，远远超过（表1）名义工资的增长速度，这表明工人阶级收入的增加远不能达到物价上涨的幅度。此外，从表4中可以看出，国民党政府在“孤岛”时期的法币发行额增长了10.7倍，1937年至1941年，几乎每年的货币发行额都以倍数增长。货币滥发

① 《新闻报》，1939年6月16日。

② 据重庆《大公报》1940年8月12日统计，截至1940年5月，上海游资已达50亿元以上。

③ 同上。

④ 中国科学院上海经济研究所、上海社会科学院经济研究所编：《上海解放前后物价资料汇编1921年—1957年》，上海人民出版社，1958，第374页。

的结果必然导致货币贬值、物价飞涨。法币购买力指数由101.21降到3.64，1937年100法币可买两头黄牛，1939年可买一头猪，到1941年只可买一只鸡。

表4 **抗战期间法币发行额**

时 间	发行额（单位:亿元）	增发指数（1937年6月=1）	法币购买力指数（1937年6月=100）
1937年6月	14.1	1	101.21
1938年12月	23.1	1.64	60.97
1939年12月	42.9	3.04	28.13
1940年12月	78.7	5.58	7.85
1941年12月	151	10.71	3.65

资料来源:郑佩权，1992,《简明近代中国经济史》，北京师范大学出版社，第362页。

三、上海工人阶级贫困化的主要影响

(一)加剧了劳资矛盾

马克思认为:“工人生产的越多，他能够消费的越少;他创造价值越多，他自己越没有价值、越低贱。”(马克思、恩格斯，2002)尤其是在“孤岛”时期的上海，工人阶级的生活就更加贫困，甚至难以满足最基本的生理需求。所以，在劳动剥削日益加剧的条件下，工人阶级被迫争取生存权益，要求提高基本工资水平的斗争越来越激烈，从而加剧了劳资矛盾。而且，在工人看来“争议往往迁延时日，不能解决因物价骤涨而引起的生活困难，不如罢工直接而有效”。“孤岛”时期，上海劳资争议案件明显减少，工人阶级为争取最低生活水平的罢工事件逐渐增加。

表5 **上海工人阶级罢工情况**

年份	劳资争议案	罢工次数	参与工人数
1937	297	171	
1938	27	34	17 027
1939	59	121	200 000
1940	71	286	120 000
1941		329	130 000

从表5可以发现，1937年上海市劳资争议案共297起，其中罢工171起，

未酿成罢工的争议案126起①，而淞沪会战后仅发生3起罢工②。1938年，劳资争议和罢工案件数量均减少，主要有两个原因：其一，部分企业在战争中被毁或迁离上海，大量工人失业，使劳资冲突的空间缩小；其二，资本家和工人阶级的民族意识高涨，愿意缓和矛盾。③ 而发生的劳资争议大多是因为企业降低工资幅度过大或解雇工人④。1939年，劳资争议案件上升至59起，罢工激增至121起，比上年增加2.5倍，1939年劳资争议案从1938年的27起上升到59起，罢工从34起激增至121起，比上年增加了2.5倍，这一时期提高工资和改善待遇是争议的主要内容，工人阶级对这两方面的需求明显强于战前（沙洲，1940）。1940年，劳资争议案件相比上年没有太大增幅，但罢工案达286起，是上年的2.36倍，并突破了20年以来的最高纪录（1926年的257起），劳资矛盾除提高工资改善待遇的要求更为强烈外，还出现大量雇佣和解雇的问题。1941年，劳资冲突达到顶峰，罢工案329起达历史新高，利益分配与解雇问题的矛盾全面凸显（齐武，1986）。工人阶级向资本家提出的要求主要有提高薪资、改善待遇和保障职业稳定性。如1939年底永安公司的工人向公司提出3个要求：“（1）职工生活应有保障，不得无故开除。（2）年终分红每人每月三角半。（3）加申工二成”⑤。大新公司上下700余人联名上书，并推选三位代表与总经理协商，并提出4个要求：“（1）要求红利每元分派三角五分。（2）薪金在25元以下者，加薪8元。（3）增加补工二成。（4）职业需有切实保障，不得无故或借故开除职员”⑥。其内容大致相同，工人阶级面临巨大的生活压力，贫困使其迫切希望改善生活现状，在向资方提出要求后未果，工人阶级的行为越来越激烈，使得罢工事件频发。

（二）抑制了工商企业发展

马克思认为：“在社会的衰落状态中，工人的贫困日益加剧；在增长的状态下，贫困具有错综复杂的形式。”（马克思、恩格斯，2009a）工人阶级的贫困化导致工人的再生产难以为继，不仅生理健康不能有所保障，而且技能知识更没有相应的投资，所以，工人缺乏必要的生产能力，直接影响了社会经济的正常发展。“孤岛”时期特殊的经济政治环境，使得工人阶级的贫困化更加凸显，对上海工商业的发展产生了诸多不利影响，主要表现在：一是劳动力再生产抑制了工商企业发展，二是劳资关系的日渐紧张阻碍了工商企业日常生产。

“孤岛”时期，工商业的快速发展以中小企业为主，其费用消耗精打细算。

---

① 民国二十六年国内劳资争议统计，《申报》第9版，1938年10月15日。

② 抗战期内上海劳资纠纷锐减，《申报》第10版，1939年3月24日。

③ 民国二十六年国内劳资争议统计，《申报》第9版，1938年10月15日。

④ 抗战期内上海劳资纠纷锐减，《申报》第10版，1939年3月24日。

⑤ 永安公司职工提改善待遇要求公司当局允予完全解决，1939，《职业生活》第2卷第8期，第19页。

⑥ 大新公司职工一度怠工，1939，《职业生活》第2卷第8期，第19页。

由于租界劳动力大量过剩，故企业趁机压低工人工资，造成工人收入低下，难以维持正常生活，进而短期内谋取巨大利益。从长远来看，这不利于企业的发展，逐渐恶化的劳资关系使这一时期的上海工商业十分脆弱。1941年，随着租界经济的迅速衰退，劳资关系走向破裂，而这正是"孤岛"畸形繁荣顷刻衰退的原因之一。一方面，电力使用被限制、原料来源被阻致使租界的泡沫经济被刺破；另一方面，工人生活状况逐渐恶化，劳资矛盾更加尖锐，罢工案频发，在一定程度上影响了企业的生产经营。1941年12月8日，"孤岛"时期的繁荣景象结束，经济形势转向颓势，工商业趋于萧条，工人阶级纷纷另谋出路，1942年2月租界人口已降为244万(邹依仁，1980)。繁荣的工商业转瞬即逝，最主要的原因是日军的侵略进驻使上海全面沦陷，但其中我们可以发现劳资关系的恶化同样影响民族工商业，使其走向衰落，工人阶级的贫困将直接造就当时脆弱的民族工商业。

(三)破坏了抗日民族统一战线

"孤岛"时期处于抗战史的特殊时期，劳资双方应当更加团结、统一战线、共同抵御外敌。上海工人阶级向来从大局出发、甘愿节衣缩食与民族共渡难关，直至租界经济出现畸形繁荣、物价飞涨、资本家利益倍增，而工人阶级的贫困化程度则愈演愈烈，已无法维持基本生活。此时，工人阶级才提出恢复战前工资、改善待遇的要求，面临与资本家协商未果进而采取了罢工的方式。这让日伪势力有机可乘，利用工人阶级对资本家的不满，企图介入劳资纠纷，组织工会，欲打击英商企业，进而试图侵占租界。1939年5月，日伪政府建立上海工运协进会，由于当时工人阶级生活极度恶化，他们打着"改善工人生活"的口号，以"致力于全市各企业的劳资协调"和"对于全市劳工的组织与活动当尽扶助之责"为己任，①企图操纵工人阶级的运动。显然，工人的极度贫困不利于上海形成全民抗日的统一战线。

参考文献

[1]陈达，1941，《我国抗日战争时期市镇工人生活》，第410页。

[2]鹿萍，1941，物价高涨与劳资纠纷，《金融导报》第3期，第13页。

[3]马克思、恩格斯，2009a，《马克思恩格斯文集》(第1卷)，北京：人民出版社，第112页。

[4]马克思、恩格斯，2009b，《马克思恩格斯文集》(第2卷)，北京：人民出版社，第43页。

[5]马克思、恩格斯，2009c，《马克思恩格斯文集》(第3卷)，北京：人民出版社。

[6]马克思、恩格斯，2009d，《马克思恩格斯文集》(第5卷)，北京：人民出版社，第269页。

① 《新闻报》，1939年6月16日和10月18日。

[7]马克思、恩格斯,2002,《马克思恩格斯全集》(第3卷),北京:人民出版社,第269页。

[8]齐武,1986,《抗日战争时期中国工人运动史稿》,北京:人民出版社,第169—170页。

[9]沙洲,1940,近年来的上海劳资纠纷,《申报》第8版,12月16日。

[10]上海社会科学院,1980,《上海资本主义工商业的社会主义改造》,上海:上海人民出版社。

[11]汤心仪,1945,上海市金融市场,《战时上海经济》第1辑,第28页。

[12]魏达志,1985,上海“孤岛经济繁荣”始末,《复旦学报》(社会科学版)第4期。

[13]邹依仁,1980,《旧上海人口变迁的研究》,上海:上海人民出版社,第90—91页。

Research on the Pauperization of the Working Class in Shanghai during the "Island" period

Yu Shichao Yao Luqing

Abstract The Pauperization of the working class is one of the main trends in the development of capitalist economy predicted by Marx, and it is also the main driving force for building a socialist society. The "island" period, the capitalist had exploited the absolute surplus value of the Shanghai working class at the initial stage of the development of Chinese national capitalism, and the phenomenon of poverty was severe. The analysis shows that the Pauperization of the working class in Shanghai is the inevitable result of capital pursuing the maximization of profit, which further leads to the continuous growth of the unemployed and the intensification of cutthroat competition in the labor force. Moreover, the constant deterioration of inflation at that time was also the main reason. This has seriously affected the harmonious development of labor-capital relationship and the long-term development of social economy, and even undermined the establishment of the anti-Japanese united front. It was found that studying the Pauperization of the working class at that time, which have important historical values for understanding the development of Chinese national capital and the practice of absolute surplus value methods.

Key words The "Island" Period The Working Class Pauperization Surplus Value

宏观经济—金融利率期限结构模型研究：理论回顾与展望

孔小伟

内容提要 以利率为“桥梁”,金融和宏观经济的融合研究已成为趋势,表现在宏观经济—金融利率期限结构模型的不断拓展和深化。相关研究可分为三个方面:首先,在标准的金融仿射无套利期限结构模型中加入宏观经济的因素,表明标准的金融期限结构的潜在构成因素也包括宏观经济基础。其次,将宏观经济动态随机一般均衡模型(DSEG)与债券定价结合起来,发掘其金融学意义。通过引入 DSGE 模型,可以对资产价格进行更好的解释。最后,发展一种实证上易处理的无套利期限结构模型,有利于期限结构模型向宏观金融领域的扩展,而能识别潜在收益率曲线因子的 AFNS 模型就具有这种性质,并表现出很好的实证预测效果,有助于阐明很多问题。展望未来,宏观经济—金融模型在关于债券供给和债券风险溢价之间的联系这一领域将取得更大的进展。

关键词 宏观金融 利率期限结构 仿射无套利模型 动态随机一般均衡
中图分类号 F831

一、引 言

传统的金融和宏观经济两学科之间长期存在着分离,对经济学家和金融学家日益深入的研究提出了越来越大的挑战。在传统的宏观经济模型中,整个金融部分一般是用没有考虑信用收益价差和流动性风险回报率的单一利率来表示,并且没有考虑金融中介和金融摩擦。同样的,金融模型的构造中也没有宏观经济的部分,只是关注市场上资产价格的一致性,很少会考虑到宏观经济基础。在传统的标准金融模型中,短期利率是一系列未观察到的因素的简单线性函数,用水平值、斜率或者曲率来表示,但是都没有经济意义。长期利率也与这些因素相关,并且长期收益率的变化主要由风险溢价的变动决定。

收稿日期:2018—05—20

作者简介:孔小伟(1971—),东莞理工学院金融学副教授,主要研究方向为宏观金融。

基金项目:本文系教育部人文社会科学研究规划基金项目“基于动态随机一般均衡框架的利率期限结构宏观—金融模型及其应用研究”(14YJA790016)的阶段性成果,同时受珠三角产业生态研究中心资助。

相反，在宏观经济领域，短期利率是由中央银行根据宏观经济稳定的目标确定的。比如说，短期利率可能是对由中央银行确定的通货膨胀目标或产出目标的偏离而决定的。而且在宏观经济领域，通常认为长期收益率主要取决于未来短期利率的期望值，而这些期望值又是由一系列宏观经济变量的期望决定的，风险溢价变动的可能性通常被忽略了。

然而，虽然这两个领域的交流或重叠如此之少，但毫无疑问，这两个领域的结合可能具有相当的协同效应。从金融角度看，短期利率是其他期限利率的基础，因为长期收益率是未来短期利率的预期值经过风险调整后的均值。从宏观经济的角度看，短期利率是一个主要的货币政策工具，中央银行利用短期利率来实现经济稳定的目标。从一个宏观经济—金融的综合视角出发，中央银行通过调整短期利率来应对宏观经济基本面冲击的方式，能够解释收益率曲线的短期变动。而且在无套利假设下，长期利率和短期利率存在一致性，未来宏观经济的期望变动也应该考虑收益率曲线的变化。

因此，将这两个领域结合起来研究是很有意义的。本文的综述涉及最新的宏观经济—金融利率期限结构模型研究的三个方面，这些研究的焦点是利率和经济之间的联系。本文接下来介绍这三个方面的研究现状。第二部分介绍在标准的金融仿射无套利期限结构模型中加入有关宏观经济的因素，从而揭示了标准的利率期限结构的潜在构成因素也包括宏观经济基础，而且宏观结构相对于纯金融结构一个明显的优势在于能够对收益率曲线的变化给予很好的解释。第三部分介绍在宏观经济动态随机一般均衡模型(DSEG)中进行债券定价的金融学意义。因为消费和投资是通过资产市场进行分配的，资产价格和宏观经济由此不可避免地联系在一起。标准的DSGE框架看起来并不足以对资产价格做出充分解释，但通过对DSGE模型做一些修改可以得到更好的结果。第四部分描述了无套利尼尔森—西格尔模型。虽然在估计仿射无套利模型中存在的实际性的计算困难在很大程度上阻碍了宏观经济—金融利率期限结构模型应用的扩展，然而将时下流行的尼尔森—西格尔因素结构用在标准的仿射金融模型上时，可以提供一个很有用的框架来研究许多宏观经济—金融问题。最后是文章的结论与展望。

二、在金融模型中加入宏观经济变量

进行收益率曲线实证研究的金融文献的核心是认为不同到期日的政府证券在活跃的市场上同时进行交易，可以消除金融套利的机会，因此市场上的债券价格不存在无风险套利机会。这些文献在无套利条件下将收益看作是一些未观察到的或潜在因素的线性函数进行建模，它要求在不同期限收益的横截面上的任意时点上，收益的动态变化都是连续的(Duffie and Kan，1996；Dai and Singleton,2000)。然而,虽然这些金融模型能够提供期限结构动态变化的统计描述,但它们很少关注这些潜在基础因素的经济性质或者那些能够改变利率的力量。

为了能够观察到收益率曲线的基础驱动因子,可以将宏观变量和宏观结构与金融模型相结合。当然,有很多宏观经济和金融结合的方式。期限结构建模面临的一个问题就是如何总结每一时点上大量名义债券的价格信息。幸运的是,只有很少的系统风险的因素与债券定价有关,所以大量的债券价格就能够用几个结构变量或因素概括出来。因此,收益曲线模型可以只用少数几个因素,并用相关因子载荷把不同期限的收益与这些因素联系到一起。比如,这些因素可能是债券收益的最初几个主要组成部分。实际上前三个主要部分解释了大多数的收益总变差,并且它是与水平(长期利率)、斜率(长期利率减去短期利率)和曲率(中期利率减去长期利率和短期利率的平均值)密切相关的。另一种途径是合适的 Nelson-Siegel 曲线,它在市场从业者和中央银行中很流行,并可以作为一个动态因素模型进行扩展。第三种途径是利用仿射无套利标准的金融潜在因素模型。

将宏观经济和金融结合在一起的一个主要问题是如何将宏观经济变量和收益率因子相联系。Diebold(2006) 提供了 Diebold-Li (Diebold and Li, 2006) 动态 Nelson-Siegel 表述的宏观经济解释,他们从国库券的 17 种收益率中得到了三个潜在因素(水平值、斜率和曲率),并同时把这些因素与三个可观察的宏观经济变量联系到一起。他们发现水平因素与通胀密切相关,斜率因素与实际经济活动密切相关,但曲率因素却似乎与主要宏观经济变量不相关。相关研究利用了很少的或者是没有利用宏观经济结构,同样也能发现宏观经济变量和收益曲线之间的这种联系,比如 Ang 和 Piazzesi(2003),Wright(2009) 等。另外,也有研究把收益因素内嵌一个宏观经济结构,比如 Rudebusch 和 Wu (2006)附加的这个结构使得期限结构因素和宏观变量之间的双向反馈更容易理解。

鉴于 Rudebusch 和 Wu 的工作在宏观金融期限结构的研究中的广泛应用,我们深入分析其构建的模型并研究其两种应用。

(一)Rudebusch-Wu 宏观金融模型

通常的金融模型将短期利率分解成许多不可观测因素,并把这些不可观测的因素当作与宏观经济变化无关的自回归时间序列来建模。与之不同,从宏观视角看,短期利率由货币政策反应函数里的宏观经济变量决定。Rudebusch-Wu 模型吸收了这两种观点,它假设利率期限结构在一个宏观—金融框架里同时也受宏观经济关系影响。这个新的框架可以用宏观经济变量来诠释收益率曲线中的潜在因素,水平因子可以看作是可察觉的通胀目标,斜率因子可以看作是周期性货币政策对经济的反应。

在 Rudebusch-Wu 宏观—金融模型中,金融和宏观经济的一个关键就是短期利率。短期名义利率是两个潜在期限结构因子的线性函数:

$$i_t=\delta_0+L_t+S_t \tag{1}$$

其中,L_t 和 S_t 分别是水平与斜率上的期限结构因子(δ_0 是常量)。相比之下,在宏观经济货币政策中流行的泰勒规则为下述形式:

$$i_t=r^*+\pi_t^*+g_\pi(\pi_t-\pi_t^*)+g_y y_t \tag{2}$$

其中,r^* 是均衡时的真实利率,π_t^* 是中央银行的通胀目标,π_t 是年通货通胀率,y_t 是产出缺口的一个测度。这个规则反映了这样一个事实,美联储根据宏观经济数据来设定短期利率,以期达到目标产出并使通胀稳定。

要联系短期利率的这两种表示方式,水平的和斜率的期限结构因子就不能简单地当作纯粹的自相关金融时间序列来建模。相反,它们构成货币政策反应函数的要素。尤其,把 L_t 看作是私人投资者可以察觉到的中央银行的中期通胀目标(比如,下一个两年或五年的),那么 δ_0+L_t 就可以和 $r^*+\pi^*$ 联系上了。假定投资者缓慢地修正他们对潜在通胀率的看法,从而 L_t 根据通胀的信息进行线性更新,则有:

$$L_t=\rho_L L_{t-1}+(1-\rho_L)\pi_t+\varepsilon_{L,t} \tag{3}$$

斜率因子 S_t 表达的是美联储稳定实体经济并保持通胀接近其中期目标水平的双重使命。建模时,S_t 被看作是联储对通胀与目标水平的偏离、产出与其潜在产出 y_t 的偏离的周期性反应外加一个一般的动态扰动项,即得:

$$S_t=\rho_s S_{t-1}+(1-\rho_s)[g_y y_t+g_\pi(\pi_t-L_t)]+u_{s,t} \tag{4}$$

$$u_{S,t}=\rho_u u_{S,t-1}+\varepsilon_{S,t} \tag{5}$$

S_t 的动态变化考虑到了政策惯性和一些在简单静态泰勒法则中没有包括的序列相关因素。在考察决定短期利率的宏观经济因素的动态过程时,可从新凯恩斯模型推导出通胀和产出方程(经调整以应用于月度数据):

$$\pi_t=\mu_\pi L_t+(1+\mu_\pi)(\alpha_{\pi_1}\pi_{t-1}+\alpha_{\pi_2}\pi_{t-2})+\alpha_y y_{t-1}+\varepsilon_{\pi,t} \tag{6}$$

$$y_t=\mu_y E_t y_{t+1}+(1-\mu_y)(\beta_{y1}y_{t-1}+\beta_{y2}y_{t-2})-\beta_r(i_{t-1}-L_{t-1})+\varepsilon_{y,t} \tag{7}$$

也就是说,通胀取决于公众对中期通胀目标(L_t)的预期、通胀的两期滞后和产出缺口。产出则取决于预期产出、产出的滞后和真实利率。一个关键的通胀参数是 u_π,它测度了在定价行为中,前向定价对后向定价的相对重要性。类似地,参数 u_y 测度的是预期未来收入对滞后收入的相对重要性。在这一宏观—金融模型中对长期收益率的设定遵循一个标准的无套利公式,状态空间可以由一个正态向量自回归过程表示。这个宏观—金融模型经由美国数据估计后,可得出的一些有趣的经验性质(Fuhrer and Rudebusch,2004)。他们描述了基于美国数据的宏观经济变量和债券收益率对两个结构化冲击的一个单位标准差增量的脉冲响应,每一个响应都用对均衡状态的偏离百分点数表示。其中一个是对一个正向产出冲击的响应,发现正向产出冲击导致产能利用率提高,越来越高的产出逐渐推高通胀。作为对不断增加的产出和通胀的反应,中央银行增加斜率因子和利率,所有到期日的债券收益率表现出了类似的增长,并且它们即便在冲击发生五年后都依然比最初的水平高。这种持续性反映了这样一个事实,即通胀的增长传导至了可察觉的通胀目标。另一个是变量对通胀目标可察觉的转变做出的响应。对一个水平冲击做出的脉冲响应导致通胀目标在一个固定的基准上增加,为了将通胀推升至更高的目标,货币当局必须降低利率,于是斜率因子和一个月期利率在遭受水平冲击后立刻下跌,然后短期利率逐渐上升至长期平均水平,与通胀目标的增长相匹配。

(二)Rudebusch-Wu 模型的两个应用

Rudebusch-Wu 模型的两个应用说明了宏观—金融模型研究问题的范围。其中一个应用是对大缓和(great moderation)根源的探索。大缓和是指宏观经济波动性降低的时期,大致从 1985 年至 2007 年。许多因素如更好的经济政策、改进的存货管理之类的现象被用来解释大缓和的出现。无论如何,减小宏观经济波动的许多因素很可能也影响利率的期限结构行为,尤其是风险溢价的大小和动态变化。Rudebusch 和 Wu(2007)用他们的宏观—金融模型来考察债券市场的风险评估是否已经按照可以解释大缓和的方向得到改变。他们的分析从近期美国利率期限结构的转变这一简单的经验特征出发,通过用长期利率的改变对长短期利差的滞后项进行子样本回归而发现这一转变。建模仍然基于无套利框架,估计的子样本无套利模型可以用来考察期限结构行为的转变是否反映了风险定价的变化。结果显示,与“水平”因素相联系的风险定价的改变对解释期限结构行为的转变至关重要,估计的系数似乎确实在 20 世纪 80 年代中期发生转变,这表明债券定价和风险溢价的动态改变与大缓和的开始基本一致。这一宏观金融模型分析的贡献有两个方面:宏观经济方面的贡献在于说明了利率期限结构行为转变的性质,强调了投资者观点的转变与货币当局通胀目标存在联系;金融方面的贡献在于表明稳定的宏观经济时期的出现不仅仅只归功于好运气,相反,很可能与货币政策环境的转变有关,这也可能是大缓和的一个重要原因。当然,在这之后出现的金融恐慌,更高的风险价差和更大的宏观经济波动至少是对大缓和的暂时偏离并且可能标志着大缓和的终结。从 Rudebusch 和 Wu 的视角看,这样的改变与对更高的长期通胀的更大担忧是一致的。

作为宏观—金融模型的第二个应用,Rudebusch (2008)等人用它考察了 2004—2006 年美国采取紧缩货币政策期间长期债券收益率的突然下降之“谜”。尽管美联储将联邦基金利率由 2004 年 6 月的 1%提高到 2006 年 12 月的 5.25%,但是在同期美国 10 年期国库券收益率总体上却实际微降,从 4.7%降到 4.6%。短期和长期利率方向上的分歧与历史先例不一致,并且在给定期间经济发展的情况下，这似乎更加不同寻常。稳定的经济扩张、下降的失业率、上升的能源价格和恶化的联邦财政状况在过去都与更高而不是更低的长期利率相联系。决定长期利率的变动需要一个能够包括影响长期利率的各种因素的理论框架，宏观—金融视角似乎更加适合。Rudebusch-Wu 模型研究得出长期债券收益率之谜似乎是全球信贷扩张的一部分，这轮全球信贷扩张以对多种风险，尤其是对固定收益证券风险的过低定价为特征。揭露这轮信贷扩张的根源，即金融危机之前发生了什么，依然是未来研究的一个重要领域。宏观—金融视角很可能会在这一研究中派上用场。

三、DSGE 模型中的债券定价

宏观—金融期限结构研究的第二个方面集中在标准宏观经济模型中的债券定价领域。早期的债券定价文献如 Backus D.，Gregory A.，and Zin S.(1989)阐释了禀赋经济中基于消费的资本资产定价模型的债券溢价。标准理论模型的一个基本缺陷就是产生了足够大的、可变的名义风险溢价，因而被称为“债券溢价之谜”。随后，DenHaan (1995)表明债券溢价之谜也存在于以劳动和资本为变量的标准真实商业周期模型中。然而，在这些早期研究之后宏观经济的“标准”模型经历了巨大的变化，包括消费的习惯形成和名义刚性会持续一段时间，而两者都在经济中有显著的作用。这些都能帮助模型解释期限溢价。

事实上，近来“债券溢价之谜”再一次吸引了金融和宏观经济研究者的兴趣。Wachter (2006)通过使用禀赋经济中经过调整的偏好在解决该难题上取得一些成就。尽管在禀赋经济研究中取得了很大进展，但是由于缺乏与宏观经济变量的结构化联系，就无法研究很多有趣的问题，其结果仍不是令人非常满意。因此，把禀赋经济的结论扩展到更为全面的 DSGE 模型中是很有必要的。在这方面，Rudebusch 和 Swanson(2008，2009)进行了有价值的研究，其研究特征是引入基准 DSGE 模型，建立具有 Epstein-Zin 偏好并与宏观经济和数据中的金融矩(financial moments)相匹配的模型。

(一)基准 DSGE 模型

Rudebusch 和 Swanson(2008)所引入的简单基准 DSGE 模型的基本特征阐述如下。假定代表性家庭对消费和劳动的偏好为：

$$\max E_t\sum_{t=0}^{\infty}\beta\left(\frac{(c_t-bc_{t-1})^{1-\gamma}}{1-\gamma}-\chi_0\frac{l_t^{1+\chi}}{1+\chi}\right) \tag{8}$$

其中，β 为贴现因子，c_t 表示 t 时期内的消费，E_t 表示劳动，bc_{t-1} 表示消费习惯中设定的存量，γ、χ、χ_0、b 均为参数。该模型中没有物质资本投资，但包含了单期的名义无风险债券和长期无违约债券。该经济体中也包含了一连续的垄断竞争的企业，这些企业有固定的资本存量。企业的产出受总体技术冲击的约束。最后假定货币当局根据泰勒规则确定单期名义利率：

$$i_t=\rho_i i_{t-1}+(1-\rho_t)[i^*+g_y(y_t-y_{t-1})+g_\pi\pi_t+\varepsilon_t^i] \tag{9}$$

其中，i^* 表示经济稳定时的名义利率，y_t 表示产出，π_t 表示通货膨胀率，ε_t^i 表示一个随机货币政策冲击，均为参数。

在均衡状态下各家庭的最优消费选择满足欧拉方程：

$$(c_t-bc_{t-1})^{-\gamma}=\beta\exp(i_t)E_t(c_{t+1}-bc_t)^{-\gamma}P_t/P_{t+1} \tag{10}$$

其中，p_t 表示时期 t 内一单位消费的美元价格。随机贴现因子可表示为：

$$m_{t+1}=\frac{\beta(c_{t+1}-bc_t)^{-\gamma}}{(c_t-bc_{t-1})^{-\gamma}}\frac{P_t}{P_{t+1}} \tag{11}$$

债券的定价都是通过无套利随机贴现关系得到的。特别地，到期支付1美元的无违约 N 期零息票债券的价格 $p_t^{(n)}$ 满足：

$$P_t^{(n)}=E_t[m_{t+1}P_{t+1}^{(n-1)}] \tag{12}$$

其中，$p_t^{(0)}=1$（在时间 t 内进行交割的1美元的价格为1美元）。含义为一份 n 期债券在时间 t 内的价格等于一份 $(n-1)$ 期债券在下一期的贴现价格。

期限溢价可以定义为 n 期债券收益率和 n 期内短期债券收益率均值之差。假设 $i_t^{(n)}$ 表示 n 期债券的连续复合收益率，则期限溢价 $\Psi_t^{(n)}$ 可以直接通过随机贴现因子求出：

$$\begin{aligned}i_t^{(n)}-\frac{1}{n}E_t\sum_{j=0}^{n-1}i_{t+j}&=-\frac{1}{n}\log P_t^{(n)}+\frac{1}{n}E_t\sum_{j=0}^{n-1}\log P_{t+j}^{(1)}\\&=-\frac{1}{n}\log E_t(\prod_{j=0}^{n}m_{t+j})+\frac{1}{n}\log E_t\sum_{j=0}^{n}\log E_{t+j-1}m_{t+j}\end{aligned} \tag{13}$$

上述等式强调了期限溢价的内生性。期限溢价的变化反映了随机贴现因子的变化，而随机贴现因子的变化大致体现了各种各样的经济冲击，包括货币政策改革、技术革新等。

虽然该模型中的名义债券无违约风险，但从债券价格会随着家庭消费边际效用的改变而改变这一点来考虑，仍是有风险的。例如，当未来通货膨胀预期提高时，由于未来名义息票的贴现率增加，债券的价格会下跌。如果高通胀时期总是与低产出时期相关联（模型中技术创新的情况），此时家庭认为名义债券的风险很大，因为在家庭视消费最重要时债券价格会下跌。当然，如果通胀没有与收益、消费紧密联系，那么债券的风险会比较低。在前一种情况下，债券会有较高的风险溢价（其价格低于风险中性价格），而后一种情况风险溢价较低。

在给定参数的情况下，可以求得基准模型的解，也可以得到期限溢价以及模型的其他变量对经济冲击的反应。Rudebusch 和 Swanson(2008)的研究给出了期限溢价和产出对货币政策冲击和政府采购冲击的脉冲响应结果，脉冲响应阐明了期限溢价与产出间的关系取决于结构性冲击的类型。对于货币政策冲击，期限溢价的上涨与当期和未来的产能减弱相关。相反地，对于政府采购的冲击，期限溢价的上涨与当期和未来的产能增强有关。他们还发现，在各种冲击下，期限溢价的反应都很小，即使在反应曲线的顶点也不超过1/3个基点，如此小的反应就对基准的DSGE模型的名义资产定价能力提出了严重质疑。可以认为即使考虑了名义刚性、劳动力市场的摩擦和消费习惯，标准DSGE模型对名义债券的定价能力仍有不足。

(二)具有Epstein-Zin偏好的DSGE模型

长期名义债券的期限溢价补偿了投资者面临的通胀和消费风险。大量金融文献发现这些风险溢价显著而且有很大的时变性(Campbell and Shiller，1991; Cochrane and Piazzesi，2005)；但是不清楚哪些经济变量导致了期限溢价的这些特征。Rudebusch和Swanson(2009)研究了具有Epstein-Zin偏好的DSGE模型，并且评估了该模型对基本宏观经济变量的矩特征(比如消费和通胀的标准差)和基本债券定价的矩特征(比如收益率曲线斜率的均值和波动以及超期持有债券的收益)的匹配能力，从而探讨了导致期限溢价的因素。

如上所述，假定一个代表性家庭选择具有状态依赖特征的消费计划c和劳动l，此时最大化期望效用为：

$$\max E_0 \sum_{t=0}^{\infty} \beta^t u(c_t, l_t) \tag{14}$$

服从资产积累等式，其中β^t是家庭的贴现因子，每期的效用核为$u(c_t, l_t)$。上式可表示为一阶递归形式：

$$V_t \equiv u(c_t, l_t) + \beta E_t V_{t+1} \tag{15}$$

家庭在t时期选择消费计划以最大化V_t。

这种家庭价值函数可以归纳为一个Epstein-Zin效用形式：

$$V_t \equiv u(c_t, l_t) + \beta(E_t V_{t+1}^{1-\alpha})^{1/(1-\alpha)} \tag{16}$$

其中，参数α可以取任意实数。使用Epstein-Zin方法的主要优势在于打破了跨时期替代弹性倒数和相对风险厌恶系数的等值关系。在Epstein-Zin偏好下，跨期替代弹性在确定的消费路径上不变，但是现代家庭对高于V_{t+1}的不确定性的风险厌恶的程度能通过参数α放大，这是该模型能与资产定价和宏观经济事实相匹配的关键特征。

尽管Epstein-Zin偏好似乎可以使得DSGE模型在不降低对宏观数据的拟合能力的条件下复制特定债券定价，但是由于金融摩擦和中介的存在，DSGE模型对金融部门的解释能力还较弱，而这也是未来研究中的重点领域。

四、AFNS模型

很多学者发表了大量关于收益率曲线模型的论著，其中很多模型是无套利潜在因子模型，但在对无套利潜在因子模型进行估计时存在很多技术性的困难。在考虑更复杂的宏观经济互动影响时，与仅仅是金融意义上的期限结构模型相关的困难会进一步放大，包括不精确的参数估计以及未知的小样本分布等困难，非常不利于期限结构模型向宏观金融领域的扩展。对于很多金融学学者来说，考虑严格的宏观经济关系的额外计算成本非常高。同样的，对于宏观经济学学者来说，构建时变的期限溢价模型的负担也很重。因此一种实证上易处理的无套利期限结构模型将是一种强有力的工具，它将有助于阐明很多问题。

基于这种理念，Christensen 等学者(Christensen，Lopez and Rudebusch，2008)提出了一个新的无套利模型——AFNS 模型，该模型继承了关于收益率曲线的尼尔森—西格尔(Nelson-Siegel，1987)因子载荷结构，但它能帮助识别潜在收益率曲线因子，因此这一模型的估计更容易、更稳健，而且表现出很好的实证预测效果。就这点而言，对 AFNS 模型的描述是很有意义的。

(一)AFNS 期限结构模型

可构造收益率是三个潜在因子即 L_t、S_t 和 C_t 的仿射结构，也是就说，对于 n 时刻到期的零息票国库券，在 t 时刻的收益率 $i_t^{(n)}$ 如下：

$$i_t^{(n)}=L_t+S_t\left(\frac{1-e^{-\lambda n}}{\lambda n}\right)+C_t\left(\frac{1-e^{-\lambda n}}{\lambda n}-e^{-\lambda n}\right) \tag{17}$$

L_t 的因子载荷为常数，不随到期日而衰减。S_t 的因子载荷开始时为 1，然后单调递减至 0。C_t 的因子载荷在开始时为 0，然后递增，最后衰减至 0。这些因子载荷保证了 L_t、S_t 和 C_t 有标准的意义：水平值、斜率和曲率(参数 λ 决定了这些载荷的精确斜率)。假定这些因子为自回归结构，从而形成一个完全动态的尼尔森—西格尔模型。

动态的尼尔森—西格尔模型容易估计，并且能非常好地预测收益率曲线。假定名义收益率依赖于一个有三个名义因子的状态向量(即水平值、斜率、曲率)，用 $X=(L_t,S_t,C_t)$ 表示。瞬时无风险利率如下：

$$i_t=L_t+S_t \tag{18}$$

在风险中性测度(Q)下三个状态变量的动态过程如下：

$$\begin{pmatrix}dL_t\\dS_t\\dC_t\end{pmatrix}=\begin{pmatrix}0&0&0\\0&-\lambda&\lambda\\0&0&-\lambda\end{pmatrix}\begin{pmatrix}L_t\\S_t\\C_t\end{pmatrix}dt+\begin{pmatrix}\sigma_L&0&0\\0&\sigma_S&0\\0&0&\sigma_C\end{pmatrix}\begin{pmatrix}dW_t^{Q,L}\\dW_t^{Q,S}\\dW_t^{Q,C}\end{pmatrix} \tag{19}$$

在这个仿射结构框架下，可证明 n 时刻到期的零息票国库券在 t 时刻的收益率为：

$$i_t^{(n)}=L_t+\left(\frac{1-e^{-\lambda n}}{\lambda n}\right)S_t+\left(\frac{1-e^{-\lambda n}}{\lambda n}-e^{-\lambda n}\right)C_t+\frac{A(n)}{n} \tag{20}$$

这样就可以看出，该模型中的三因子跟尼尔森—西格尔收益率曲线中的因子载荷完全一样，即水平值、斜率、曲率。对 L_t 的一个冲击会一致地影响所有期限债券的收益率；而关于 S_t 的一个冲击对短期债券收益率的影响大于长期债券；对 C_t 的一个冲击对中期债券的影响最大。另外，收益率函数包含了一个收益率调整项 $A(n)/n$，该项具有时间不变性并且只依赖债券的到期日。

(二)AFNS模型的两个应用

AFNS模型的第一个应用是从债券的角度分析BEI(break even inflation，无亏损的通胀率)。名义债券有固定的名义本金，但实际债券是整体价格的通胀水平的直接指数化产品，例如美国抗通胀的国库券本金和息票的支付随着消费价格指数的变化而变动，期限具有可比性的名义收益率与实际收益率之差就称为无亏损的通胀率(BEI)。但是因为BEI还包含了通胀风险的补偿，BEI也不是通胀预期的一个完美测度。也就是说，如果未来通胀的不确定性增加或者投资者要求对不确定性获得更高的补偿，甚至即使将来的通胀率保持不变，BEI也有可能提高。对于很多市场投资者、研究者以及中央银行家们来说，得到一个能及时地将BEI分解为通胀的预期和通胀的风险溢价的方法是极有价值的。

将BEI分解为通胀预期和通胀的风险溢价，依赖于通胀与不可观测的投资者随机折现因子之间的相关性。为此，克里斯滕森等(Christensem and Rudebusch，2009)用仿射四因子AFNS模型对BEI进行了分解。该模型刻画了名义的和实际的随机折现因子的动态变化，可以将任意期限的BEI分解为通胀预期和通胀风险溢价。为了在保持较好的拟合度情况下让模型更简洁，他们引入了一个假设：名义和实际收益率有一个共同的斜率因子。因此，该联合模型有四个因子：实际水平因子(L_t^R)，它只针对抗通胀的国库券收益率；名义收益率的名义水平因子(L_t^N)；共同的斜率；曲率因子。该四因子无套利模型能很好地拟合名义和实际收益率曲线。他们考察了5年期和10年期的名义和实际的零息票收益率以及它们之间的差异，即相对应的BEI，发现2004年以来BEI变动很小，并用估计出的联合AFNS模型得到的拟合名义与实际收益率之差来计算和比较可以观察到的BEI和具有期限可比性的模型所隐含的BEI，也发现观察到的BEI和模型隐含的BEI之间差异很小，反映了模型整体的拟合度较好。

AFNS模型在宏观金融的第二个应用是分析金融危机中新的中央银行流动性政策工具的效应。在2007年8月份早期，在美国按揭抵押证券以及其他结构化信用产品的价格和信用评级下跌的过程中，国际货币市场遭受了巨大的压力。银行间市场短期融资利率相对于可比期限的政府债券收益率急剧上升，对金融市场和宏观经济有着普遍的不利影响。为了将不利影响减少到最低程度，很多国家的中央银行建立起了一套特别的贷款机制，以增加金融市场的流动性，减缓银行间同业拆借市场的压力，特别是那些期限几个月的市场。如美联储和欧洲中央银行间的外汇互换额度，美联储发行新的定期拍卖工具向存款机构提供短期融资（定期拍卖工具的定期贷款由各种形式的抵押物品提供保障并且通过拍卖进行分配），旨在提高储备金和流动资产的分配效率。

克里斯滕森等评估了这些特别的央行流动性工具对银行间借贷市场的影响，特别是 LIBOR 对国库券收益率价差的影响（Christensem, Lopez and Rudebusch, 2010）。理论上，央行提供的流动性能通过各种渠道来降低银行间借贷的流动性溢价。为了分析央行流动性工具降低银行间贷款压力的效果，克里斯滕森等估计了一个关于美国国库券收益率、金融机构发行的债券的收益率、期限 LIBOR 利率的仿射无套利期限结构六因子模型。该模型利用了 1995 年到 2008 年年中的周数据，给出了国库券收益率、金融企业债券收益率和 LIBOR 的无套利联合定价，其中三个因子解释了国库券收益率，两个因子捕获了银行债务风险的动态变化，还有一个因子针对 LIBOR。模型的结果支持了这样一种观点，即 2007 年 12 月建立的央行流动性措施降低了 LIBOR。为了量化流动性工具的影响，克里斯滕森等还进行了反事实分析，即如果没有采用流动性措施情况将会是怎样，反事实路径分析意在表明，对于美国金融机构来说，如果它们是在与一般情况下的国库券和企业债券市场中定价的话，价差将会是怎样。他们分析了从 2007 年初开始的反事实路径对 3 个月期 LIBOR 与 3 个月期国库券收益率价差的影响。他们注意到在该段时间内，模型所隐含的 3 个月期 LIBOR 价差与观察到的价差很相近。从 2007 年 8 月 9 日金融危机开始到定期拍卖工具政策的实施，以及 2007 年 12 月中旬的联合央行互换声明，观察到的 LIBOR 平均高于反事实的 LIBOR 有 8 个基点，但是到 2007 年年底，两者之间形成了一个明显的楔形。到样本结束时的 2008 年 7 月 25 日，两者之间 3 个月期的价差达到了 82 个基点。该分析表明了在没有央行流动性工具的情况下，3 个月期的 LIBOR 将会更高。相应地相对于没有采用这些措施的情况，央行提供流动性的增加降低了 LIBOR。

五、结论与展望

实践表明，很多时候金融动荡和经济衰退，跟“固定收益危机”密切相关，这包括具有不同到期日和风险特征的名义债券。一个更好的债券定价和风险溢价的宏观经济—金融利率期限结构模型对于说明固定收益危机很有用，但目前的工作还只是初步的。

实际上，在 2008 年金融危机的余波中，一系列新问题和议题已经引起了金融经济学界广泛的重视。比如，在许多国家，短期利率已经跌到了零值的下界。而且，随着许多国家将通胀率控制在很低的水平上，名义利率的零值下界很有可能成为一个有约束力的限制条件,而且零值下界在金融文献中被很大程度地忽视了。从趋势来看,未来应该优先发展不同形式的仿射无套利模型以防止利率变成负数。在最近的危机中凸显出来的第二个宏观经济—金融问题是债券供给和风险溢价之间的联系。随着短期利率达到有效下界,许多中央银行致力于通过采取非资产负债表行为来降低长期收益。虽然中央银行通过大量购买降低了债券供给,但关于债券供给和债券风险溢价之间的联系,现有的模型能够提供给中央银行的指导却很少,宏观经济—金融模型应该在这些领域有更大的进展。

参考文献

[1]Ang, Andrew and Piazzesi, Monika, A., 2003, No-Arbitrage Vector Autoregression of Term Structure Dynamics with Macroeconomic and Latent Variables. *Journalof Monetary Economics*, 50(4), pp. 745－787.

[2]Backus, D., Gregory, A. and Zin, S., 1989, Risk Premiums in the Term Structure, *Journal of Monetary Economics*, Vol. 24. pp. 371－399.

[3]Campbell, J. and Shiller, R., 1991, Yield Spreads and Interest RateMovements: a Bird's Eye View', *Review of Economics Studies*, Vol. 58, pp. 495－514.

[4]Christensen, J., H., Lopez, J. A. and Rudebusch, G. D., 2008. Inflation Expectations and Risk Premiumsinan Arbitrage-free Model of Nominal and Real Bond's Yield', Unpublished Manuscript, Federal Reserve Bank of SanFrancisco.

[5]Christensen, J. H. E., Diebold, F. X. and rude busch, G. D., 2009. An Arbitrage-free Generalized Nelson-Siegel Term Structure Model. *Econometrics Journal*, Vol. 12, pp. 33－64.

[6]Christensen, J. H., Lopez, J. A. and Rudebusch, G. D., 2010. Incorporating Stochastic Volatility into Arbitrage-free Nelson-Siegel Models', Unpublished Manuscript, Federal Reserve Bank of San Francisco.

[7]Cochrane, J., and Piazzesi, M., 2005. Bond Risk Premia, *American Economic Review*, Vol. 95, pp. 138－160.

[8]Dai, Q, and Singleton, K, J., 2000, Specification Analysis of AffineTerm Structure Models, *Journal of Finance*, Vol. 55, pp. 1943－1978.

[9]DenHaan, W., 1995, The Term Structure of Interest Rates in Realand Monetary Economics, *Journal of Economics DynamicsandControl*., Vol. 19, pp. 909－940.

[10]Diebold, F. X. and Li, C., 2006, Forecasting the Term Structure ofGovernment Bond Yields, *Journal of Econometrics*, Vol. 130, pp. 337－364.

[11]Duffie, D. and Kan, R., 1996, "A yield-factor Model of Interest Rates, Mathematical Finance", Vol. 6, pp. 379－406.

[12]Fuhrer, J. C. and Rudebusch, G. D., 2004, Estimating the Euler Equation for Output, *Journal of Monetary Economics*, Vol. 51. pp. 1133－1153.

[13]Rudebusch, G. D. and Wu, T., 2007, 'Accounting for a Shift in Term Structure Behavior with No-arbitrage and macro-finance Model', *Journal of Money, Credit and Banking*, Vol. 39, Nos 2—2, pp. 395—422.

[14]Rudebusch, G. D. and Wu, T., 2008. Macro-finance Model of the Term Structure Monetary Policy, and the Econmy, *Economic Journal*, Vol. 118, pp. 906—926.

[15]Rudebusch, G. D. and Wu, T., 2006, The Bond Yield "Conumdrun from amacro-finance Perspective", *Monetary and Economic Studies*, Vol. 24. pp. 83—128.

[16]Rudebusch, G. D. and Swanxon, E., 2008. Examining the Bond Premium Puxxle with a DSGE Model, *Journal of Monetary Economics*, Vol. 55, pp. S111—S126.

[17]Rudebusch, G. D. and Swanxon, E., 2009, The Bond premiumina DSGE Model with Long-run Risk, Manuscript, Federal Reserve Bank of San Francisco.

[18]Wachter, J., 2006, A Consumption-based Model of the Term Structure of Interest Rates, *Journal of Financial Economics*, Vol. 79, pp. 365—399.

[19]Wright, J., 2009, Term Premia and Inflation Uncertainty: Empirical Evidence from an International Palen Dataset, Finance and Economics Discussion Series No. 2008—25, Federal Reserve Board.

[20]Nelson, C. R. and Siegel, A. F., 1987, Parsimonious Modeling of Yield Curves, *Journal of Business*, Vol. 60, pp. 473—489.

Study on the Term Structure Model of Macroeconomic Financial Interest Rate: A Review and Prospect

Kong Xiaowei

Abstract Taking interest rate as a bridge, the integration of Finance and macroeconomics has become a trend, which is manifested in the continuous expansion and deepening of the macroeconomic financial interest rate term structure model. Related research can be divided into three parts: first, we add macroeconomic factors to the standard financial affine non arbitrage term structure model, which indicates that the potential components of standard financial term structure also include macroeconomic foundation. Secondly, we combine the macroeconomic dynamic stochastic general equilibrium model (DSEG) with the bond pricing to explore its financial significance. By introducing the DSGE model, asset prices can be better explained. Again, developing no arbitrage model of the term structure in easy processing is advantageous to the expansion to the macro finance term structure model, and AFNS model which can identify the potential yield curve factor has this property, and showed a good empirical prediction effect, helping to clarify many problems. Looking to the future, the macroeconomic-financial model will make greater progress in the link between bond supply and bond risk premium.

Key words　Macro Finance　Interest Rate Term Structure　Affine Non Arbitrage Model　Dynamic Stochastic General Equilibrium

城市集聚—扩散效应:空间信息场叠加模型下的中国城市空间资源配置研究

曾 鹏 李洪涛

内容提要 十八大以来党中央提出要健全国土空间开发、资源节约利用的机制体制,从严、合理供给城市建设用地,提高城市空间资源配置效率。2017年10月18日,习近平总书记在十九大报告中特别强调要深化行政体制改革,统筹使用各类编制资源,形成科学合理的管理体制,构建国土空间开发保护制度,完善主体功能区配套政策。集聚—扩散效应是各类要素在空间中流动的重要动力来源,促使空间的重构和地区及城市经济社会发展向更高层次变迁。研究梳理建立出城市集聚—扩散作用机理及演化规律的理论框架,基于理论框架联系物理场的概念,提出创新性的构建城市集聚—扩散效应:空间信息场叠加模型。研究对空间信息场叠加模型进行MATLAB软件程序开发,计算得到集聚—扩散效应下城市边界及承载力范围,实现对城市空间资源配置的系统性评估。研究发现就全国整体水平而言,各城市集聚—扩散效应发展水平差异性较大,城市边界及承载力与其综合实力正向相关。东部地区城市集聚—扩散效应发展良好,城市边界及承载力适中。中部地区城市之间存在空间挤压,城市承载力过高,城市扩散能力受限。西部地区城市集聚—扩散效应发展水平较弱,城市空间资源配置效率较低阻碍了其集聚—扩散效应发展。最后,据此提出了相应的政策建议。

关键词 集聚—扩散效应 空间信息场叠加模型 空间资源配置 城市边界 城市承载力

中图分类号 F29,D922.34

一、问题提出

近年来,我国一线城市人口、城市范围持续扩张,导致地区城镇体系严重

收稿日期:2018—05—20

作者简介:曾鹏(1981—),广西民族大学商学院经济学教授,主要研究方向为城市群与区域经济可持续发展。李洪涛(1993—),桂林理工大学公共管理与传媒学院硕士,主要研究方向为城市群与区域经济可持续发展。

基金项目:本文系国家社会科学基金项目"中西部地区城市群培育与人口就近城镇化实现路径研究"(15XJL002)的阶段性研究成果。

失衡,城市空间资源配置效率下降。城市的不断扩张也导致大城市病的产生,“逃离北上广”不仅是一种社会现象,更是区域空间资源错配的重要特征。党中央在十八届三中全会提出要“健全国土空间开发、资源节约利用、生态环境保护的机制体制”“从严合理供给城市建设用地,提高城市土地利用率”。2017年10月18日,习近平总书记在十九大报告中特别强调要形成科学合理的管理体制,构建国土空间开发保护制度,完善主体功能区配套政策。地区的空间资源受到客观限制,城市发展应当寻求空间资源的最优配置、合理的边界范围。城市的盲目扩张导致本就稀缺的地区空间资源面临严峻调整。由于缺乏顶层设计层面的地区及城市空间布局规划,导致城市不断通过扩张实现自身更大范围的规模经济,城市的集聚—扩散效应呈现出失衡的状态。因此,要实现对空间资源的合理优化配置,应当通过对城市边界及承载力的相关研究,确定城市的边界范围及其单位面积的承载力水平,从而指导城市进行科学合理的空间布局规划,高效利用空间资源。

在工业革命后,城市成为世界经济发展的主要载体,城市是人口、资源、各类要素资源形成集聚的空间载体。随着经济全球化和社会分工细化,城市成为地区内政治、经济、文化中心,城市具备先进的生产力、先进的科技文化水平、充沛的要素资源,使得其发展水平远超其他地区。而在城市的集聚经济出现边际递减效应,集聚不经济的问题开始产生,城市的发展逐步出现向外扩张的空间变化,从而使得城市对周边地区的经济社会发展起到带动作用,其集聚经济初步形成扩散效应。城市的集聚—扩散效应包含了其对外部资源环境的吸引配置能力和影响带动能力,实际上城市的发展和空间结构演化正是集聚的吸引力和扩散的辐射力共同作用的结果。对于地区整体而言,集聚—扩散效应是资源分配、体系演化、经济发展在空间规模上的体现。

城市的集聚—扩散效应是一个循环推进的过程,促使地区及城市的空间演化发展。基于区域空间结构理论的观点:区域的空间结构不断由均衡向扩张发展,尔后形成更高层次的均衡,集聚—扩散效应是推动这一演化过程的重要动力机制。集聚—扩散效应对地区的空间影响是逐步形成的。工业化发展使得生产力大幅进步,人口、资本、产业、各类要素资源开始不断向地区核心区位集中,首先形成地区内经济要素在空间上的变化,核心城市产生集聚经济。地区的空间呈现出依靠某一区位优势显著的城市形成核心—边缘结构。伴随经济社会的不断发展,城市的集聚效应开始出现边际递减现象,发展开始寻求向外扩散。核心城市逐步进行空间扩张进而对地区整体城镇结构体系形成影响。在核心城市对周边地区的辐射带动下,地区发展由单一增长极的核心—边缘结构开始逐步向增长带的链条式空间模式转变,集聚—扩散效应进一步对地区空间结构形成影响。而随着周边城市的发展水平逐渐提升,地区的空间由核心城市集聚吸引转而出现核心城市扩散辐射,使得地区逐步形成具备梯度化的城镇体系结构,地区内发展差距进一步缩小最终形成更高层次的地区空间结构。

目前研究缺乏一种对于城市集聚—扩散效应、城市空间资源配置、城市边界及承载力的有效测算方法,不能实现对城市集聚—扩散效应、空间资源配置的定量分析,不能实现科学合理的城市边界及承载力动态评估。由于城市集聚—扩散效应研究涉及城市经济、社会、自然等多个不同学科属性,进行城市集聚—扩散效应定量测算不但在方法上缺失,对其进行计算统计也存在较大难度。因此,目前尚不存在一种对于城市空间资源配置的测算方法,未能通过计算得到最优的城市边界范围及承载力水平。

实际上,城市集聚—扩散效应是通过将经济要素向城市集聚,然后通过城市扩散效应逐步重构地区空间结构的过程。城市的集聚—扩散效应以及空间结构变化通过其规模扩大得以实现,因此对边界范围的扩大可以满足城市的空间发展需要,使得城市的空间资源配置与地区集聚—扩散效应之间相协同。各城市在集聚—扩散效应的作用下,一方面使得内部各类要素资源不断集中;另一方面也使得城市范围不断扩大,进而对城市的承载力提出了更高要求。城市承载力可以判断出城市在进行集聚经济和扩散辐射的适度区间,控制承载力处在合理范围可以使得城市集聚—扩散效应最大化。因此,研究由集聚—扩散效应下的城市最优边界及承载力为重点,展开城市空间资源配置的研究,建立相应理论框架和评估体系,创新性地建立空间信息场叠加模型,实现对城市集聚—扩散效应、城市空间资源配置、城市边界及承载力问题的定量研究。对于确保地区空间结构合理、城市空间发展可持续、城市间良性循环作用、城市综合发展与空间规划匹配具有重要意义。

二、文献回顾

国外学者较早关注到城市集聚—扩散效应、空间资源配置方面的问题。对城市空间性质进行分析,认为随着经济社会发展城市的空间格局不断变化,在集聚—扩散效应作用下存在一个最优的空间互动模式(Xepapadeas,2013)。相关学者进一步完善了齐普夫等级规模法则从而对城市规模空间分布问题展开了实证研究(Roberto,Suemi,2011; David,Christopher,2015; Tarsha,Ahjond,2012)。认为集聚经济的离心力作用是由于地区内工资不平等和经济发展不均衡所带来的必然结果,城市的集聚—扩散效应促使劳动力的流动、工资水平的均衡,进而使得地区整体发展水平一致(Michale,Daniel,2010)。通过实证说明集聚—扩散效应、贸易成本、城市化水平之间存在直接联系。城市空间结构的规划应当用城市经济空间动力的角度进行分析(Michael,2010)。对城市集聚—扩散效应、企业、生产力之间的关系进行了分析,认为集聚—扩散效应是产业发展在成本和生产率之间寻求平衡的结果,随着城市集聚效应的不断演化,城市核心地区的企业运营成本开始逐渐超过其通过集聚经济获得的收益,城市产业出现向外迁移的诉求,进而出现城市的扩散效应(Doego,2010)。关注到中国城市产业集聚与生产力之间的关系,认为城市出现产业集聚是实现创新发展的必由之路(Zhang,2016)。

国内学者针对我国城市的集聚—扩散效应也进行了广泛研究。运用空间自相关模型对长三角地区城市集聚—扩散效应下的空间溢出效应进行了分析,认为城市要素不断集聚的过程中也伴随着出现空间溢出的现象(毕秀晶、宁越敏,2013)。以中国城市群作为分析对象,发现城市群发展是城市间集聚—扩散效应演化的必然规律(李凯、刘涛等,2016)。将城市的集聚—扩散效应与区域等级结构体系相联系,认为城市规模和结构是通过集聚—扩散效应的博弈作用而推动演化的(张燕、崔大树,2013)。以城市群作为研究对象对城市集聚—扩散效应以城市流的方法进行微观层面的分析,发现城市普遍存在城市的集聚能力大于其扩散能力(白永亮、石磊等,2016)。运用地理信息软件由实证分析的角度对我国城市的空间集聚—扩散效应展开分析(张剑、雒占福,2015)。

对于城市空间资源配置、城市边界及承载力的研究测算国内学者也进行了多个维度的尝试,在对空间错配理论的分析基础上,认为通过科学的城市边界规划可以有效避免城市资源错配的出现(张可云、杨孟禹,2015)。运用空间面板数据模型对城市空间资源配置效率与城市边界之间的关系展开分析,发现城市边界在达到一定规模后对空间资源配置效率的提升呈现负相关关系(张莉、徐现祥,2011)。通过软件对城市地图进行数字化分析,进而实现对城市边界的测算分析(李雪铭、丛雪萍等,2017)。采用引力模型及场模型对城市的影响力范围进行测算(邓羽、刘盛和等,2010),运用计算法对城市用地阈值进行计算,进而确定城市边界范围(穆晓东、刘慧平等,2011)。运用断裂点模型对城市的综合实力及城市规模展开测算,进而分析城市的空间吸引力范围和空间结构变化(梅志雄、徐颂军等,2012)。通过对城市影响力范围的加权分析,得到城市综合实力范围的空间结构变化规律(张婷、李红等,2014)。认为城市承载力是一个广泛的概念,城市承载力阈值客观存在,必须对城市承载力构建综合指标进行评价(石忆邵、尹昌应等,2013)。对城市的经济、资源、环境、交通、土地承载力进行了整体性研究(曹飞、郑庆玲,2016)。

基于上述分析可以看到:国内外学者对地区集聚—扩散效应的影响因素、作用机理已经进行了广泛的研究,并在部分产业或地区展开实证分析。国内外学者对城市集聚—扩散效应已经形成了一定的认识,但其定量分析方法尚未成熟,没有形成统一的评估体。通过理论与实证分析学者们发现城市的空间资源配置与城市边界之间存在显著联系,但对于城市边界的测算尚未形成共识,主要采用地理信息软件和引力模型等间接方法进行测算。对城市承载力的研究主要集中于某一个指标中,或通过对经济社会发展指标体系的计算以间接地对城市承载力进行分析。目前关于城市集聚—扩散效应、城市空间资源配置、城市边界、城市承载力的研究还处于较分散的状态,系统性、理论性程度有待进一步提升,缺乏对城市集聚—扩散效应、城市空间资源配置、城市边界、城市承载力全面科学系统性的科学模型和定量分析。基于上述分析,研究开创性地利用物理学中"场"的原理,运用空间信息加权的方法,构建多维度评估指标体系,以地级以上城市为样本,构建城市集聚—扩散效应:空间信息场叠加模型,通过进行城市边界、城市承载力的测算分析,实现对空间资源配置的系统性评估,极大程度地丰富和发展了政治经济学、空间经济学、人文地理学、行为地理学、计量经济学的理论内涵与研究手段,为地区集聚—扩散效应的理论研究和计量方法进行了完善与补充。研究对政府进行空间治理、行政区划设置、协调地区发展关系、制定科学合理的地区发展策略具有积极的实证与现实意义。

三、作用机理及演化规律

城市的集聚—扩散效应是各类资源要素在空间中的运动过程及规律,是空间网络中点、线、面、群之间产生的关系。对于城市的集聚—扩散效应研究不仅要从空间层面分析其作用机理,更要从时间层面对其演化过程及规律进行把握。由此,研究基于静态下的城市集聚效应与扩散效应进行作用机理分析,再将时间要素纳入理论框架中实现对城市集聚—扩散效应的动态分析。

城市的集聚效应是各类要素资源向某一具备区位优势的空间进行集中的过程,使得地区整体经济发展由独立、离散的空间形态向局部、集中进行转变,其空间性质由均质向不平衡进行转变。城市进行集聚的过程中,首先会对地区内部人口、产业、资本、技术等各类要素资源进行集中,形成规模经济。随着规模经济的不断发展,对城市的基础设施、生活水平、社会福利都提出了更高的要求,使得城市在整体社会要素上出现变化,城市内部形成完整的经济社会发展链条(Tong,Hu,Amy,2017)。

由于城市集聚不经济的出现,规模经济效益边际递减使得城市经济发展出现向外扩张的内在需求。首先进行外部迁移的是城市内的产业链条,随着城市中心生产、运营成本的上升,城市内部第二产业开始由城市中心地区向外部进行迁移,通过在周边地区构建产业园区的方式进行新一轮的集聚效应(Giulio,Donato,2012)。其次是人口的外部扩散,随着第二产业链条向外迁移,城市中心开始由第三产业形成主导,人口在城市中心开始大量集聚。人口集聚导致城市福利水平下降、社会矛盾增多、生活水平下降,同时周边地区在

第二产业链条的逐步集中与完善下其整体发展水平不断提升,人口开始出现向外转移的需求。最后,随着产业、人口的转移,城市周边地区得到了良好的发展契机,技术和其他各类资源要素也开始向周边地区出现转移,城市周边地区形成了新兴增长极。城市规模随之扩大,将部分周边地区纳入城市的范畴,城市的空间结构开始出现变化。而城市的合理规模大小正是集聚经济与扩散效应保持平衡的状态。

扩散效应是地区内各类要素逐步由在少数核心城市集中向地区整体发散的空间形态变化,逐步使得地区的空间性质呈现出有序的梯度化状态,各城市之间回到相对均衡的发展状态。城市的扩散效应随着地区内交通网络的构建、城市间经济联系的提升,不仅限于周边地区,开始向处在交通网络节点、城市间经济联系度较强的其他城市进行扩散辐射,带动其经济社会发展。城市间关系由集聚效应下各类要素资源向核心城市集中转向各类要素资源逐渐向外部扩散。受到扩散辐射影响的城市开始在自身区位优势及外部环境的共同作用下进行新一轮的集聚效应,从而使得地区内不断形成集聚—扩散—再集聚—再扩散的循环和转化模式,促使地区整体不断向更高层次的经济社会发展阶段进行变迁(Liu,Zhang,Zhuang,et al. ,2017)。相关内容详见图 1。

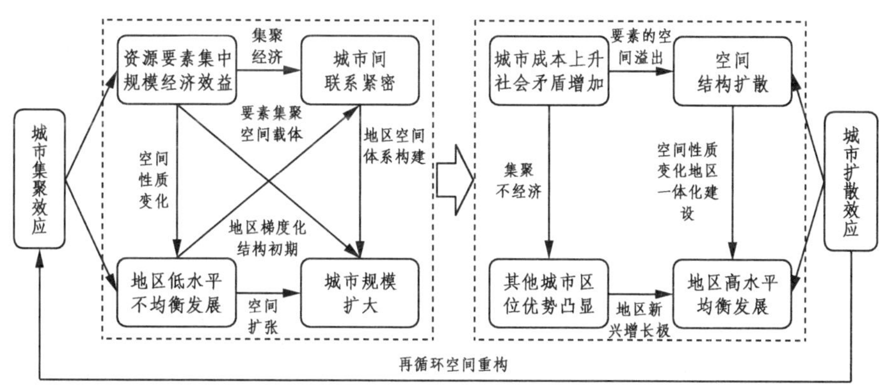

图 1　城市集聚—扩散效应作用机理

考虑到城市集聚—扩散效应在时间层面的变化及各城市之间的相互影响作用,研究进一步对城市集聚—扩散效应的演化规律进行分析。城市规模是其集聚—扩散效应平衡稳定的结果,在静态化对单个城市集聚—扩散效应分析时,城市的最优规模是其保持集聚效应与扩散效应平衡的结果。处在最优规模的城市通过集聚效应促进城市内部规模经济,通过扩散效应实现对周边地区的带动,提升城市间经济联系推进一体化的进程。将时间动态变化及城市间影响纳入演化规律进行考量时,城市最优规模不再仅由内部聚集与扩散效应平衡点决定,还取决于城市间关系、城市承载力水平、地区空间结构等众多因素的作用。城市最优规模是城市内部集聚—扩散效应与外部环境的平衡结果，通过城市内部与外部集聚—扩散效应的共同作用，城市的空间结构、空间信息不断发生变化，形成不断层次的演化过程。基于上述分析，研究构建出城市集聚—扩散效应动态演化规律的理论框架，详见图2。

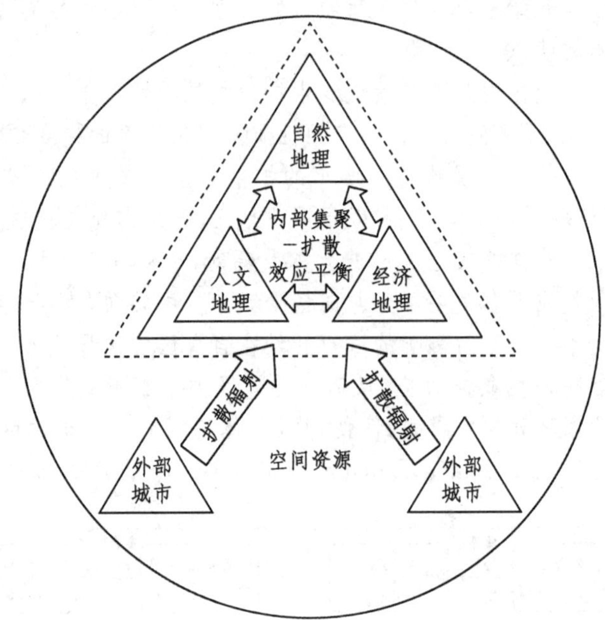

图2 城市集聚—扩散效应动态演化规律

如图2所示，虚线内空间是城市内部集聚—扩散效应平衡时的城市最优规模边界，但在实际进行集聚—扩散效应演化时，城市一方面受到外部城市扩散效应的影响对其空间扩张形成干扰；另一方面地区内空间资源有限，城市的规模还受到客观空间的限制。因此，城市在实际地区发展中的集聚—扩散效应下的城市最优规模其边界由实线围成。

城市内部随着集聚—扩散效应的演化，其空间信息在不同阶段发生了不同层面的变化。以城市为研究对象的地理学不仅包括对自然地理的研究，还包含对社会科学视域下对城市内人文要素分布规律、区域差异、演变特征的研究（胡志丁、葛岳静等，2012）。城市的地理是自然科学与社会科学相统一的综合分析体系，城市的空间信息是对其内部事物关系属性的全面分析（曾文、张小林，2014）。而对于社会科学视域下的空间信息研究重点对其社会属性（人文地理）、经济发展（经济地理）展开分析，因此，研究所构建的空间信息分析模块包含了自然地理、人文地理、经济地理三个方面。

由城市内部集聚—扩散效应形成的空间变化首先对城市的经济地理形成

影响。随着城市内部集聚效应促使人口、产业、各类资源的集中,使得各类经济要素在地区及城市的空间分布由最初的均质状态转向不均衡,城市的经济地理开始出现变化(Michael,Daniel,2010)。其次,随着经济地理的变化,城市内部规模经济效益促使城市的基础设施、生活水平、社会福利不断提高,对城市人口的工作、生活习惯形成转变。人口开始形成在特定空间的大范围集聚,城乡差距不再仅限于经济发展,在社会习惯、要素空间布局上都开始出现变化。城市的人文地理逐步形成结构变化,此时城市内部各类要素间的关系日益复杂,城市成为完整独立的空间单元。最后,由于城市内部各类要素的大量集聚,城市内部空间资源开始出现紧缺,城市开始出现向外部扩张的需求,进而使得城市的自然地理发展改变,其城市规模边界、地理信息状况均开始发展转变。

城市空间不仅受到内部集聚—扩散效应的影响,还受到外部城市的影响。首先,随着城市自身扩散效应的辐射作用,各类要素开始逐步出现向外转移的需求,城市的经济地理开始出现变化,由内部集中向外部扩散转变。同时,外部城市产生的集聚—扩散效应还对城市内部各类要素的运动形成影响,进一步促使经济地理变化的复杂多元结构。其次,城市的扩散效应以及与外部城市的经济联系促使城市间交流频繁、各城市的人口结构、产业结构日趋复杂,城市由完整独立的单元个体向更高层次的地区一体化发展转变。因此,城市内物质性、非物质性的各类要素开始不断重组、重构,对城市的人文地理形成推动演化。最后,城市与外部城市在集聚—扩散效应的共同作用下,对各城市的规模边界形成了动态平衡,城市空间不再简单由自身集聚—扩散效应发展决定,还取决于城市所处地区的空间资源、城市间关系、地区体系结构,城市的规模边界形成动态变化。城市间联系紧密促使地区交通网络的成熟,进一步对城市空间形成影响,最终使得城市的自然地理受到集聚—扩散效应演化的推动。

城市在内部与外部集聚—扩散效应的影响下,其空间活动受到自身发展和外部环境的约束,形成了动态演化的空间部分形态。在时间维度下,城市的空间信息在不同的集聚—扩散效应阶段形成了不同的作用层面以适应城市发展的功能要求。通过城市经济地理、人文地理、自然地理的不断变化,实现了城市集聚—扩散效应作用下的城市空间重构,促使城市在空间组织与时间序列的统一。通过不断循环的城市集聚—扩散效应运动使得城市空间不断的优化重组,形成新的空间格局。

四、研究设计

(一)场的概念阐述与场模型建立

物理学研究中用场来表示引力、电磁力在空间中的能量传播形式。万有引力和电磁感应现象分别是对引力场、电磁场在空间中物体相互作用和运行规律的描述总结。在空间结构中的能量传播和运行规律并不仅限于物理学概念，在空间经济学中城市的集聚—扩散效应也存在类似的联系。在空间区位理论中就有关于“经济场”的构想，通过空间内所形成的“经济场”使得区位的经济空间性质和功能发展变化。

在物理学中，电磁场强度公式如下：

$$E_{电}=k\frac{q}{r^2} \tag{1}$$

其中，k 为参数；q 为电荷的电量；r 为到电荷的距离。

结合理论部分的分析内容，研究借用物理学中电磁场强度的表达公式，构建出城市集聚—扩散效应的场强公式。在空间经济学中经济社会发展、人口、资本、各类资源在空间内都存在着对周边地区的吸引和辐射作用，其具体的集聚能力和辐射范围和引力、电磁力一样“看不见、摸不着”，但却客观真实存在。因此研究建立了两个前提假设：

前提假设1：在空间经济学中，“城市集聚—扩散效应场”的吸引和辐射强度与相距原点的空间距离之间相关，距离场源中心越近，则相互作用强度越大。随着距离的扩大，相互之间的作用强度不断递减。因此，研究假设“城市聚集与扩散效应场强”与距离平方之间成反比。

研究假设2：城市综合实力可以看作场源所带的势能，基于场的物理性质推断场强大小与场源势能大小之间呈正向相关。因此，在构建“城市集聚—扩散效应场叠加”模型时，研究假设“城市集聚—扩散效应场强”大小与城市综合实力成正比。

基于以上研究分析和假设，构建出“城市集聚—扩散效应场强”方程：

$$E_{场}=k\frac{q_e}{r^2} \tag{2}$$

其中，k 为比例系数；q_ε 为城市综合实力；r 为相距场源中心的距离。

研究基于空间经济学、区域空间结构理论的相关概念，将单个城市均看作是独立的场源。因此进一步构建以下两个前提假设：

前提假设3：在场的物理性质中，场强具备叠加性，场强可以进行矢量叠加。因此，研究将我国城市看作是独立的场源进行研究，基于场的叠加性原理可以实现对城市集聚—扩散效应的定量运算。

前提假设4：研究将城市的场强范围看作是其集聚—扩散效应半径的单位圆面积，其圆心即为场源。每个城市集聚—扩散效应边界不仅是其自身吸引力与辐射力的平衡结果(R_A)，还受到其他城市对其的辐射作用的影响(S_{AB}、S_{AC} 等)。相关内容详见图3。

基于上述分析，研究认为城市集聚—扩散效应场叠加存在一个客观距离

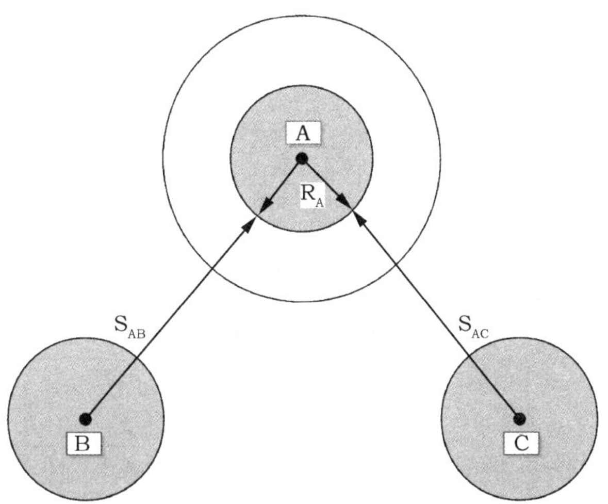

图 3　场的模拟作用

使得城市集聚—扩散效应内部场强与外部场强相等，即：

$$E_{外}=E_{内} \tag{3}$$

其中，

$$E_{内}=k\,\frac{q_e}{r^2} \tag{4}$$

$$E_{外}=\sum_{i=1}^{n}k\,\frac{q_e}{r_i^2} \tag{5}$$

将式(3)、(4)、(5)联立可以得到一个关于城市集聚—扩散效应空间信息场叠加模型下的合理空间资源配置的城市最优边界半径。

即对以下方程进行求解：

$$k\,\frac{q_{je}}{r^2}=\sum_{\substack{i=1\\ i\neq j}}^{n}k\,\frac{q_{ie}}{(S_{ij}-r)^2} \tag{6}$$

其中，通过求解 r，我们能求出第 j 个城市的场强因子的最优半径。

(二)城市综合实力指标体系构建

基于文献综述分析和城市集聚—扩散效应空间信息场叠加模型的构建，对于式(6)中的 q_e 应当选取多因素、多层次的综合性指标，因此研究以现有权威文献为参考选取评估指标，由公开出版的统计年鉴进行数据统计，对城市综合实力从各个层面、各个项目及各个指标进行测算。根据上述原则和现有的统计资料，由总量、质量、流量三个方面建立了 10 个层面共 29 项具体指标的城市综合实力评估指标体系(见表 1)，具体指标体系的构建参考了曾鹏(2008a)的研究成果。

表1 **城市综合实力评估指标体系**

	A层	B层	C层	单位
城市综合实力	A1 总量指标	B1 经济实力	C1 地区生产总值(当年价格)	万元
			C2 人均地区生产总值	元
			C3 地区生产总值增长率	%
			C4 固定资产投资总额	万元
			C5 城乡居民储蓄年末余额	万元
		B2 科教实力	C6 科技支出	万元
			C7 教育支出	万元
			C8 高等学校教师人数	人
			C9 高等学校在校学生数	人
		B3 政府实力	C10 地方财政一般预算内收入	万元
			C11 地方财政一般预算内支出	万元
			C12 利税总额	万元
	A2 质量指标	B4 发展水平	C13 非农业人口占总人口比例	%
			C14 城市建成区面积	平方千米
			C15 工业总产值	万元
		B5 产业结构	C16 第二、三产业占GDP的比例	%
			C17 第二、三产业从业人员比例	%
		B6 城市服务	C18 每百人公共图书馆藏书	册
			C19 人均家庭生活用水量	立方米/人
			C20 居民人均生活用电量	千瓦小时
			C21 每万人拥有公共汽电车	辆
			C22 每万人拥有医生数	人
			C23 人均铺装道路面积	平方米
		B7 环境状况	C24 人均绿地面积	公顷
			C25 建成区绿化覆盖率	%
	A3 流量指标	B8 资金流量	C26 本年应交增值税	万元
		B9 实物流量	C27 货运量	万吨
		B10 信息流量	C28 固定电话用户数	万户
			C29 邮电业务总量	万元

研究所构建的城市综合实力指标体系之间相互独立而又具有联系，并不能将指标分割判断，研究通过选择多项指标从而由各个层面、各个角度全面准确科学地对城市综合实力进行评估。研究对所选用的指标数据运用极差公式进行无量纲化处理，对于正面性指标，可以通过公式(7)计算：

$$X_{ik}=\frac{Y_{ik}-\min\limits_{i}Y_{ik}}{\max\limits_{i}Y_{ik}-\min\limits_{i}Y_{ik}}\times 100\% \tag{7}$$

对于负面性指标，可以通过公式(8)计算：

$$X_{ik}=\frac{\max\limits_{i}Y_{ik}-Y_{ik}}{\max\limits_{i}Y_{ik}-\min\limits_{i}Y_{ik}}\times100\% \tag{8}$$

由于研究所构建的城市综合实力指标体系具备变量指标多、数据量大的特点,并且各变量之间还存在着一定的相互关联,难以直接进行综合分析,因此研究选用灰色理论对城市综合实力指标体系进行灰色综合评价和灰色聚类研究,研究运算所取得最大值$\max\limits_{i}Y_{ik}$、最小值$\min\limits_{i}Y_{ik}$为全面板数据统计结果,从而将29项指标转化为灰色关联得分的综合变量进行考量。

参考曾鹏(2008b)的相关研究,第一,对各项数据进行无量纲化处理,从而将各类指标数据转化为0—1的标准值,研究选取最优参照数列作为参照(数据为1),通过对比无量纲化后的数据与最优参照数列的灰色关联度来分析城市与理想最优模型的差距,灰色关联度越高说明城市的综合实力越强。

第二,通过公式(9)计算灰色关联系数$\zeta_i(k)$。

$$\zeta_i(k)=\frac{\min\limits_{i}\min\limits_{k}|X_0(k)-X_i(k)|+\delta\max\limits_{i}\max\limits_{k}|X_0(k)-X_i(k)|}{|X_0(k)-X_i(k)|+\delta\max\limits_{i}\max\limits_{k}|X_0(k)-X_i(k)|} \tag{9}$$

其中,δ为分辨系数;$\delta\in[0,1]$,通常取0.5;$X_0(k)$为研究数列;$X_i(k)$为参照数列。

第三,通过公式(10)计算各项指标的灰色关联系数。

$$\overline{t_i}=\frac{1}{n}\sum_{i=1}^{n}\zeta_i(k),i=1,2,\cdots,n \tag{10}$$

第四,通过公式(11)计算各项指标在综合评价中的权重。

$$r_i=\frac{\overline{r_i}}{\sum\limits_{k=1}^{m}\overline{r_i}},k=1,2,\cdots,m \tag{11}$$

第五,通过公式(12)对城市综合实力得分进行计算。

$$q_e=\sum_{k=1}^{m}r_ix_i(k),k=1,2,\cdots,m \tag{12}$$

(三)空间坐标法求解城市之间距离

基于“物理场”的相关概念,物体会形成特定的能量场并产生相互之间的作用影响。在引力场中物体受到相互之间引力推动,在电磁场中电子之间的运动受到势能积极性的影响,物理学中所研究的场环境下的物体之间的距离通常都是其直接距离。在经济空间场中,城市之间的集聚—扩散效应是以地理实体作为传播媒介,其不仅受到空间距离的阻碍产生损耗,也受到不同场环境中的性质制约。因此研究认为,在空间信息场叠加模型中城市之间、不同区位之间也存在着空间场中能量分布不均衡的情况,进行集聚—扩散效应必须克服空间距离所形成的阻力。基于上述原因,研究通过地表欧式空间投影来表征城市之间、不同区位之间的距离,研究认为城市间最小成本距离是进行集聚—扩散时克服地理距离阻力、能量不均衡的最优选择。

参考曾鹏(2011)的相关研究,对各个城市之间的最短距离 d_{ij}(欧氏距离)可以通过各个城市间的经纬度和地球半径来进行计算。

$$S=2\arcsin\sqrt{\sin^2\left(\frac{(\mathrm{Lat1}-\mathrm{Lat2})\times\pi}{360}\right)+\cos\left(\frac{\mathrm{Lat1}\times\pi}{180}\right)\times\cos\left(\frac{\mathrm{Lat2}\times\pi}{180}\right)\sin^2\left(\frac{(\mathrm{Long1}-\mathrm{Long2})\times\pi}{360}\right)}\times 6378.137 \tag{13}$$

其中,*Lat*、*Long* 分别表示城市的纬度和经度(研究以各城市政府所在位置为城市的圆心,通过城市政府的经纬度信息进行计量,研究应用谷歌地球软件获取城市圆心点经纬度信息),考虑到地球经纬度为矢量,因此研究设定东经、北纬为正值。6378.137 是地球的半径,单位是千米。

五、模型测算

(一)城市边界计算

研究基于所构建的城市集聚—扩散效应空间信息场叠加模型和城市综合实力指标体系,对中国地级及以上城市的集聚—扩散效应形成的场叠加最优半径边界及承载力进行测算。研究数据来自《中国城市统计年鉴(2001—2017年)》,进而对2000—2016年以来我国行政级别保持稳定的260个地级及以上城市进行分析测算。研究首先通过灰色关联度的方法对城市综合实力进行测算(表略),进而得到式(6)中的 q_e。研究进一步对城市集聚—扩散效应空间信息场叠加模型进行求解。

假设:

$$y=k\frac{q_{je}}{r^2}-\sum_{\substack{i=1\\i\neq j}}^{n}k\frac{q_{ie}}{(S_{ij}-r)^2} \tag{14}$$

令 $y=0$,运用 MATLAB 软件编程进行求解,最终得到城市集聚—扩散效应空间信息场叠加模型下合理空间资源配置的城市最优半径。

需要特别说明的是:计算平均值能够得到全国城市样本边界及承载力的集中区间,从而对中国城市边界及承载力综合发展水平进行评估;计算中位数能够得到全国城市样本边界及承载力的分布标志值,反映出中国城市边界及承载力实际发展分布情况;计算众数能够得到全国城市样本边界及承载力的数据密度,得到不同城市边界及承载力中出现频率最高的数据,可以进一步准确定位数据的分布;计算标准差能够得到全国城市样本边界及承载力的偏离系数,得到各城市边界及承载力相对平均数值差距,进而确定指标数据整体的偏离度;计算极差及最小值、最大值能够得到全国城市样本边界及承载力的分布区间,反映出不同城市边界及承载力数据间差距。同时,研究进一步对2000—2016年的相关指标数据进行平均值分析从而对中国城市边界及承载力的变化趋势及幅度进行综合统计。

表2、3、4、5分别为全国、东部、中部、西部地区城市集聚—扩散效应空间信息场叠加模型下空间资源配置城市边界的相关指标描述。(由于篇幅所限,具体2000—2016年各城市边界统计结果略。)

表2　　**全国城市边界相关指标**　　单位:千米

年份	集中区间(平均数)	分布标志值(中位数)	数据密度(众数)	偏离度(标准差)	分布区间(极差)	最小值	最大值	观测数
2000	25.34	21.20	28.01	12.00	86.39	3.86	90.24	260
2001	25.32	21.20	28.01	12.01	86.39	3.85	90.24	260
2002	25.32	21.20	28.01	12.01	86.39	3.85	90.24	260
2003	25.33	21.20	28.01	12.00	86.38	3.86	90.24	260
2004	25.32	21.20	28.01	12.01	86.38	3.86	90.24	260
2005	25.34	21.20	28.00	12.01	86.37	3.87	90.24	260
2006	25.43	21.20	28.01	12.39	86.37	3.87	90.24	260
2007	25.39	21.20	28.01	12.40	86.37	3.88	90.24	260
2008	25.37	21.20	28.01	12.37	86.36	3.88	90.24	260
2009	25.38	21.20	28.01	12.37	86.36	3.88	90.24	260
2010	25.38	21.20	28.01	12.37	86.36	3.89	90.24	260
2011	25.38	21.29	28.01	12.37	86.35	3.89	90.24	260
2012	25.40	21.20	28.01	12.36	86.35	3.89	90.24	260
2013	25.39	21.20	28.01	12.36	86.35	3.89	90.24	260
2014	25.38	21.20	28.00	12.37	86.35	3.90	90.24	260
2015	25.42	21.20	28.01	12.39	86.34	3.90	90.24	260
2016	25.44	21.20	21.18	12.42	86.34	3.90	90.24	260
平均	25.37	21.20	27.29	12.25	86.36	3.88	90.24	260

从表2可以看到,全国大部分城市的城市边界范围集中区间保持在20千米的水平,城市边界范围的分布区间较大,说明全国范围内不同区位条件、不同发展规模城市之间的聚集与扩散能力存在较大差异。

表3　　**东部地区城市边界相关指标**　　单位:千米

年份	集中区间(平均数)	分布标志值(中位数)	数据密度(众数)	偏离度(标准差)	分布区间(极差)	最小值	最大值	观测数
2000	22.19	21.18	21.18	7.10	41.05	9.18	50.23	100

续表

年份	集中区间（平均数）	分布标志值（中位数）	数据密度（众数）	偏离度（标准差）	分布区间（极差）	最小值	最大值	观测数
2001	22.19	21.18	21.18	7.11	41.07	9.16	50.23	100
2002	22.19	21.18	21.18	7.11	41.07	9.16	50.23	100
2003	22.14	21.18	21.18	7.07	41.13	9.10	50.23	100
2004	22.11	21.18	21.18	7.09	41.17	9.06	50.23	100
2005	22.19	21.18	28.01	7.11	41.20	9.03	50.23	100
2006	22.12	21.18	28.00	7.10	41.19	9.04	50.23	100
2007	22.10	21.18	28.00	7.11	41.23	9.00	50.23	100
2008	22.01	21.18	28.00	6.95	41.27	8.96	50.23	100
2009	22.00	21.18	21.18	6.95	41.28	8.95	50.23	100
2010	21.98	21.18	28.00	6.96	41.32	8.91	50.23	100
2011	21.98	21.18	28.00	6.97	41.35	8.88	50.23	100
2012	22.01	21.17	28.00	6.96	41.39	8.84	50.23	100
2013	22.00	21.17	28.00	6.96	41.44	8.79	50.23	100
2014	21.97	21.17	28.00	6.97	41.46	8.77	50.23	100
2015	21.98	21.17	28.00	6.96	41.54	8.69	50.23	100
2016	22.07	21.17	28.01	7.12	41.58	8.65	50.23	100
平均	22.07	21.18	25.59	7.03	41.28	8.95	50.23	100

从表 3 可以看到，东部地区城市边界范围数值集中区间相较全国整体水平出现了下降，说明东部地区各城市的集聚—扩散效应发展均处在较高水平，地区内城市密集度较高。东部地区内各城市边界范围分布区间较小，偏离度数值较小，说明地区整体的发展和集聚扩散能力发展均衡。

表 4 **中部地区城市边界相关指标** 单位：千米

年份	集中区间（平均数）	分布标志值（中位数）	数据密度（众数）	偏离度（标准差）	分布区间（极差）	最小值	最大值	观测数
2000	24.10	21.18	21.18	10.83	86.38	3.86	90.24	99
2001	24.04	21.18	21.18	10.82	86.38	3.85	90.24	99
2002	24.04	21.18	21.18	10.82	86.38	3.85	90.24	99
2003	24.11	21.18	15.65	10.83	86.38	3.86	90.24	99

续表

年份	集中区间（平均数）	分布标志值（中位数）	数据密度（众数）	偏离度（标准差）	分布区间（极差）	最小值	最大值	观测数
2004	24.09	21.18	15.65	10.84	86.37	3.86	90.24	99
2005	24.07	21.18	27.99	10.85	86.36	3.87	90.24	99
2006	24.16	21.18	15.65	10.84	86.36	3.87	90.24	99
2007	24.08	21.18	28.00	10.84	86.36	3.88	90.24	99
2008	24.13	21.18	28.00	10.86	86.35	3.88	90.24	99
2009	24.14	21.18	28.00	10.85	86.36	3.88	90.24	99
2010	24.18	21.18	28.00	10.83	86.35	3.89	90.24	99
2011	24.18	21.18	28.00	10.83	86.35	3.89	90.24	99
2012	24.19	21.19	28.01	10.83	86.35	3.89	90.24	99
2013	24.20	21.18	28.01	10.82	86.34	3.89	90.24	99
2014	24.19	21.18	28.01	10.83	86.34	3.90	90.24	99
2015	24.27	21.18	28.00	10.92	86.34	3.90	90.24	99
2016	24.29	21.18	21.18	10.90	86.33	3.90	90.24	99
平均	24.27	21.18	28.00	10.92	86.34	3.90	90.24	99

从表 4 可以看到，中部地区城市边界范围集中区间数值低于全国整体水平，说明地区内城市的集聚效应也高于扩散效应，地区内城市的扩散效应受到各类因素的影响而小于全国整体水平。城市边界范围分布区间较大，说明地区内各城市的区位条件、发展差距明显。

表 5　　西部地区城市边界相关指标　　单位：千米

年份	集中区间（平均数）	分布标志值（中位数）	数据密度（众数）	偏离度（标准差）	分布区间（极差）	最小值	最大值	观测数
2000	32.54	28.01	28.01	16.60	79.32	10.92	90.24	61
2001	32.53	28.01	28.01	16.61	79.35	10.89	90.24	61
2002	32.53	28.01	28.01	16.61	79.35	10.89	90.24	61
2003	32.53	28.01	28.01	16.60	79.36	10.88	90.24	61
2004	32.56	28.01	28.01	16.58	79.37	10.88	90.24	61
2005	32.58	28.01	37.95	16.57	79.40	10.85	90.24	61
2006	32.92	28.01	37.95	17.58	79.40	10.85	90.24	61

续表

年份	集中区间（平均数）	分布标志值（中位数）	数据密度（众数）	偏离度（标准差）	分布区间（极差）	最小值	最大值	观测数
2007	32.91	28.01	37.95	17.59	79.43	10.82	90.24	61
2008	32.91	28.01	37.95	17.59	79.43	10.82	90.24	61
2009	32.92	28.01	37.95	17.58	79.46	10.78	90.24	61
2010	32.92	28.01	37.95	17.59	79.42	10.82	90.24	61
2011	32.91	28.01	37.95	17.59	79.47	10.77	90.24	61
2012	32.92	28.01	28.00	17.59	79.49	10.75	90.24	61
2013	32.90	28.01	28.00	17.60	79.48	10.76	90.24	61
2014	32.90	28.01	37.95	17.60	79.49	10.75	90.24	61
2015	32.90	28.01	28.01	17.60	79.52	10.72	90.24	61
2016	32.84	28.01	28.01	17.64	79.49	10.75	90.24	61
平均	32.90	28.01	28.01	17.60	79.52	10.72	90.24	61

从表5可以看到，西部地区城市边界范围在集中区间、分布标志值、数据密度、偏离度、分布区间等数据均高于全国整体水平，说明西部地区由于其内部城市数量较少、土地广阔、城市发展差距较大，使得城市的扩散能力和辐射规模较大。

研究进一步对全国范围内集聚—扩散效应下的城市边界进行分析，可以得出以下特征：

第一，在全国范围内城市边界分布集中，城市边界变化趋势较小，城市间差异较小。就全国整体而言，大部分城市边界集中在20—30千米的范围，城市边界在2000—2016年间幅度较小，说明在全国视域下的城市集聚—扩散效应保持平稳，城市边界及城市规模并未出现大范围、大幅度的变化。

第二，东部地区城市边界保持稳定，城市集聚—扩散效应保持平稳。东部地区城市边界稍小，但其偏离度远低于全国水平，说明各城市的边界更为集中地落在20—30千米的范围内。同时东部地区城市边界分布区间较小，更说明东部地区城市边界范围水平较高，城市间差异较小。

第三，中部地区城市间边界差异性大，城市集聚—扩散效应发展不均衡。中部地区城市边界范围也处于稍小的水平，其偏离度与全国整体水平相似。中部地区城市边界分布区间最大，全国范围内城市边界最小值、最大值均落在中部地区，说明其不同区位城市集聚—扩散效应发展差异性较大。

第四，西部地区城市整体边界发展水平较低，城市边界范围小。西部地区城市边界范围数值较大,但其偏离度也较高,说明城市边界的分布较为离散,其边界特征不清晰。进一步分析看到西部地区城市边界最小值较高,其最大值与中部地区相似,说明西部地区城市边界整体水平要高于东中部地区,凭借西部广阔的土地资源空间,其扩散效应发展良好。

(二)城市承载力计算

通过空间信息场叠加模型可以得到城市集聚—扩散效应对应的城市最优半径,以最优半径 r 为半径所形成的圆形面积可以表征为城市的聚集与扩散效应实际承载力范围。基于空间信息场叠加模型的城市边界大小,反映出城市在自身和外界共同作用下集聚—扩散效应的平衡结果。计算公式如下:

$$S_{\text{有效}}=\pi \cdot r^2 \tag{15}$$

通过运用空间信息场叠加模型对城市集聚—扩散效应下的城市最优半径进行求解发现,各类城市的最优半径集中区间相似,一方面说明东部地区城市之间的聚集与扩散效应相互作用使其最优半径和城市边界扩张受到限制,另一方面也说明城市之间的发展差异还可以通过同等边界规模下的承载力来体现。各类城市的综合实力差距较大,但由于各城市的发展阶段、区位条件不同,城市的最优半径及城市边界并不能完全表征其集聚—扩散效应,城市的集聚—扩散效应还与其承载力相关。因此研究通过构建单位面积下的城市集聚—扩散效应有效作用厚度对其承载力水平进行测算。计算公式如下:

$$E_d=\frac{q_e}{S_{\text{有效}}} \tag{16}$$

表 6、7、8、9 为全国、东部、中部、西部地区城市集聚—扩散效应空间信息场叠加模型城市承载力的相关指标描述,统计指标中数据密度频率过密,无法纳入统计结果显示。(由于篇幅所限,具体 2000—2016 年各城市承载力统计结果略。)

表 6　　全国城市承载力相关指标

单位:1×10^{-4} 综合实力/平方千米

年份	集中区间(平均数)	分布标志值(中位数)	偏离度(标准差)	分布区间(极差)	最小值	最大值	观测数
2000	3.33	2.43	6.82	77.46	0.14	77.60	260
2001	3.35	2.43	6.86	77.94	0.14	78.07	260
2002	3.36	2.44	6.87	78.08	0.14	78.22	260
2003	3.38	2.45	6.89	78.24	0.14	78.37	260
2004	3.40	2.45	6.87	78.08	0.14	78.22	260
2005	3.40	2.45	6.79	77.42	0.14	77.55	260

续表

年份	集中区间（平均数）	分布标志值（中位数）	偏离度（标准差）	分布区间（极差）	最小值	最大值	观测数
2006	3.43	2.47	6.82	77.77	0.14	77.90	260
2007	3.46	2.48	6.83	77.75	0.14	77.88	260
2008	3.48	2.48	6.83	77.45	0.14	77.59	260
2009	3.49	2.50	6.88	77.97	0.14	78.10	260
2010	3.51	2.51	6.89	78.01	0.14	78.14	260
2011	3.54	2.53	6.92	78.27	0.14	78.41	260
2012	3.54	2.52	6.93	78.30	0.14	78.43	260
2013	3.56	2.53	6.96	78.25	0.14	78.38	260
2014	3.59	2.55	7.01	78.43	0.14	78.56	260
2015	3.60	2.56	7.01	78.35	0.14	78.48	260
2016	3.62	2.58	7.02	78.13	0.14	78.26	260
平均	3.47	2.49	6.89	77.99	0.14	78.13	260

从表6可以看到，中国整体城市的承载力水平集中区间数值保持在 3×10^{-4} 综合实力/平方千米。各城市之间的承载力水平分布区间较大，说明在全国范围内处在不同区位条件、不同发展阶段、不同环境现状城市随着集聚—扩散效应使得其内部的承载力差距较大。

表7　　东部地区城市承载力相关指标　单位：1×10^{-4} 综合实力/平方千米

年份	集中区间（平均数）	分布标志值（中位数）	偏离度（标准差）	分布区间（极差）	最小值	最大值	观测数
2000	3.34	2.54	2.76	14.84	0.48	15.31	100
2001	3.36	2.57	2.79	15.06	0.48	15.54	100
2002	3.37	2.58	2.80	15.25	0.48	15.73	100
2003	3.41	2.61	2.84	15.78	0.47	16.25	100
2004	3.45	2.63	2.89	16.22	0.47	16.69	100
2005	3.46	2.63	2.93	16.65	0.47	17.12	100
2006	3.51	2.66	2.97	16.63	0.48	17.11	100
2007	3.55	2.72	3.03	17.10	0.48	17.58	100
2008	3.58	2.73	3.05	17.57	0.48	18.05	100

续表

年份	集中区间(平均数)	分布标志值(中位数)	偏离度(标准差)	分布区间(极差)	最小值	最大值	观测数
2009	3.60	2.73	3.07	17.80	0.48	18.28	100
2010	3.65	2.76	3.13	18.36	0.48	18.84	100
2011	3.68	2.79	3.17	18.83	0.49	19.33	100
2012	3.69	2.81	3.19	19.30	0.49	19.79	100
2013	3.73	2.82	3.25	20.07	0.49	20.56	100
2014	3.76	2.84	3.28	20.41	0.50	20.91	100
2015	3.79	2.84	3.37	21.49	0.50	21.99	100
2016	3.81	2.85	3.42	22.19	0.50	22.69	100
平均	3.57	2.71	3.06	17.86	0.48	18.34	100

从表 7 可以看到,东部地区城市承载力集中区间数值要略高于全国整体水平,城市之间并未出现由于集聚—扩散效应相互挤压导致承载力过高的现象。城市之间的承载力分布区间较小,说明城市间承载力情况差距较小,城市发展水平趋于一致。

表 8　　中部地区城市承载力相关指标　单位:1×10^{-4} 综合实力/平方千米

年份	集中区间(平均数)	分布标志值(中位数)	偏离度(标准差)	分布区间(极差)	最小值	最大值	观测数
2000	4.28	2.47	10.53	77.46	0.14	77.60	99
2001	4.31	2.48	10.59	77.94	0.14	78.07	99
2002	4.32	2.49	10.62	78.08	0.14	78.22	99
2003	4.33	2.50	10.62	78.24	0.14	78.37	99
2004	4.34	2.49	10.59	78.08	0.14	78.22	99
2005	4.34	2.49	10.42	77.42	0.14	77.55	99
2006	4.34	2.50	10.48	77.77	0.14	77.90	99
2007	4.37	2.51	10.47	77.75	0.14	77.88	99
2008	4.38	2.52	10.46	77.45	0.14	77.59	99
2009	4.40	2.53	10.54	77.97	0.14	78.10	99
2010	4.40	2.54	10.54	78.01	0.14	78.14	99
2011	4.42	2.55	10.57	78.27	0.14	78.41	99

续表

年份	集中区间（平均数）	分布标志值（中位数）	偏离度（标准差）	分布区间（极差）	最小值	最大值	观测数
2012	4.42	2.56	10.58	78.30	0.14	78.43	99
2013	4.44	2.57	10.62	78.25	0.14	78.38	99
2014	4.46	2.58	10.69	78.43	0.14	78.56	99
2015	4.46	2.59	10.66	78.35	0.14	78.48	99
2016	4.46	2.59	10.66	78.13	0.14	78.26	99
平均	4.38	2.53	10.57	77.99	0.14	78.13	99

从表8可以看到，中部地区城市承载力集中区间数值较高，城市间承载力分布区间较大，说明中部地区土地资源紧缺、空间结构失衡的问题日益显著。

表9 **西部地区城市承载力相关指标** 单位：1×10^{-4} 综合实力/平方千米

年份	集中区间（平均数）	分布标志值（中位数）	偏离度（标准差）	分布区间（极差）	最小值	最大值	观测数
2000	1.77	1.42	1.70	10.09	0.15	10.24	61
2001	1.78	1.42	1.71	10.20	0.15	10.35	61
2002	1.79	1.42	1.72	10.27	0.15	10.42	61
2003	1.79	1.43	1.73	10.39	0.16	10.55	61
2004	1.79	1.43	1.73	10.46	0.16	10.62	61
2005	1.80	1.44	1.75	10.70	0.16	10.86	61
2006	1.81	1.45	1.76	10.80	0.14	10.93	61
2007	1.82	1.45	1.78	11.00	0.14	11.14	61
2008	1.83	1.46	1.79	11.07	0.14	11.20	61
2009	1.84	1.46	1.81	11.27	0.14	11.41	61
2010	1.85	1.46	1.82	11.31	0.14	11.44	61
2011	1.87	1.47	1.83	11.46	0.14	11.60	61
2012	1.87	1.48	1.85	11.63	0.14	11.76	61
2013	1.89	1.48	1.87	11.74	0.14	11.87	61
2014	1.90	1.49	1.88	11.85	0.14	11.99	61
2015	1.90	1.49	1.90	12.02	0.14	12.16	61
2016	1.93	1.50	1.92	11.98	0.14	12.12	61
平均	1.84	1.46	1.80	11.07	0.14	11.22	61

从表9可以看到，西部地区的城市承载力集中区间数值较小，一方面说明其由于城市结构松散、空间资源丰富使得城市的扩散效应突出，其集聚水平和

城市承载力不具备优势;另一方面也说明西部地区城市资源集聚能力、城市综合实力较弱,其在单位面积上的承载力水平亟待强化,需要高效利用其土地资源。

研究进一步对全国范围内集聚—扩散效应下的城市承载力进行分析,可以得出以下特征:

第一,全国范围内城市承载力差异性较大,各地区之间在城市单位承载力水平上形成了明显差距。就全国整体而言,城市承载力集中在 2×10^{-4}—3×10^{-4} 综合实力/平方千米,城市承载力在2000—2016年间保持稳定,说明在全国范围内大部分城市的集聚效应与承载力水平并未出现明显变化,其集聚效应与扩散效应的平衡保持了绝大部分城市承载力的平稳性。就全国范围分析,城市承载力分布区间极广,说明不同城市的承载力水平出现了较大差异。

第二,东部地区城市承载力分布集中,承载力水平处于优势。东部地区城市承载力水平略高,其偏离度较低,说明城市承载力密集地落在 2×10^{-4}—3×10^{-4} 综合实力/平方千米的范围内。东部地区城市承载力分布区间较小,并未出现承载力过高的城市。

第三,中部地区城市承载力压力较大,城市间承载力水平差异显著。中部地区城市承载力较高,分布集中在 4×10^{-4}—5×10^{-4} 综合实力/平方千米的范围内,但其偏离度数值较大,说明中部地区城市承载力水平偏向离散,其分布特征并不清晰。进一步分析看到,中部地区承载力分布区间差距极大,全国范围内最小值、最大值均落在中部地区,说明中部地区城市间承载力分布呈现出极不均衡的特征。

第四,西部地区城市单位承载力水平较低,城市承载能力较弱。西部地区城市承载力数值较小,偏离度也较低,说明城市承载力分布集中在 1×10^{-4}—2×10^{-4} 综合实力/平方千米的范围内,地区整体承载力水平偏低。西部地区承载力分布区间较窄,进一步说明了其各城市承载力分布集中且水平较低的特征。

六、研究发现与讨论

(一)研究发现

通过构建城市集聚—扩散效应,即空间信息场叠加模型下的中国城市空间资源配置研究,可以得到以下研究发现:第一,东部地区城市边界与承载力适中,城市之间未出现空间挤压的现象,城市集聚—扩散效应发展水平良好。第二,中部地区城市集聚规模过高,扩散能力受到空间规模限制,城市之间发展存在空间结构问题,其集聚—扩散效应发展面临阻碍。第三,西部地区城市扩散能力突出,城市集聚能力与承载力较弱,城市空间资源配置能力较差,实际集聚—扩散效果较弱。

(二)讨论

行文至此,研究已经从文献分析、理论框架、模型实证三个层面对城市集聚—扩散效应进行了分析,接下来针对上述研究发现进行进一步讨论。

第一,东部地区城市集聚—扩散效应发展水平与其综合实力保持一致,处于全国优势地位。与全国整体水平相比,东部地区城市边界范围稍小,地区内城市密集度较高对其集聚—扩散效应形成了影响。东部地区各城市边界范围差距较小,说明由于东部地区在整体发展水平上处于全国领先水平,各城市在改革开放之后得到了充分发展,地区内城市集聚—扩散效应整体水平较高。基于研究构建的城市集聚—扩散效应作用机理及演化规律进行分析,东部地区城市间集聚—扩散效应结构稳定,随着集聚—扩散效应的良好发展状态,地区一体化水平较高,地区整体空间结构趋近合理。东部地区城市承载力略高于全国整体水平,说明地区内各城市并未产生严重的空间挤压现象,地区逐步形成区域性的城市群、经济区、经济带各城市的集聚—扩散效应处在良性发展阶段。结合集聚扩散效应理论及研究对城市集聚—扩散效应的理论分析,地区空间结构产生的变化实际上就是地区集聚—扩散效应的结果,东部地区城市集聚—扩散效应发展水平与其综合实力的一致性也反映出这一现象,集聚—扩散效应可以不断推动区域空间一体化形成(邓祖涛、周玉翠等,2014)。东部地区城市在边界和承载力上的平稳适中,说明城市的集聚效应与扩散效应发展相对平衡,一方面说明地区内各城市间的空间结构趋近合理,城市间的集聚—扩散效应并未产生明显的相互阻碍;另一方面也说明地区内各城市其综合实力差距较小,城市间集聚能力较强。研究通过对城市集聚—扩散效应作用机理及演化规律的分析认为城市集聚—扩散是一个不断演化的过程,东部地区在综合实力上的优势使得其集聚能力提升,各类要素在地区内集中。但随着经济集聚带来的成本提升,城市压力使得人口、产业、各类要素开始出现向外扩散的需求。地区扩散效应辐射能力不断对周边地区形成影响,进而形成更大范围的城市集聚—扩散效应,从而实现对地区经济、人口、产业、各类要素的空间结构重组,进而对地区综合实力发展和集聚—扩散效应形成了协调共进的关系。

第二,中部地区城市集聚—扩散效应面临空间资源限制和城镇体系结构阻碍,各城市出现空间挤压现象。与全国整体水平相比,中部地区城市边界范围稍小,各城市间边界范围差异较大,一方面说明地区内城市过密,对城市集聚—扩散效应形成影响;另一方面说明中部地区内部各城市受限于不同的区位条件、发展阶段导致其集聚—扩散效应水平、城市综合实力差距较大。研究通过对城市集聚—扩散效应作用机理及演化规律的分析认为城市集聚—扩散效应对空间的影响是逐步进行的,就中部地区而言,其内部各类要素的集聚存在不平衡,地区内空间资源的限制促使其经济地理、人文地理的不平衡,最终导致其自然地理发展的均质性较差。地区内城市间发展形成了相互阻碍,地区未来空间发展亟待进行科学调整。中部地区城市承载力较高,说明地区内城市空间资源稀缺、城市数量过密、城市分布不均衡,各城市的扩散能力受到抑制,使得城市间的集聚—扩散效应发展水平差距也较为明显,城市间关系对其集聚—扩散效应形成了显著影响。研究通过对城市集聚—扩散效应作用机理及演化规律的分析认为各城市的集聚—扩散效应应当保持适度范围,可以通过求解得到城市边界范围客观最优数值,而这一数值只与地区整体集聚—扩散效应、综合实力发展水平有关(孙祥栋、郑艳婷等,2015)。因此,中部地区面临城市集聚—扩散效应发展时应当注重对各城市边界范围的控制,将调整城市间关系放在首位,保持各城市合理适度空间发展。新经济地理学也认为城市的集聚效应并不能无限制进行,城市的发展是一个循环积累的过程,城市的扩散效应受到其自身集聚效应和外部经济的阻碍(陈建军、胡晨光,2008)。中部地区内城市密集、城市规模差异较大、区位因素影响较大、空间资源稀缺,使得其城市扩散效应客观上受到限制,导致城市边界范围较小,城市承载力较高。根据点轴开发理论的观点增长极与交通线是集聚—扩散效应空间传递的最优形式(Luis,2016),中部地区应当对其内部城市规模、空间结构、等级体系、交通网络进行梳理,从而实现对其集聚—扩散效应的优化,避免各城市之间的空间挤压、各城市集聚—扩散效应的相互反作用。

第三,西部地区城市集聚—扩散效应较弱,城市综合实力、城市规模、等级结构均不具备优势。与全国整体水平相比,地区内由于城市数量较少、空间结构松散、城市间发展差距较大使得其城市的扩散辐射能力显著,各城市之间集聚—扩散效应相互作用较弱。西部地区城市边界范围较大,西部地区一方面属于经济后发地区,整体经济发展水平滞后(邓祥征、钟海玥等,2013);另一方面西部地区资源条件、空间结构优势突出,存在巨大的发展潜力(He,Song,Liu,et al.,2017)。因此西部地区面临的问题既是多方面、多维度的,又是全局性、系统性的。西部地区城市承载力较低,与东、中部地区形成了较大差距。由于西部地区城市之间的集聚—扩散效应较弱,城市边界范围较广导致其单位面积的承载力水平较低。研究在对城市集聚—扩散效应理论框架的构建中发现城市集聚—扩散效应是城市内部各类要素(包含自然属性、社会属性)在空间上运动的统一结果,结合空间经济学视域的理解,地区的经济社会发展依赖于各类要素的空间集聚—扩散,两者是相互促进的关系,西部地区城市综合实力与集聚—扩散效应均处于较低水平,解决这一问题应当注重促进地区对各类要素的吸引能力,通过提升地区城市的集聚能力以促进其综合实力的发展,最终形成对扩散效应的发展形成循环推动模式。另外,西部地区也存在城市综合实力较弱的问题，结合研究在对城市扩散效应理论框架的分析，认为城市综合实力与其集聚—扩散效应是直接相关的，一方面城市集聚—扩散效应是其综合实力在空间属性上的表征；另一方面具备良好区位优势、综合实力的城市在吸引、接受核心城市、优势地区辐射扩散的能力更强。随着东、中部地区的集聚—扩散效应由于其空间资源受限，人口、产业、各类要素将会出现更大范围的扩散辐射从而向西部地区转移，全国范围内的集聚—扩散效应是实现经济协调发展、缩小地区差距的基础（武勇杰、张梅青，2017）。结合新古典区位理论和空间经济集聚理论，地区资源禀赋和劳动力流动是集聚—扩散效应的发展基础（陈景新、王云峰，2014），西部地区要实现更高水平的集聚—扩散效应、提升其综合实力应当充分结合其区位条件、资源优势，创造更为宽松、适应地区发展的政策环境。

研究通过建立城市综合实力评估指标体系，构建空间信息场叠加模型实现对基于集聚—扩散效应的空间资源配置城市边界及承载力的定量研究，进而对中国城市集聚—扩散效应、城市空间资源配置、城市边界及承载力的变化规律及趋势进行了研究分析。研究虽然构建了庞大的统计指标并运用软件程序开发的方式进行复杂的数据运算，但仍旧有一些不足。一方面，研究对各城市间的近距离考虑是通过所在政府的经纬度设定圆心，与城市实际地理状况、交通状况存在一定差距；另一方面，研究对城市综合实力的测算受限于现有统计口径，指标体系设计和数据来源还有优化提升的空间。

建立在研究基础上，接下来可以将空间信息场叠加模型与空间信息系统软件进行结合，将我国各地区城市实际地理状况纳入考量范畴，并对空间信息场叠加模型进行二次开发，从而进一步对地区及城市空间治理、行政区划设置等问题展开研究。

七、政策含义及政策建议

（一）政策含义

进行城市集聚—扩散效应：空间信息场叠加模型下的中国城市空间资源配置研究，通过研究发现可以得到以下政策含义：第一，研究为评估我国城市集聚—扩散效应、空间资源配置的协调关系提供了理论论证及实证支撑，为城市空间治理提供了新角度、新方向。第二，探究进行城市边界及承载力问题研究的可行性与必要性，为进一步完善地区空间治理、行政区划设置提供了理论与实证层面的验证。第三，研究为政府根据各城市综合实力发展阶段进行地区空间结构调整、城市边界界定、城市关系梳理、城市承载力优化提供了实践路径选择。

(二)政策建议

第一,应当以集聚—扩散视域协调城市综合实力发展与空间资源配置下城市边界、承载力的关系。研究发现,城市的集聚—扩散效应发展水平是城市综合实力在空间结构上的体现,各城市在边界范围、承载力水平、城市关系上的问题实际上就是各地区城市综合实力发展集聚—扩散效应时的相互作用。因此,应当将城市集聚—扩散效应与地区空间结构建设进行协调,将城市集聚—扩散效应纳入空间治理范畴。东部地区应当进一步提升其城市集聚能力,扩大中心城市的扩散辐射范围。以空间结构重组、优化资源分配、梳理城镇体系作为新常态下寻找新兴增长极,保持经济社会平稳发展的重要治理方向。东部地区应当充分利用其在城市综合实力上的优势,一方面实现更高水平的集聚—扩散效应,作为国家示范区、实验点进一步研究城市边界和城市承载力演化规律;另一方面,东部地区应当更为深入地协调城市综合实力、城市集聚—扩散效应、城市边界、城市承载力之间的关系机理,进而构建符合国情和发展需要的中国特色城市集聚—扩散效应理论研究与应用。中部地区应当重视对地区内部城市关系的梳理,一方面提升地区土地利用率,清晰界定各城市的边界范围避免形成冲突;另一方面应当充分研究对行政区划进行调整,研究对部分发展滞后市县的整合。西部地区应当将增强自身综合实力和集聚能力作为发展的当务之急(曾鹏、向丽,2015),一方面要充分利用来自东、中部地区形成的扩散辐射能力的带动作用,形成更高水平的集聚效应;另一方面要充分发挥区位优势,创造适宜经济社会发展的宽松政策环境。

第二,应当以集聚—扩散效应与城市空间资源配置视域将城市边界及承载力研究制度化、系统化、规范化。政府应当动态掌握中国各城市的集聚—扩散效应发展水平、空间资源配置、城市边界、承载力的演化规律,进而指导城市行政区划设置和发展规划制定实施。研究发现,我国各地区各城市综合实力、城市集聚—扩散效应发展水平、城市空间资源配置、城市边界范围、城市承载力差异较大,特别是中、西部地区这一特征更为显著。研究还发现东部地区城市综合实力与集聚扩散效应之间协调关系较为良好,中部地区各城市之间出现了空间挤压,西部地区集聚—扩散效应发展水平较为滞后,说明各地区各城市在城市边界和承载力上目前的发展阶段、面临的问题、选择的发展路径存在较大差异。因此,政府应当积极展开对城市边界及承载力的评估工作,并制定相应的评估标准体系,实现对各地区各城市聚集与扩散效应、城市空间资源配置、城市边界、城市承载力的动态化数据分析,进而更好地协调各地区的经济社会发展关系,促进城市综合实力提升。政府应当研究制定和完善一整套城市集聚—扩散评估体系,并将城市边界及承载力的研究与集聚—扩散效应、城市空间资源配置进行紧密联系,实现对城市边界及承载力的实际测算、实际评估、实际应用、实际治理。政府还应当在此基础上对城市边界及承载力的研究结合地质学、政治学、民族学、社会学等多维度学科,形成对城市边界及承载力问题的科学评估判断,结合行政区划设置将城市边界与承载力研究制度化、系统化、规范化,从而指导各地区各城市进行职能定位、行政区划设施、发展规划制定落实。

第三,应当以政府行政力量促进城市集聚—扩散效应发展,合理高效地利用地区空间资源。研究发现,各地区各城市的边界范围、承载力水平具有较大差异,城市集聚—扩散效应发展与地区空间结构、城镇体系建设有着紧密联系。因此,政府应当以行政区划设置的方式促进城市集聚—扩散效应的发展,以政府治理、政策制定的方式有效缩小地区间发展差距,促进地区一体化建设,探索地区空间发展的新形式。东部地区应当进一步强化各城市间的联系,一方面利用地区集聚—扩散效应良好的发展水平促进地区一体化建设;另一方面通过政府行政的方式为地区在新常态下转变经济增长方式、空间结构重组、城市群形成和发展提供政策支撑。中部地区应当以通过政府规划、空间治理的方式梳理城市关系,对各城市进行清晰的战略规划、职能定位,对城市边界范围进行整体性分析,一方面对现有的城市间空间挤压问题通过构建合理的城镇体系、规范城市规模的方式进行治理;另一方面对城市过密、城市间发展差距过大的问题通过行政区划调整、市县合并等方式进行优化。西部地区要实现更好水平的集聚—扩散效应,就应当构建合理完整的城镇体系,注重对次级辐射重心、中间规模城市的培养和发展(纪玉俊、刘英华,2015)。以提升城市综合实力为目标,科学规划城市边界、协调城市关系、优化城市承载力水平,是实现地区及各城市的发展规划目标要求、发挥职能定位、提升经济社会发展水平的重要途径。

参考文献

[1]A. Xepapadeas, 2013, Diffusion and Spatial Aspects. *Enclopedia of Energy, Natural Resourcem, and Environment Economics*. (2), pp. 277—285.

[2]Cui Zhang, 2016, Agglomeration of Knowledge Intensive Business Services and Urban Productivity. *Papers in Regional Science*. 95(4), pp. 801—818.

[3]David Bristow, Christopher Kennedy, 2015, Why Do Cities Grow? Insights from Nonequilibrium Thermo dynamics at the Urban and Global Scales. *Journal of Industrial Ecology*. 19(2), pp. 211—221.

[4] Diego Puga, 2010, The Magnitude and Causes of Agglomeration Economies. *Journal of Regional Science*. 50(1), pp. 203—219.

[5]Giulio Cainelli, Donato lacobucci, 2012, Agglomeration, Related Variety, and Vertical Integration. *Economic Geography*. (3), pp. 255—277.

[6]Jiaxun Liu, Ge Zhang, Zhuzhou Zhuang et al., 2017, A new perspective for urban development boundary delineation based on SLEUTH—InVEST model. *Habitat Interna-*

tional. (70), pp. 13—23.

[7]Luis Inostroza, 2016, Informal urban development in Latin American urban peripheries. Spatial assessment in Bogotá, Lima and Santiago de Chile. *Landscape and Urban Planning*. (165), pp. 267—279.

[8]Luyi Tong, Shougeng Hu, Amy E. , 2017, Frazier, Yansui Liu. Multi—order urban development model and sprawl patterns: An analysis in China, 2000—2010. *Landscape and Urban Planning*. (167), pp. 386—398.

[9]Michael Storper, Allen J. Scott, 2016, Current debates in urban theory: A critical aeerssment. *Urban Studies*. (6), pp. 1114—1136.

[10]Michael Beenstock, Daniel Felsenstein, 2010, Marshallian Theory of Regional Agglomeration. *Papers in Regional Science*. 89(1), pp. 155—172.

[11]Michael Storper, 2010, Agglomeration, Trade, and Spatial Development: Bringing Dynamics Back In. *Journal of Regional Science*. 50(1), pp. 313—342.

[12]Qingsong He, Yan Song, Yaolin Liu, et al. , 2017, Diffusion or coalescence? Urban growth pattern and change in 363 Chinese cities from 1995 to 2015. *Sustainable Cities and Society*. (35), pp. 729—739.

[13]Roberto Murcio, Suemi Rodríguez—Romo, 2011, Modeling Large Mexican Urban Metropolitan Areas by A Vicsek Szalay Approach. *Statistical Mechanics and Its Applications*. 390(16), pp. 2895—2903.

[14]Tarsha Eason, Ahjond S. , 2012, Garmestani. Cross—Scale Dynamics of a Regional Urban System Through Time. *Region et Developpement*. 36, pp. 55—77.

[15]白永亮、石磊、党彦龙,2016,长江中游城市群空间集聚—扩散——基于 31 个城市 18 个行业的劳动力要素流动检验,《经济地理》,第 11 期,第 38—46 页。

[16]毕秀晶、宁越敏,2013,长三角大都市区空间溢出与城市群集聚扩散的空间计量分析,《经济地理》,第 1 期,第 46—53 页。

[17]曹飞、郑庆玲,2016,中国省域城市承载力测度及提升对策,《技术经济》,第 9 期,第 99—105 页。

[18]曾鹏,2008,中国十大城市群综合发展水平:因素分析与综合集成评估,《中国人口·资源与环境》,第 1 期,第 69—73 页。

[19]曾鹏、黄图毅、阙菲菲,2011,中国十大城市群空间结构特征比较研究,《经济地理》,第 4 期,第 603—608 页。

[20]曾鹏、向丽,2015,中国十大城市群高等教育投入和产业集聚水平对区域经济增长的共轭驱动研究,《云南师范大学学报(哲学社会科学版)》,第 4 期,第 138—145 页。

[21]曾文、张小林,2014,2000 年以来中国社会地理学发展的回顾与展望,《地理研究》,第 8 期,第 1542—1556 页。

[22]陈建军、胡晨光,2008,产业集聚的集聚效应——以长江三角洲次区域为例的理论和实证分析,《管理世界》,第 6 期,第 68—83 页。

[23]陈景新、王云峰,2014,我国劳动密集型产业集聚与扩散的时空分析,《统计研究》,第 31 卷,第 2 期,第 34—42 页。

[24]邓祥征、钟海玥、白雪梅、赵涛、李勇、王苗,2013,中国西部城镇化可持续发展路径的探讨,《中国人口·资源与环境》,第10期,第24—30页。

[25]邓羽、刘盛和、蔡建明、兰肖雄,2013,中国中部地区城市影响范围划分方法的比较,《地理研究》,第7期,第1220—1230页。

[26]邓祖涛、周玉翠、梁滨,武汉城市圈旅游流集聚扩散特征及路径分析,《经济地理》,第3期,第170—175页。

[27]胡志丁、葛岳静、徐建伟、曹原,2012,空间与经济地理学理论构建,《地理科学进展》,第6期,第676—685页。

[28]纪玉俊、刘英华,2015,产业集聚与扩散背景下的区域分工形成及演变,《重庆大学学报(社会科学版)》,第21卷,第3期,第8—14页。

[29]李凯、刘涛、曹广忠,2016,城市群空间集聚和扩散的特征与机制——以长三角城市群、武汉城市群和成渝城市群为例,《城市规划》,第40卷,第2期,第18—26页、第60页。

[30]李雪铭、丛雪萍、同丽嘎、程振杰,2017,城市边界的划分方法及其应用,《城市问题》,第2期,第46—51页。

[31]梅志雄、徐颂军、欧阳军,2012,珠三角城市群城市空间吸引范围界定及其变化,《经济地理》,第12期,第47—52页、第60页。

[32]穆晓东、刘慧平、王宏斌,2011,应用图像卷积运算提取城市范围,《遥感学报》,第6期,第1289—1300页。

[33]石忆邵、尹昌应、王贺封、谭文垦,2013,城市综合承载力的研究进展及展望,《地理研究》,第1期,第133—145页。

[34]孙祥栋、郑艳婷、张亮亮,基于集聚经济规律的城市规模问题研究,《中国人口·资源与环境》,第3期,第74—81页。

[35]王生鹏、曾鹏、孙永龙,2008,对中国十大城市群综合发展水平的灰色综合评价与非均衡差异研究,《西北民族大学学报(哲学社会科学版)》,第2期,第41—48页。

[36]武勇杰、张梅青,2017,城市等级与中国地区差距——兼评中国中小规模城市在地区增长中的作用,《经济与管理研究》,第11期,第22—30页。

[37]张剑、雒占福,2015,兰白西城市群空间集聚—扩散分析,《现代城市研究》,第3期,第16页、第104—109页。

[38]张可云、杨孟禹,2015,城市空间错配问题研究进展,《经济学动态》,第12期,第99—110页。

[39]张莉、徐现祥,2011,空间再配置:地区经济发展的新动力,《学术研究》,第2期,第75—81页、第159—160页。

[40]张婷、李红、丁嵩,2014,多层级核心—边缘城市空间影响范围研究——以广东和广西为例,《经济地理》,第1期,第54—60页。

[41]张燕、崔大树,2013,集聚—扩散驱动下的城市空间形态演变的研究综述——基于新经济地理学的视角,《经济视角(下旬刊)》,第8期,第136—137页。

Urban Agglomeration Diffusion Effect: Spatial Distribution of Chinese Urban Space under the Overlay Model of Spatial Information Field

Zeng Peng Li Hongtao

Abstract Since the 18th National Party Congress, the Party Central Committee has proposed a mechanism and system for the development of national land and space, resource conservation and utilization, strict and reasonable provision of urban construction land, and improvement of urban space resource allocation efficiency. On October 18, 2017, General Secretary Xi Jinping highlighted the need to deepen the reform of the administrative system, make overall plans for the use of all types of preparation resources, form a scientific and rational management system, and establish a national space development protection system to improve supporting policies for the main functional areas. The agglomeration-diffusion effect is an important driving force for the flow of various elements in space, which promotes the reconstruction of space and changes in regional and urban economic and social development to a higher level. The study combs and establishes the theoretical framework of the agglomeration-diffusion mechanism and evolution law of urban agglomerations. Based on the concept of the physical field in relation to the theoretical framework, the innovative construction of urban agglomeration-diffusion effect: the spatial information field superposition model is constructed. The MATLAB software program was developed for the superposition model of spatial information field, and the city boundary and bearing capacity range under the agglomeration-diffusion effect were calculated, and the systematic evaluation of urban space resource allocation was realized. According to the research findings, the level of agglomeration-diffusion effect in each city is different in terms of the overall level of the country, and the urban boundary and bearing capacity are positively related to its overall strength. The urban agglomeration-diffusion effect in the eastern region developed well, and the urban boundary and carrying capacity were moderate. There is a spatial squeeze between cities in the central region, the city's carrying capacity is too high, and the city's ability to diffuse is limited. The development level of urban agglomeration-diffusion effect in the western region is weak, and the low efficiency of urban spatial resource allocation hinders the development of its agglomeration-diffusion effect. Based on this, it put forward corresponding policy recommendations.

Key words Agglomeration-diffusion Effect Spatial Information Field Superposition Model Spatial Resource Allocation Urban Boundary Urban Bearing Capacity

负价值理论视野下排污权交易机理分析

金兴华 严金强 马 艳

内容提要 开展排污权交易是一项在环境资源管理中引入市场机制的政策实践。现行调剂式排污权交易机制体现了先污染后治理的理念和科斯对自愿交易中产权重要性的认识,在实践运行中存在权利关系安排上的公平悖论、初始排污权确定上的历史原则与效率原则的两难取舍、排污量控制上的确定性要求与不确定性现实的矛盾等问题。负价值理论明确了排污权交易机制设计的逻辑起点和思维路径,强调通过形成处理式排污权交易机制,实现排污权交易的有效开展;排污权交易确切地说是污染物交易,污染物的负价值是其价格形成的基础,对污染物实行严格的排放限制,确认了排污权交易的法权关系,支撑了排污权交易的顺利开展。通过加大污染物禁排力度、培育污染物无害化处理市场主体,推动调剂式排污权交易机制向处理式排污权交易机制转换。

关键词 排污权交易机制 科斯定理 负价值理论 污染物交易

中图分类号 F014

一、引 言

开展排污权交易是我国生态文明建设的一项重要举措,是在环境资源管理中引入市场机制的具体政策实践。1988年,原国家环保局推行排污权交易试点,但时至今日,合理有效的排污权交易机制尚未正式形成,排污权交易市场的成交量有限,价格的职能作用发挥不明显。[①]目前我们对排污权交易机理

收稿日期:2018—01—02

作者简介:金兴华(1970—),浙江越秀外国语学院国际商学院副教授,主要研究方向为政治经济学与区域经济发展。严金强(1983—),复旦大学马克思主义学院讲师,主要研究方向为资源环境经济学。马艳(1956—),上海财经大学经济学院教授,博士生导师,主要研究方向为政治经济学。

基金项目:本文系国家社会科学基金重点项目"基于'中国积累社会结构理论'的中国特色社会主义政治经济学体系创新研究"(17AJL002)的阶段性研究成果。

① 1988年原国家环保局出台了《关于以总量控制为核心的〈水污染物排放许可证管理暂行办法〉和开展排放许可证试点工作的通知》,2014年国务院办公厅又印发《关于进一步推进排污权有偿使用和交易试点工作的指导意见》,可以说长期以来,开展排污权交易得到了政策层面的支持和推广,也取得了不少进步,但总显得步履维艰。根据《碳排放权交易蓝皮书:中国碳排放权交易报告(2017)》(社会科学文献出版社,2017年,第23—24页)的调查,很多碳控排企业并没有成立专门的配额管理部门或指定专门人员进行配额交易操作,另外大部分企业主要还是为了履约才进行交易。

还缺乏深刻认识，分析和研究排污权交易机理，有助于解决这些问题，促进排污权交易有效开展。[①]

开展排污权交易的政策主张由戴尔斯提出(J. H. Dales，1968a，1968b)，有着深刻的时代背景：一方面，第二次世界大战后西方国家经济发展迅速，环境污染严重，迫切需要加强污染治理；另一方面，当时主流经济理论认同保护环境离不开政府对企业生产经营活动的管制，但政府的管制行为又可能抑制市场主体的积极性，希望尽最大可能用市场主体的自愿交易行为来替代政府的管制行为。《社会成本问题》的发表催生了开展排污权交易的政策主张(Ronald H. Coase，1960)，科斯所强调的自愿交易中产权的重要性在排污权交易机制设计中得到了确认；实施排污权交易政策，意在通过建立排污权交易市场，允许厂商相互间买卖排污量，有效解决厂商行为中的环境有害性问题。现有文献表明，学者们普遍把科斯定理当作制定排污权交易政策的理论依据(W. David Montgomery，1972； Meredith Fowliey，Jeffrey M. Perloff，2013；茅于轼，1999；吴健、马中，2000)。现行排污权交易机制正是在糅合了减少污染物排放的实践要求和科斯定理基础上设计出来的，实际上是企业为了相互调剂排污量余缺，是一种调剂式排污权交易机制。

揭示排污权交易机理，既需要我们对排污权交易机制的实践诉求及运行情况进行细致的分析，又需要我们对排污权交易机制的设计思想作出深入的剖析。本文的研究表明，现行调剂式排污权交易机制存在一些难以克服的问题，这与其所遵循的"先污染后治理"理念及所依归的科斯定理密切相关，因此，要解决现行排污权交易机制存在的问题，需要我们更新理念，探寻新的理论源泉，摈弃原先不彻底的理念和不适用的理论。源于分析联合生产中环境有害性问题的负价值理论(马艳、严金强、陈张良，2015；金兴华、严金强，2016)，坚持唯物辩证法，注重在实践逻辑与理论逻辑的有机统一中来认识事物的本质，无疑能使我们加深对排污权交易逻辑的理解，更好地把握排污权交易实践问题，推动排污权交易机制的完善。

由此，本文在负价值理论视野下，在审视现行排污权交易的生成逻辑及实践问题的基础上，探讨排污权交易的有效运行机制，揭示排污权交易的内在机理，提出了处理式排污权交易机制，确保污染物无害化处理的有效实现。本文的结构如下：第二部分，分析现行调剂式排污权交易机制及存在的问题；第三部分，分析比较排污权交易机制设计思想；第四部分，基于负价值理论设计处理式排污权交易机制，并探讨其内在规定性；第五部分，揭示调剂式和处理式

① 由于人们对排污权的存在性和可交易性存疑，我国经济学界又缺乏对排污权交易机理的深入探讨，以致有人对排污权交易持否定态度，比如，刘卫先在"对'排污权'的几点质疑——以'排污权'交易为视角"(《兰州学刊》2014年第8期，第125—135页)一文中建议用必要的奖励和惩罚措施取代"排污权"交易。

两种排污权交易机制的差异，提出从两方面促进排污权交易机制从调剂式向处理式演进转换的对策建议；最后是结语。

二、调剂式排污权交易机制及存在的问题

排污权交易机制并非是自发秩序，而是对污染物排放进行管制的一种市场化制度设计。现行调剂式排污权交易机制是在环境问题日趋严峻的情况下提出来的，在一定程度上促进了环境污染的治理，但也存在一些难以克服的问题。

(一)调剂式排污权交易机制

现行调剂式排污权交易机制运行框架如图 1 所示。

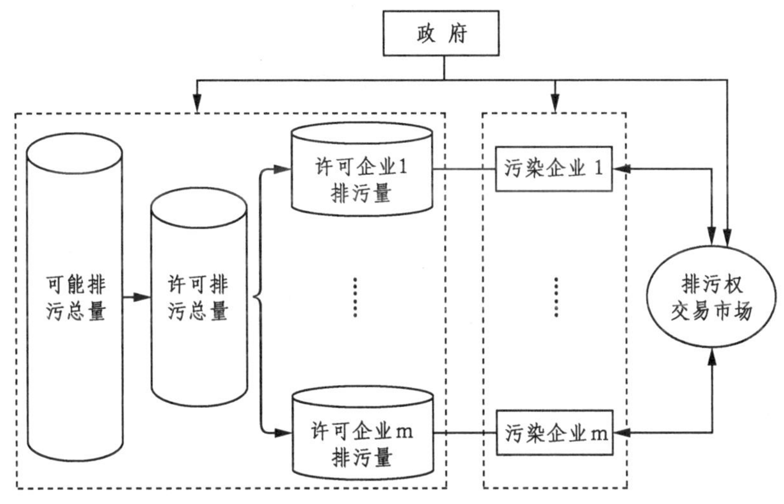

图 1　调剂式排污权交易机制运行框架

首先，政府根据环境容量，设定许可排污总量，改变企业原先污染物排放完全自由的状态，企业就整体而言只在许可的排污总量范围内才有污染物排放自由。

其次，政府把许可排污总量分配给企业，每个企业获得相应的许可排污量。企业污染物的排放自由以这个许可的排污量为限，超出许可部分，企业没有排污权。现实中企业分得的许可排污量并不恰好等于企业的意愿排污量，存在一些企业许可排污量短缺、另一些企业许可排污量剩余的情况，这样，前者可以向后者购买剩余的许可排污量，由此产生了排污权交易。

最后，政府通过对污染企业的排污监控，并搭建排污权交易平台，促进排污权交易的开展，确保企业排污总量不超过许可排污总量。

(二)调剂式排污权交易机制存在的问题

在实践中,现行调剂式排污权交易机制存在以下几个问题。

其一,在许可排污总量所体现的权利关系上,存在公平悖论。

设定许可排污总量后,企业不能再像以前那样任意排污,表面上,这种安排体现了企业和社会公众在环境权利分配上的公平原则,实现了企业和社会公众之间的环境权利平等。然而,从整体上看,企业只是社会公众开展物质生产的工具,不具有与社会公众相同的环境权利,否则,物质生产也就失去了其本来的意义;退一步讲,若企业具有一定的排污权,那么这个权利的行使者和受益者必定是企业的人格化代表,这样,在环境权利上企业和社会公众之间的关系体现为少数企业人格化代表与社会公众的关系,企业和社会公众表面上的环境权利平等恰恰体现出人们之间利益分配的不平等。

其二,在初始排污权确定上,存在历史原则与效率原则的两难取舍。

在现实中,许多企业成立于排污权交易政策出台之前,其排污权是自然取得的,在实施污染物总量控制后,这种自然取得的排污权会受到限制,即自然取得的排污权要依据控污总量进行分配和调整,这就是所谓的初始排污权确定,在这里,初始排污权是相对于企业通过平等自愿的交易所获得的排污权而言的。

政府在确定初始排污权时,一种是遵循历史原则,根据企业历史排污强度,将初始排污权无偿分配给企业。这种初始排污权的确定形式照顾到了不同企业在生产技术和经营管理水平上的差异,但在某种意义上也保护了落后产能,形成了寻租行为的温床,导致效率损失。

另一种是遵循效率原则,通过挂牌、协议、拍卖方式将初始排污权有偿分配给企业。企业这种有偿取得初始排污权的方式实际上是政府的一种排污收费方式,并不属于市场平等主体间的交易范畴,同庇古税性质一样,是政府对环境资源的一种定价形式,具有不可交易性,难以在污染物无害化处理上真正发挥作用。受排污拍卖量、参与企业数量和信息不对称等因素的影响,这种初始排污权的确定方式也易产生寻租行为,恶化历史形成的企业生产经营环境,不利于企业的成长和发展。

其三,在排污量控制上,存在确定性要求与不确定性现实的矛盾。

一方面,企业总是在一个确定的地点排污,而污染物会随大气或水流扩散出去,这也就意味着,在依据环境自净能力确定许可排污量时,需要确切考虑各企业的排污量与某个地方环境质量之间的关系,需要各地协同来确定企业的排污控制量,这无论是在技术上,还是在经济上,都难以有效实现。

另一方面,在现行排污权交易实践中,企业被允许有一定的排污量,确保企业不会超量排污,这是利用排污权交易进行环境质量控制和资源有效配置的必要条件,这有赖于严格的排污监管。目前,许多地方在MRV体系(Monitoring Reporting Verification)建设中投入了大量的资源,但成效有限。我们知道,严格的排污监管不仅需要有明确的监管法规和一支过硬的环境保护执法队伍,也需要相应的监管条件。暂不论监管法规和执法队伍建设,单就监管条件而言,其对严格的排污监管构成很大的制约。一些地方的环境保护部门在企业所在处安装了排污监测终端仪器,形成了实时的排污监控系统,但相应的排污量计量、排污跟踪记录和核算仍缺乏技术的、人力的支持。也正因为这样,环境保护部门可以了解企业是否在排污,但除此之外,难以有更多的企业排污情况可以掌握。

三、排污权交易机制设计思想的转变

排污权交易机制作为一种制度设计,有其理念、理论等思想基础,要准确评估和合理构建排污权交易机制,就必须从其设计思想层面进行深入分析。

(一)调剂式排污权交易机制设计的思想根源

现行调剂式排污权交易机制之所以存在问题,从其生成逻辑看,有以下两方面思想根源:一是污染治理理念的不彻底性。调剂式排污权交易诞生于环境污染严重的时期,在机制设计时,首先考虑的是对排污总量作一个减量,这在事实上体现了先污染后治理的理念。设定许可排污总量和各个企业的排污量,是这种污染治理理念的具体表现,允许排污与禁止排污并存,是其不彻底性的反映。从历史进展的角度看,这种污染治理理念有一定的内生性,但其不彻底性也使排污权交易机制在权利关系处理上、初始排污权确定上、排污量控制上存在难以克服的问题,影响了排污权交易作用的发挥。

二是依据理论的不适用性。排污权交易基于污染物排放权的界定而发生,那该怎样界定初始排污权?排污权交易是有效率的吗?科斯定理似乎对此作了回应,在科斯看来,做产生有害效果的事的权利,如排放烟尘,也是生产要素,可以买卖,排污权交易正是把排污权作为一种生产要素来买卖的;科斯认为,明晰的产权是资源有效率配置的充分条件,在不考虑交易费用的情况下,只要产权是明晰的,市场的资源配置就是有效率的,至于产权明确给“谁”,无关资源配置效率。

显然,科斯在强调明晰产权重要性的时候,对初始排污权如何界定之类的问题并没有作出具体的设计。在进行效率评价时,科斯以权利行使方收益与相对方损失的总体效果为依据进行分析,如在排放烟尘问题上,以楼下饭店受益与楼上住户损失的总体效果为依据进行效率分析,这种总体效果分析是一种个量分析;在调剂式排污权交易机制设计中,把针对单次交易的效率评价迁移到整个市场交易的效率评价,实际上是一种概念偷换。进一步,调剂式排污权交易并不是在排污权行使的受益方(企业)与相对受损方(社会公众)之间进行，而是初始排污量有余缺时在具有同类权限的污染企业之间展开，与科斯所讲的交易有差异。由此可见，现行调剂式排污权交易与其说以科斯定理为依据，不如说在环境污染治理上依据了科斯关于明晰产权在自愿交易中重要性的理念。

(二)以负价值理论为基础重构排污权交易机制

显然，要解决现行调剂式排污权交易机制存在的问题，需要我们重新探寻排污权交易机制设计的思想源泉。马克思主义经济学源于实践又高于实践，具有很强的现实指导力，其负价值理论有力地回答了为什么要消除企业生产中的有害性、怎样合理使用环境公共资源、如何处理政府与市场关系等排污权交易机制所涉及的经济学核心问题，是我们正确设计排污权交易机制的思想源泉。

负价值理论从两个方面启迪和指导了排污权交易机制的设计。

第一，负价值理论指明了排污权交易机制设计的逻辑起点。排污权交易作为污染治理机制，是处理社会生产过程中有害性问题的一种方式。我们知道，社会再生产过程也是一个劳动过程，马克思指出："劳动首先是人与自然之间的过程，是人以自身的活动来中介、调整和控制人与自然之间的物质变换的过程。"(马克思，2004a)劳动使人在对自身生活有用的形式上占有自然物质的同时，也改变人身外的自然，包括自然环境。这种改变对人自身可能是无害的，也可能是有害的。从物质生产本来的意义上看，改变人身外的自然应该采取无害的方式。在一定的社会生产方式下，企业(或称为厂商、生产单元)受自身利益驱动，在生产出社会需要的有用品时，生产出污染物，造成环境污染，显然，这种有害的对人身外自然的改变，在社会物质生产中是应该避免的。因此，从物质生产本来的意义上看，企业应该在生产的开始就同时解决生产的污染问题，这也就意味着，在设计排污权交易机制时，应全面禁止企业的排污行为，避免走先污染后治理的道路。①

第二，负价值理论指出了排污权交易机制设计的思维路径。全面禁止企业排放污染物就要求企业对联合生产过程中出产的污染物进行无害化处理，随着污染物无害化处理的部门化，污染企业通过购买排污权的方式把污染物无害化处理转给无害化处理企业，排污权交易由此产生。可见，排污权交易须以对污染物的排放限制为前提。

发挥市场交易价格在环境质量控制和资源配置中的职能作用是排污权交易机制的一个重要功能。如其他市场一样，价值规律也是排污权交易市场的基本运行规律，市场的交易价格必定是以价值为基础确定的，只不过排污权交

① 但令人尴尬的事实是，中国的经济增长还是在走一条"先污染后治理"的路子。以至于有些环保界人士也不得不怀疑，这是不是人类社会发展颠扑不破的"愚蠢"定理？——见马中教授为《环境产权经济学》(蓝虹著，中国人民大学出版社2005年版)一书所写的总序。

易市场的价值是一种负价值。我们知道，污染物的无害化处理同样需要投入劳动，这种劳动，作为具体劳动，消除了污染物的有害性；作为抽象劳动，形成了污染物的负价值。

显然，污染物无害化处理的过程，也是污染物负价值的形成过程；污染物负价值的实现，表明污染物无害化处理的完成。污染物负价值的形成和实现过程，是社会公众、一般生产企业、污染物无害化处理企业、劳动者等主体的利益分配和协调过程。污染物负价值的形成和实现，对生活在一定环境中的居民来说，是环境质量的保证；对在联合生产过程出产污染物的一般企业来说，是利润空间的缩小；对污染物无害化处理企业来说，是存在和发展的意义所在；对劳动者来说，是劳动力的耗费和补偿。由此可见，污染物负价值理论深刻反映了环境问题上有关各方的物质利益关系，构建排污权交易机制无疑需要依据负价值理论来处理其涉及的各方关系，并以负价值生产和实现情况评估排污权交易市场的效率。

四、处理式排污权交易机制及内在规定性

基于负价值理论的排污权交易机制着眼于企业对污染物的无害化处理，是一种处理式排污权交易机制，它理顺了在解决污染问题上所涉及的各种关系，能推动环境质量的改善和资源的有效配置。

（一）处理式排污权交易机制

根据负价值理论设计的处理式排污权交易机制运行框架见图2。

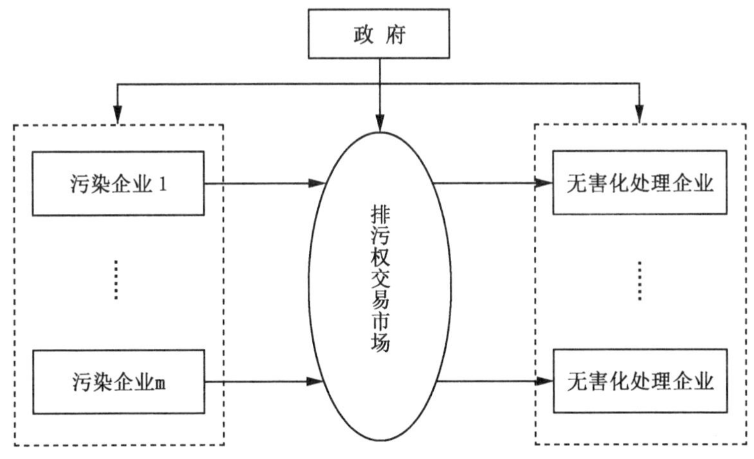

图2　处理式排污权交易机制运行框架

首先，明确企业没有初始排污权。企业在没有初始排污权的情况下，要么

自己进行污染物无害化处理;要么把污染物销售给污染物无害化处理企业,由污染物无害化处理企业对污染物进行无害化处理。污染物无害化处理协作收益的广泛存在,促使污染企业选择后一种污染物无害化处理方式,从而形成排污权交易市场。

其次,对企业进行严格的污染物排放监管。政府作为公共权力的化身,通过对企业污染物排放情况进行监测和管理,限制企业向大自然排放污染物,确保排污权交易顺利开展。

最后,政府通过搭建排污权交易平台,促进污染企业与污染物无害化处理企业在交易信息搜寻、合同执行等方面的合作便利化,实现排污权交易市场的有效运转。

(二)几点内在规定性

基于负价值理论的排污权交易,既不同于现行排污权交易,也不同于有用品市场交易,它有其自身的特性。我们从交易的客体、交易的价格、交易的法权关系三个方面揭示处理式排污权交易机制的内在规定性。

第一,关于排污权交易的客体。

在污染物负价值的理论框架内,排污权交易确切地说是污染物交易,因为排污权依附在污染物上,没有污染物这个客体,排污权也就无从谈起。假设有甲、乙两家企业,其中,甲企业是出产污染物的企业,乙企业是污染物无害化处理企业。在污染物交易市场,这两家企业交易的结果是,甲企业把污染物销售给乙企业,这样,甲企业获得了排污权,而把污染物排放约束转嫁给了乙企业。从这个交易结果看,甲企业销售污染物与获得排污权是同一个过程的不同表现方面,正是在这个意义上,我们把污染物交易称为排污权交易。

需要说明的是,排污权交易市场客体不同于有用品市场客体,有用品市场的交易客体是有用品,它具有有用性(正使用价值)和正价值两因素;排污权交易市场的交易客体是污染物,它具有有害性(负使用价值)和负价值两因素。因此,污染物的交易不同于有用品的交易,在商品货币条件下,有用品的销售方(供方)把有用品交给对方(需方)的同时,能从对方(需方)那里获取相应的货币额;而污染物的销售方(供方)把污染物交给对方(需方)的同时,还得付给对方(需方)相应的货币额。如果我们以排污权交易来指称污染物交易,那么污染物的销售方(供方)实际上是排污权的需方,而污染物的需方成为排污权的供方,排污权的需方需向排污权的供方支付相应的货币额,这样,污染物交易就与有用品的交易取得了一致的认识属性。可见,把污染物交易称为排污权交易,适应我们在有用品交易那里所获得的思维习惯,但也掩盖了污染物负价值这个因素。

第二,关于排污权交易的价格。

排污权交易之所以能在一定程度上解决环境污染问题,是发挥了价格机制在环境管理中的作用，因此，排污权交易价格的合理性就显得十分重要。那么，排污权交易价格合理性的依据是什么？

在调剂式排污权交易机制中，排污权交易价格以供求均衡为参照标准，实现排污权供求均衡的那个价格就是一个合理的价格。在其他条件不变的情况下，若排污控制总量小，企业排污的约束就小，供求均衡时的排污权交易价格就低；反之，供求均衡时的排污权交易价格就高。由于排污权供求均衡时的价格与排污控制总量紧密相关，而排污控制总量是在一定环境质量要求下人为确定的，这表明在某种程度上，排污权供求均衡时的价格是人为确定的，排污权交易价格的合理性缺乏客观的标准。

其实，排污权交易价格的合理性是有客观标准的，这个客观标准就是污染物的负价值。以污染物负价值为基础、反映污染物供求状况的排污权价格就是合理的价格。污染物的负价值由投入污染物无害化处理的劳动构成，在量上包括投入污染物无害化处理的生活资料价值和生产资料价值，单位污染物的负价值量是个别负价值量的一个加权平均。由于在一定社会生产条件下，污染物的负价值是客观存在的，因此，基于负价值理论的排污权交易价格的合理性是客观存在的。

第三，关于排污权交易的法权关系。

马克思指出，“商品不能自己到市场去，不能自己去交换”（马克思，2004b），以一定形式确定个体（自然人或某个具体的组织）之于商品的权利，形成个体之间一定的法权关系，交易才会产生。这表明，排污权交易作为交易双方的一种契约行为，只有其客体（污染物）被赋权于个体，形成交易各方相应的法权关系才能产生。调剂式排污权交易机制所强调的自愿交易中产权的重要性，无非是强调污染物被赋权于个体、形成交易各方相应的法权关系对交易的重要性，处理式排污权交易机制实际上同样强调这种法权关系。在调剂式排污权交易机制中，权利与权利客体混为一谈，并且排污权被认为与有用品市场中的权利属性相同；其实，在有用品市场，个体之于有用品的权利是所有权，个体能占有、使用、收益和处分有用品；而排污权交易市场，个体之于污染物的权利是受约束的，个体不能向自然界排放污染物。

五、从调剂式排污权交易机制演进到处理式排污权交易机制

现行调剂式排污权交易机制与基于负价值理论的处理式排污权交易机制既有联系，又有区别，通过辨别两者的差异，有的放矢地推进排污权交易机制的顺利转换。

（一）两种排污权交易机制的差异

调剂式排污权交易安排与处理式排污权交易安排的差异，主要体现在以

下三个方面(见表1)。

表1 两种排污权交易机制比较

	初始排污权界定	政府监管内容	交易双方
调剂式排污权交易机制	需要	排污数量	同类企业
处理式排污权交易机制	不需要	排污与否	异类企业

第一,是否需要界定初始排污权。调剂式排污权交易机制需首先界定初始排污权,明确企业初始排污量。据此,企业可以向自然界直接排放一定量的污染物,超出部分被禁止排放。处理式排污权交易机制则不存在这种初始排污权界定问题,而是从社会物质生产的本来意义出发,禁止企业向自然界排放污染物。

第二,政府监管内容。在调剂式排污权交易机制中,政府监管重点在于企业排污量;在处理式排污权交易机制中,政府的监管重在监测企业是否排放污染物上,不必进一步监测企业污染物的排放量。这种监管,无论在技术上还是在经济上,都是可行的。需要指出的是,尽管政府在监管中不必监测企业污染物的排放量,但这并不意味着企业之间在排污权交易时不必对污染物交易量进行计量和监测,否则,企业无法确切把握利润目标的实现。企业之间在排污权交易时对污染物交易量的计量和检测与政府对企业污染物排放量的监测是有差异的,前者由于涉及企业间的交易费用,买卖双方企业都有动力完善计量和检测方法,或采用其他合理的替代手段来降低污染物计量和检测方面的交易费用;而后者在方法和手段的运用上,明显缺乏这种特性。

第三,排污权交易双方。在调剂式排污权交易机制中,排污权交易发生在同样出产污染物的企业之间,是同类企业相互就污染物排放量进行余缺调剂;在处理式排污权交易机制中,排污权交易在出产污染物的企业与污染物无害化处理企业之间进行,是两类企业借以有效进行污染物无害化处理、实现污染物无害化处理协作收益的途径。

(二)排污权交易机制演进路径

从两个方面促进现行调剂式排污权交易机制向基于负价值理论的处理式排污权交易机制演进。

一方面,逐渐加大污染物禁排力度。在调剂式排污权交易机制运行框架内,逐步减少许可排污总量,并通过采用"标杆法"(以行业先进企业的排放水平为标准来分配行业内各企业初始排污权)、"统一基准线法"(按统一的排放水平来分配各行业企业的初始排污权)等方法,相应地减少每个企业许可的排污量,形成企业排污的紧约束环境,促使现有污染企业在生产、技术、财务等方面进一步强化污染物无害化处理工作,形成向污染物无害化处理企业购买排污权的新型排污权交易。

另一方面，鼓励和加大治污投资，培育污染物无害化处理市场主体。调剂式排污权交易机制的落脚点是利用市场交易激发污染企业减少污染物的产出量，依赖环境的自净能力来控制环境质量的进一步恶化，缺失污染物无害化处理内容，这是调剂式排污权交易机制在环境污染治理上的先天不足。处理式排污权交易机制克服了现有排污权交易机制的这种不足，它一方面利用市场交易激发污染企业减少污染物的产出量，另一方面强调对已出产的污染物进行无害化处理。对已出产的污染物进行无害化处理是由与污染企业性质不同的另一类企业完成，为此，需要鼓励和加大治污投资，形成相应的市场利益主体，真正从机制上确保环境污染问题的解决。

六、结　语

排污权交易当初是作为环境污染问题的市场化解决手段而引入政策实践的，既有企业之间相互买卖排污权的一面，也有政府通过排污量控制进行环境管制的一面。在污染治理和资源配置中让市场起决定性作用、发挥好政府作用的一个重要手段是构建合理的排污权交易机制，推动排污权交易的有效开展。

现行调剂式排污权交易机制通过污染总量控制、平台交易和政府监管，以实现环境资源的优化配置和环境质量的控制，然而实践运行中存在权利关系安排上的公平悖论、初始排污权确定上的历史原则与效率原则的两难取舍、排污量控制上的确定性要求与不确定性现实的矛盾等问题。这与其污染治理理念的不彻底性和依据理论的不适用性紧密相关。

显然，构建合理的排污权交易机制，需要有合适的理论指导。负价值理论以劳动价值论为基础，在环境资源领域具有强大的现实解释力和指导力，它明确了排污权交易机制设计的逻辑起点和思维路径。依据负价值理论，通过明确企业没有初始排放权、加强对企业污染物排放的监管、搭建交易平台，形成处理式排污权交易机制，实现排污权交易的有效开展。在负价值理论视野下，排污权交易确切地说是污染物交易，这种交易自有其价格形成基础，它之所以能开展，是对污染物实行了严格的排放限制，排污权的界定仅仅是对污染物交易的法权关系的确认。

基于负价值理论的处理式排污权交易机制，逻辑更加严密，实践更加可行，是对调剂式排污权交易机制的一种有效改进。通过加大污染物禁排力度，鼓励和加大治污投资、培育污染物无害化处理市场主体，推动调剂式排污权交易机制向处理式排污权交易机制转换。

参考文献

[1]J. H. Dales,1968a,Land,Water,and Ownership,*Canadian Journal of Economics*, No. 4,November/novembre,pp. 791—804.

[2]J. H. Dales,1968b,Pollution,Property and Prices: An Essay in Policy Making and Economics,Toronto: University of Toronto Press.

[3]Meredith Fowliey,Jeffrey M. Perloff,2013,Distributing Pollution Rights in Cap-and-Trade Programs: Are Outcomes Independent of Allocation? *The Review of Economics and Statistics*,95(5),pp. 1640—1652.

[4]Ronald H. Coase,1960,The Problem of Social Cost,*The Journal of Law and Economics*,56(4),pp. 1—13.

[5]W. David Montgomery,1972,Markets in Licenses and Efftcient Pollution Control Programs,*Journal of Economic Theory*,1972(5),pp. 395—418.

[6]金兴华、严金强,2016,论污染物的负价值因素,《经济学家》第10期,第22—29页。

[7]马克思,2004a,《资本论》(第一卷),北京:人民出版社,第207—208页。

[8]马克思,2004b,《资本论》(第一卷),北京:人民出版社,第103页。

[9]马艳、严金强、陈张良,2015,资源环境领域中的"负价值"及其决定模型,《清华政治经济学报》第3期,第3—14页。

[10]茅于轼,1999,排污权交易管制,《电力技术经济》第2期,第7—10页。

[11]吴健、马中,2000,科斯定理对排污权交易政策的理论贡献,《厦门大学学报》(哲学社会科学版)第3期,第21—25页。

Mechanism Analysis of Emission Trading from the Perspective of Negative Value Theory

Jin Xinghua Yan Jinqiang Ma Yan

Abstract Emissions trading is a practice that introduces market forces in management of environmental resources. The current redistribution-oriented system of emission trading, which has some problems such as the fair paradox in arrangement of right relations, dilemma between the principle of history and the principle of efficiency in determining initial emission rights, and contradiction between certainty requirement and uncertainty reality in controlling pollutant discharge ,embodies the idea of treatment after pollution and the importance of property rights in voluntary trading. The negative value theory points out the logical starting point and thinking path of system design of emission trading, and emphasizes the effective implementation of emission trading by the formation of the processing-oriented system of emission trading. The emission trading supported by strict restriction on the discharge of pollutants is precisely the pollutant trading, and the negative value of pollutants is the basis of price formation. The redistribution-oriented system of emission trading should be converted to the processing－oriented of emission trading system by gradually reducing the amount of pollutant discharge and cultivating the market participants of harmless disposal of pollutants.

Key words System of Emission Trading Coase Theorem Negative value Theory Pollutant Trading

中国文化产业创新发展

陈柏福　杨　辉　伍宣霖

内容提要　在政策、市场和体制改革等多重因素的推动下,我国文化产业得到了迅速而长足的发展。然而,由于受到西方享乐主义、金钱诱惑等不良思想的影响,中国的文化产业发展仍然存在不小的阻碍,这种现象的存在归根结底是理论的缺失。目前,学术界对文化产业发展理论进行了诸多探讨,马克思主义文化哲学中"实践的唯物主义"与"主体性文化观"等观点,引发了学者对二者关系的思考与研究。不管是当前还是未来,中国文化产业的创新发展都离不开人民群众,马克思主义文化哲学中文化生产力论、实践的唯物主义及唯物史观都为中国文化产业的创新发展提供了新的发展方向和路径。

关键词　马克思主义文化哲学　文化产业　实践的唯物主义

中图分类号　G114

一、问题的提出

在当前经济全球化和文化全球化背景下,随着社会主义市场经济体制的不断完善、文化体制改革的持续推进,以及国家对文化产业创新发展的大力支持,我国文化产业获得了全方位的大发展。如图 1 所示,2005—2015 年间,我国文化及相关产业增加值逐年增加,从 2005 年的 4253 亿元增加到 2015 年的 27235 亿元,年均增长率为 20.26%;占 GDP 比重亦逐年上升,由 2005 年的 2.3%增加到 2015 年的 3.97%。显然,近 10 多年来我国文化产业的迅猛发展与国家战略和相关政策举措的扶持是密不可分的。事实上,早在 2003 年《文化部关于支持和促进文化产业发展的若干问题的决定》就提出了实施"走出去"发展战略;2009 年国务院就审议通过了我国第一部文化产业专项规

收稿日期:2018—06—10

作者简介:陈柏福(1979—),东莞理工学院经济与管理学院副教授,中南大学中国文化产业品牌研究中心研究员、湖南文化创意产业研究中心专家库成员,主要研究方向为文化产业理论与政策、文化经济学、国际文化贸易。杨辉(1993—),湖南师范大学历史文化学院文化产业管理专业硕士研究生,主要研究方向为文化经济学。伍宣霖(1993—),湖南师范大学历史文化学院文化产业管理专业硕士研究生,主要研究方向为文化经济学、文化旅游管理。

基金项目:本文系广东省普通高校人文社科重点研究基地:珠三角产业生态研究中心(2016WZJD005)的阶段性研究成果。

划——《文化产业振兴规划》,将文化产业上升为国家战略产业;2012 年《文化部“十二五”时期文化产业倍增计划》提出“文化产业增加值年均增长高于 20%,2015 年比 2010 年至少翻一番,实现倍增”,这些目标均已实现,其中 2015 年文化产业增加值是 2010 年的 2.46 倍(见图 1);到了 2014 年,《中共中央关于全面推进依法治国若干重大问题的决定》提出要制定文化产业促进法,把行之有效的文化经济政策法定化。由此可见,国家层面的文化产业政策在我国文化产业迅猛发展过程中起到了重要的助推作用,这种政府主导型的文化产业制度变迁确保了这一时期文化产业的快速发展。

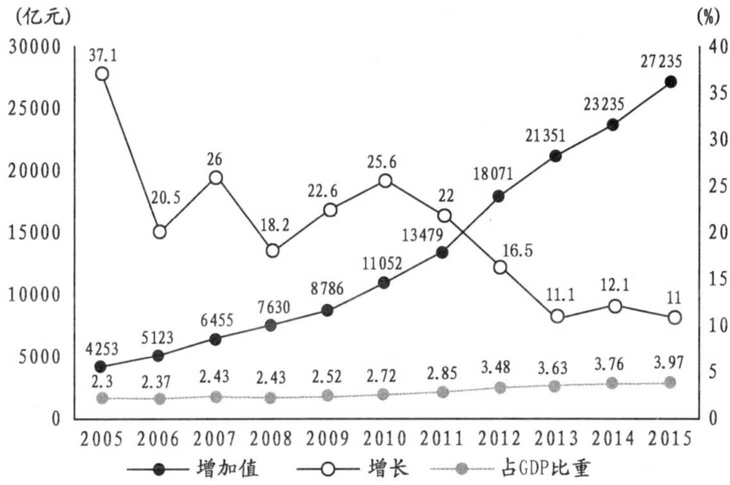

图 1　2005—2015 年我国文化及相关产业增加值、占 GDP 比重及增长率

资料来源:2013—2016 年《中国文化及相关产业统计年鉴》,其中 2005—2011 年的数据来自《中国文化及相关产业统计年鉴 2013》。值得说明的是,2005—2011 年相关数据是按《文化及相关产业分类》规定的行业范围进行测算,2012—2015 年相关数据则是按《文化及相关产业分类(2012)》新标准规定的行业范围进行测算。

然而,尽管文化产业是 21 世纪的“朝阳产业”和“黄金产业”已成为诸多专家和学者的共识,但我国文化产业在快速发展的同时,也存在相应的问题,文化及相关产业增长率从 2010 年的 25.8%,下降到 2015 年的 11%。显然,我国文化产业发展也步入了新常态,对于文化产业创新能力缺乏、文化产品同质化严重、文化产品庸俗化和低俗化,以及片面地追求经济效益而忽视社会效益等诸多问题也应引起注意,而且这种注意并不只是从短期考虑如何提升文化产业增长速度那么简单,而应该上升到一种哲理层面的思考。诚然,哲学是“自己时代精神上的精华”,马克思主义哲学是一种科学的方法论,利用这一方法论来指导新时期文化产业的创新发展是实践发展的客观需要,从马克思主义哲学体系中某一子系统角度来思考文化产业创新发展具有现实必要性。马克思文化哲学是马克思主义研究领域的重要主题。虽然马克思并未系统论述文化哲学理论,但从马克思哲学思想形成及其晚年对文化人类学的研究,我们不难发现“马克思一生的哲学思考中贯穿着人的自由、解放和全面发展的内在逻辑,这实际上是以主体性为核心的文化哲学的逻辑”(邹广文,2010)。

文化哲学是从哲学角度研究文化的本质及其发展规律的科学,是一种新的哲学范式。纵观文化哲学的研究历程,早在18世纪,文化哲学研究先驱——意大利的维科和德国的赫尔德就认为文化是人之创造物。无论是19世纪进化论学派、功能主义学派、结构主义学派等,还是20世纪以来以德国卡西尔的“符号形式”文化哲学为代表的马堡学派,文化哲学都是从哲学视角阐述文化理念,其研究的范畴涉及科学技术哲学、艺术文化、宗教文化哲学、民俗文化哲学、网络文化哲学、大众文化哲学和时尚文化哲学等诸多领域。作为社会历史解释模式的文化哲学,透视了人类历史文化演变,从而构造了微观视域和宏观视域相结合的社会历史理论。马克思主义文化哲学正是以实践和辩证法为内核,体现了实践哲学的变革,是以马克思唯物史观反思当代文化和文化研究。马克思主义文化哲学对于中国文化产业发展具有重大的现实导向性,一方面,中国文化产业及文化生产力的发展应以马克思主义文化哲学为指针,从根本上推动中国现有文化模式转型,促使其适应现代市场经济、信息时代与经济全球化、一体化进程的理性、契约、多元、创造、创意、创新文化精神和文化模式。另一方面,中国文化产业的创新发展要坚持马克思主义文化哲学的本质要求——实践的唯物主义,从中华民族生存和发展的最大化利益出发,正确把握文化取向、文化性质和文化业态,真正找到适合自身的生存方式和发展模式。为了有效地解决文化产业创新发展存在的问题和促进我国文化产业创新发展,我们应该坚持马克思主义文化哲学观点,把握文化哲学发展规律。

二、文献综述

通过对相关研究文献的搜集阅读和整理,我们发现当前学界关于马克思主义文化哲学的研究成果并不少,这些相关研究主要侧重于“马克思有没有存在文化哲学思想”,以及“马克思主义文化哲学的起源和研究范式”,或是将“马克思主义思想的现代化建构、当代价值的考察等放置于文化哲学的新视野”下,很少有学者专门从马克思主义文化哲学视角研究中国文化产业创新发展的研究文献。因而,基于此背景下,本文的研究具有前沿性和现实性,能够为文化产业创新发展提供理论上的指导。

关于马克思文化哲学思想的梳理研究如下:黄力之在《巴黎手稿与马克思主义文化哲学》一文点明了当前国内学界用巴黎手稿确立的思路来研究文化哲学的趋势(黄力之,2005)。何萍撰文指出马克思的“实践的唯物主义”创造了一种新的文化哲学传统，一方面将实践看作是人的自我创造活动，把人的历史创造和人的发展看作是不断克服自身的自然性走向文化性的过程，另一方面以工业阐发人的理性，将近代哲学的抽象的理性改造为人的现实的批判的活动，创造了自身的文化哲学品格（何萍，2007）。邹广文撰文肯定了马克思文化哲学思想存在的必然性，并且提出马克思的文化哲学思考始终贯穿着以主体性为核心的文化哲学的逻辑（邹广文，2010）。王远龙撰文指出，多年来国内文化哲学研究关于马克思主义文化哲学的研究处在“在场”与“缺失”的矛盾境地，在树立马克思主义文化哲学思想发展脉络的基础上，对其理论体系，即研究对象和目标任务、基本问题域、逻辑起点与主线、基本价值诉求和当代视野五个方面进行了思考与探究（徐军、王远龙，2010）。朱建新则认为，马克思主义文化哲学思想内容包括文化本质论、文化结构论、文化规律论、文化动力论四个组成部分（朱建新，2013）。冯丹指出，“马克思文化观是文化哲学发展到新的阶段的重要标志”，并重点梳理了马克思文化观产生的思想来源，即维柯人类文化发生学思想、德国古典哲学中主客体辩证关系思想和摩尔根文化人类学思想（冯丹，2015）。

关于马克思主义文化哲学范式及其构建的研究如下：在文化哲学研究范式方面，陈树林指出，“文化哲学”作为一种新的哲学范式，“其特点在于将关注的重心指向人的现实生存，为人的生存活动提供智慧和现实关怀”，而马克思哲学与文化哲学之间存在内在的一致性，因此在对马克思主义哲学研究和发展的过程中要将其置于文化哲学这种范式的理论视野之中（陈树林，2007）。王宏宇则在论述“实践哲学”和“文化哲学”的基础上，总结了马克思主义文化哲学建构的若干原则、理念、视域等，提出了马克思主义文化哲学的现代意义（王宏宇，2007）。何萍撰文提出，“《德谟克利特的自然哲学和伊壁鸠鲁的自然哲学的差别》《1844年经济学哲学手稿》《民族学笔记》及有关书信的思想共同构成了马克思的文化哲学范式，并成为西方马克思主义文化哲学的重要资源”（何萍，2008）。方珏指出，文化哲学作为反思现代化的哲学形态，实现了研究范式的转化，拓展了马克思主义哲学历史唯物主义的研究视域，有助于新形态的马克思主义哲学的建立（方珏，2008、2012）。任百成撰文指出，马克思文化哲学实现了文化发展中人类主体性的回归，指出马克思文化哲学中突出的“人化”，即人的物质性实践活动是人类文化成果的唯一源泉，“化人”，即文化建设必须以实现人的自由全面发展为最终目的（任百成，2015）。

关于马克思文化哲学与文化产业发展关系的研究如下：张春霞从马克思哲学视野阐释了文化的三重维度，分别为“人化”“与社会存在相对应的社会意识”和“精神生产力”，并指出这三重维度对于加强社会主义文化建设和推进文化产业化进程都具有重大实践意义（张春霞，2010）。梁源长以文化产业的特征及功能作为切入点，结合中国文化产业发展过程中出现的系列问题，对其进行了哲学性的思考与审视(梁源长,2012)。秦杉从"马克思的文化生产力思想"和"中国化的马克思主义文化观"两个部分阐述了马克思主义文化观在中国的演进,并基于马克思主义文化观提出我国文化产业发展的基本原则与路径(秦杉,2013)。丁津从马克思主义产业观和历史唯物主义两个角度论述了产业发展规律,并且针对当前我国文化产业发展现状提出问题的解决措施和产业发展方向(丁津,2014)。刘芳通过引用马克思关于"文化生产"的认识,简述了文化生产从"文化工业"到"人自由自觉活动"的发展趋势,为中国文化产业的发展指明了方向和路径(刘芳,2014)。

由此可见,尽管国内学术界已经开始有专家和学者对马克思主义文化哲学与文化产业的关系进行探讨,但是目前的研究进展仍然较为缓慢,研究成果并不多见,缺乏系统深入的研究。而将马克思主义文化哲学与文化产业发展联系起来进行分析研究,具有非常重要的理论与现实意义。从马克思主义文化哲学高度分析我国文化产业创新发展之路,对于深化文化产业发展理论的把握与理解,促进文化产业实践的创新发展,都具有重要的战略意义。

三、文化产业创新发展的理论基础:马克思主义文化生产力论

文化产业的创新发展有着深厚的马克思主义理论基础。经典马克思主义生产力理论认为,生产力不仅包括物质生产力,而且包括精神生产力,文化生产力主要是"精神方面的生产力",具有精神方面的独特性,与此同时也具有明显的物质性,"文化作为一种生产,它自然应'具有社会生产的基本特征,具有流通、交换、消费等基本环节,具有市场条件下经济运作的全过程'"。文化产业是一种特殊的文化形态和特殊的经济形态,是文化生产力最现实、最直接的表现形态和存在方式,应将其纳入现代社会化大生产的总体框架中加以考察,把影视制作业、出版业、发行业、广告业、演艺业、文化娱乐业、动漫业、文化旅游业等作为国民经济重要的产业部门,并将其作为未来经济结构中的重点和亮点来抓。此外,生产与消费是经济生活中的重要环节,二者相辅相成,生产决定消费,消费反作用于生产。

然而,目前新时代中国特色社会主义社会的主要矛盾已经转化为人民日益增长的美好生活需要与不平衡、不充分的发展之间的矛盾,在总体实现小康的背景下,人民美好生活需要对物质文化生活提出了更高要求,特别是文化产品的生产方面难以满足消费者多样化的文化需求。在当代,人们生活水平不断提高和新技术普遍运用,对于高品质的文化需求越来越紧迫。生产所具有的周期性在一定程度上使得文化生产滞后于文化消费,呈现出不均衡的状态。马克思经济哲学中强调生产与消费是协调发展、互为条件、相互促进,即文化

生产与文化消费必须一致，而文化产业创新发展符合马克思文化生产与文化消费的协调发展理论。在信息高度不对称的新经济时代，文化产业创新发展要求文化企业管理者采用多途径的方式及时掌握消费者的文化需求以及从产品的研发、设计、包装、品牌等方面引领新的文化消费以及加快文化体制改革和相关文化产业政策的颁布，使生产关系适应生产力的发展，从法律层面上规范文化产业，从而推动文化产业的创新发展，并以此来促进我国经济发展方式转变。正如党的十九大报告指出的那样："发展中国特色社会主义文化，就是以马克思主义为指导，坚守中华文化立场，立足当代中国现实……推动社会主义精神文明和物质文明协调发展；要坚持为人民服务、为社会主义服务，坚持百花齐放、百家争鸣，坚持创造性转化、创新性发展，不断铸就中华文化新辉煌"。

四、文化产业创新发展体现马克思主义文化哲学的本质要求——实践的唯物主义

强调实践的唯物主义是马克思主义文化哲学的本质特征，这并不是否认辩证唯物主义和历史唯物主义，而是在科学实践观的基础上实现唯物主义和辩证法的统一。基于此认识，马克思主义文化哲学仍然满足唯物辩证法的基本规律，即对立统一的规律（矛盾的规律）、质量互变规律和否定之否定规律。我们可以进一步探讨马克思文化哲学的唯物辩证法规律与中国文化产业创新发展的内在联系和作用机理。

（一）文化产业创新发展的内涵体现了马克思主义文化哲学中的系统论观点

文化产业连接了文化和文化生产、文化交换和文化消费，是一个复杂的系统工程。文化产业系统具有整体性、层次性和开放性等系统特征。文化产业系统的子系统主要包括文化产业模式、文化产业经营管理、文化内容产业与市场策略、文化产业分类和文化产业发展方向等。从文化产业系统的构成类型来看，图书出版业、报刊业、广播影视业、音像产业、网络产业、广告业、旅游业、艺术产业、体育产业等都属于文化产业各部类的子系统；从法制体系上看，有《著作权法》《音像制品管理条例》《电影管理条例》《出版业管理条例》《娱乐场所管理条例》等各种法规和行政规章；从文化产业经济结构上看，其主要投资经营主体包括国有经济、民营经济、股份制经济、外资经济和混合所有制经济。上述不同层面的构成要件是文化产业创新发展的内容，其相互影响、互为整体的系统整体性特征，体现了党和国家坚持发展文化生产力，始终把"发展各类文化事业和文化产业都要贯彻发展先进文化的要求"的系统整体大局观。文化产业系统内部的结构具有不均匀性和层次性。为了促进文化产业的创新发

展，我国于2004年3月将文化产业分为核心层、外围层和相关层。核心层主要包括新闻服务、出版发行和版权服务、广播电视电影服务、文化艺术服务；外围层主要包括网络文化服务、文化休闲娱乐服务、广告会展和文化中介代理等；相关层主要包括文化用品、设备及相关文化产品的生产和销售。文化产业系统的不同层次的作用存在差异，我国应在把握其层次性系统特征上，积极发挥各层因子的作用，以维系和推动文化产业系统的健康稳定发展。文化产业系统也具有开放性，需要与外界环境发生交换关系，进行物质、能量和信息的动态交流和互通有无。文化产业系统的开放性主要体现在文化产品生产和文化服务供给、文化消费和文化投资等方面，尤其在文化产业项目投资方面，我国应积极引进战略投资者，坚持走投资多元化、社会资本兴办文化产业的“走出去、引进来”开放性道路。文化产业既然作为一个系统就应该用系统的观点来处理其各个层面的问题，尤其是要处理好与一些带有决定作用的子系统间的关系，使其发挥正面的驱动作用。

(二)文化产业创新发展遵循“看得见的手”与“看不见的手”的“对立统一”规律

计划和市场这两只“看得见的手”和“看不见的手”是调节社会主义市场经济的两种基本手段，文化产业创新发展离不开这两只“手”，并且调控文化产业创新发展的宏观计划手段和微观市场手段是“对立统一”的。党的十六届三中全会指出:“按照社会主义精神文明建设的特点和规律，适应社会主义市场经济发展的要求，逐步建立党委领导，政府管理、行业自律，全事业单位依法运营的文化管理体制。”对于事关社会主义先进文化的前进方向，事关我国文化产业安全、文化社会效益和文化经济效益的良性藕合、文化创新等重大宏观战略决策，我们必须以“看得见的手”这一宏观计划手段为主来抓，在把握国内外文化产业发展大局的基础上，进行科学规划、合理设计和布局，以政府投入为主导，不断转换体制机制、提高和改善服务，实现和保障最广大人民群众的基本文化权益和文化社会效益。对于竞争性和经营性很强的文化产业领域，我们应该尽量发展微观的市场手段的作用，以市场为导向，引入多元化市场竞争主体，壮大实力，合理引导市场有序竞争、完善文化市场体系，通过市场为广大人民群众提供丰富多彩的文化产品和服务，以满足其多样化、多层次的精神文化需求。调节文化产业创新发展的宏观计划手段和微观市场手段是对立统一的矛盾体，我国文化产业的创新发展还应进一步厘清文化产业系统内计划与市场的边界，特别是在当前转型期的关键阶段，全国各省市应根据当地文化实际，构建适合本地区文化产业创新发展的标识，切不可一哄而上，更不能将宏观计划之手与微观市场之手混为一谈。整体而言，要正确选择当前转型期文化产业创新发展的“转型管理”，积极实施由宏观计划手段向微观市场手段过渡的“转型管理”，正确处理好宏观计划手段与微观市场手段的辩证关系。

(三)文化产业创新发展体现了马克思文化哲学矛盾论的特殊性原理

文化生产与物质生产作为社会主义市场经济下的重要组成部分,二者既相互区别又相互联系。文化生产与物质生产其侧重的特性不同,文化生产强调其精神性,而物质生产强调其物质性,但二者都属于社会生产范畴下。文化产业作为一种精神生产具有自身的独特性和文化性,目前文化产业发展迅速,但仔细观察会发现,文化产品同质化严重,无自身文化特色、文化产品采用统一的流水线式生产,抹杀了文化的多样性,片面追求经济利益,忽视了文化产品的社会价值。马克思文化哲学强调,文化的主体是一定历史时期的人以及文化不管具有怎样的独立性,都会受到社会实际生活的制约。这表明文化是一定历史时期的产物,对待不同阶段的文化。我们应该具体问题具体分析,尊重文化的多样性,这也就是马克思所强调的矛盾的特殊性原理。文化产业作为一种新兴产业,起步较晚,目前,文化产业如旅游产业在旅游线路的开发和旅游产品的设计上采用相似的商业模式,使消费者走到哪里都能看到相同的开发模式,而不是针对文化资源的差异化合理设计,体现文化产业的文化特色。此外,仔细探究精神消费"热"的重要原因之一在于文化的特殊性能够满足不同的消费人群需求,给人以精神上的愉悦。设想文化产业的核心产品全部进行大工业生产,任何文化产品都具有相似性,消费者会以此造成审美疲劳。因此,文化产业创新发展应该借鉴马克思文化哲学理论,在坚持普遍性原理下强调其特殊性,充分尊重文化的特殊属性,坚持文化的多样性,从不同角度发掘文化资源的文化价值,积极探索新途径和新方法,创新文化产业商业模式,促进文化产业的发展。

(四)文化产业创新发展反映了马克思主义文化哲学的否定之否定规律

马克思主义文化哲学蕴含的否定之否定规律告诉我们,对事物必须采取辩证分析的态度,不能否定一切或肯定一切,而应当克服那些应当克服的东西,保留那些应当保留的东西,以促进事物的发展。文化产业作为一种不断发展着的新生事物,其发展需要经过若干个阶段,需要吸收国内外优秀文明成果和先进文化,才能不断充实、日臻完善。因此,在文化产业创新发展过程中,应当坚持先进文化与构建创新标识的"否定之否定规律"。文化产业创新发展首先应着眼于我国固有的文化资源和传统文化优势,正确对待中国传统的文化,坚持社会主义先进文化的发展方向。十六大报告指出:"中华文明博大精深,源远流长,为人类文明进步作出了巨大贡献。在当代中国人民的伟大奋斗中,必将迎来社会主义文化建设的新高潮,创造出更加灿烂的先进文化。"对于传统先进文化,应加以继承和发扬,并将其作为当代先进文化的重要构成部分;对于封建糟粕,应加以剔除和抛弃。只有通过发展我国的创新文化,才能发展我国的先进文化生产力和文化产业。另外,也要辩证地对待外国文化。"凡是人类创造的积极的精神财富,凡属人类文明发展的新成果,凡属世界各民族创造的优秀艺术表现形式，我们都应学习、借鉴、吸收。而对于一切丑恶腐朽的东西，则应该坚决地摒弃。”把国外文化产品中具有娱乐性、观赏性、知识性、哲理性的东西积极地吸引过来，作为我国文化产业发展的有益补充和重要组成部分。这样一来，在我国文化产业创新发展过程中，坚持社会主义先进文化的前进方向与构建发展创新文化的创新标识就形成了一个螺旋式上升的否定之否定规律。我国文化产业创新发展是为了满足消费者过上美好生活的新期待的客观要求，必须提供丰富的精神食粮。为此，需要在坚持原有文化体制基本原则和规律性东西的基础上，深化文化体制改革，完善文化管理体制，加快构建把社会效益放在首位、社会效益和经济效益相统一的体制机制。健全现代文化产业体系和市场体系，创新生产经营机制，完善文化经济政策，培育新型文化业态，在马克思文化哲学“否定之否定规律”的指引下，利用“互联网+”“文化+”，通过融合型经济模式，推动传统文化行业转型升级，拓展新型文化产业业态；同时，不断优化数字文化产业供给结构，深化“互联网+”，深度应用大数据、云计算、人工智能等科技成果，促进创新链和产业链的有效对接，探索平台型、免费型、长尾型、授权型，以及文化金融、文化电商等融合型文化产业商业模式，不断推进我国文化产业创新发展（陈柏福、杨辉、伍宣霖，2018）。

五、文化产业创新发展必须坚持马克思主义文化哲学——唯物史观

（一）创新发展体现了马克思文化哲学的最终目的是实现人的全面自由发展

马克思在《资本论》中提出社会三种不同形态的理论，认为人类社会虽然错综复杂，但总的来说不外乎三种形态：“人的依赖关系，是最初的社会形态”“以物的依赖性为基础的人的独立性，是第二大形态”“建立在个人全面发展和他们共同的社会生产能力成为他们的社会财富这一基础上的自由个性，是第三个阶段”（马克思、恩格斯，1979）。这也就是说，物质生产领域终究是必然王国，我们最终走向自由王国即实现人的全面自由发展。当前，文化产业发展不成熟，文化产业生产者被金钱蒙蔽双眼，片面追求经济利益忽视社会利益以及生产低俗化、庸俗化的文化产品等不良现象，文化产业还处于马克思所说的“第二阶段”。因此要进行文化产业创新发展首要解决的就是出发点和落脚点的问题。马克思主义文化哲学强调文化产业创新发展的出发点和落脚点是促进人的自由全面发展，这种发展不是被动地而是主动地、自觉地创造性发展，指出被“金钱异化的人们，对理论、艺术、历史的蔑视，归根到底是对自我目的的人的蔑视”（马克思、恩格斯，1956）。文化产业创新发展首先要从思想上树立正确的文化价值观，不断地提高生产者的文化素养；其次，在实践的基础上

发挥人的主动创造性,推动文化产品生产者自觉投身于文化产业的发展中;最后,实现人的全面自由发展并不仅仅只局限于人本身,而是与人相互联系的周围环境、社会等亦是如此。为文化产业创新发展创建良好的文化市场环境,在进行文化产业生产时将经济利益与社会利益结合考虑,不应只以功利为目的,从而实现社会的和谐发展。

(二)文化产业创新发展要坚持人民群众是历史的主体

马克思唯物史观指出"人民群众是历史的主体",是历史的创造者。文化哲学作为马克思哲学中的重要组成部分,亦遵循人民群众主体观,坚持"从群众中来,到群众中去"的方法论来促进文化产业的大发展、大繁荣。文化产业创新发展的最终目的是刺激人民群众的文化消费,生产人民喜闻乐见的文化产品,从而实现人的全面发展。文化产品从生产到面向市场进入消费者手中包括四个基本环节:生产、流通、交换、消费。其中每一个基本环节都离不开人的参与,如生产不仅需要劳动者、设计者等相关的人员,流通、交换、消费亦需要与之相关的工作人员才能成功地将产品面向市场,以及艺术、文学等文化作品是人民群众发挥主观能动性通过实践活动创作而成,人的实践活动创造了文化,人民群众是文化生产的主体。因此,文化产业创新发展要坚持人民群众在文化发展中的主体地位,坚持"从群众中来,到群众中去"的方法论。其一,通过发展文化教育事业,不断提高人民群众的文化素养和知识水平,为文化产业的发展提供优秀的创新人才。其二,最大限度地调动人民群众的积极性,发挥人民群众的创造性。文化企业应该加强与文化消费者之间的联系,及时了解消费者的消费需求,积极策划相关的活动让消费者参与产品设计、企业管理,把握新的消费点。其三,牢牢把握消费者文化需求,实现文化产业与文化消费的均衡发展,从而充分调动人民群众的积极性和创造性,成为促进文化事业和文化产业发展的推动者。

六、结　语

马克思主义哲学的形成得益于19世纪40年代的欧洲思想运动,马克思、恩格斯在接受黑格尔、费尔巴哈哲学时,与当时的浪漫主义思潮、历史、文学等有着一定的联系,虽然马克思没有真正提出"文化哲学"的概念,但从马克思主义哲学的起源以及内容方面来看,无一不体现着对文化的思考。马克思主义哲学强调"全部社会生活本质上是实践的"(马克思、恩格斯,1995),通过实践作用于客观对象,使之烙上人的痕迹,将哲学的视角转向现实生活中的人及其所在的世界,这与近代理性主义有着本质上的区别,这也就意味着哲学与人相关的政治、经济、文化等都有着密切的联系。文化哲学深深根植于马克思主义哲学中,是现代哲学向生活世界、文化世界和价值等的普遍回归(方珏,2012)。

因此马克思文化哲学是以实践活动为核心，强调实践主体人的创造性，体现着马克思唯物论、辩证法、唯物史观的哲学。随着文化产业发展速度加快，学者们开始从哲学上寻求规律以指导文化产业的发展，而文化哲学正是对文化理论的科学认识，因此，对文化哲学的认识应重点把握文化发展的规律。马克思文化哲学规律主要从三个方面体现：其一，从社会的整体视角下，文化哲学认为社会存在决定社会意识，实践是文化哲学的核心，强调人的主观能动性以及意识是客观世界的主观反映，反映了文化哲学的唯物性。其二，从辩证的角度看待文化的发展。文化是由不同的要素构成，文化的发展不仅要处理内部之间的矛盾，而且要正确地对待处在整个社会环境下与文化相关的部分，要具有系统意识，站在战略高度上看待问题，此外文化哲学强调一定历史时期的实践活动往往体现着那段历史特性并且在原有的基础上不断发展。其三，从唯物史观的角度看待文化哲学。文化哲学认为人通过实践活动创造了文化，文化的主体是人，实现人的全面自由发展是文化哲学的最终目的，而实现这一目标的方法是坚持人民群众的主体地位，坚持“从群众中来，到群众中去”的方法论。

当今，文化产业作为“朝阳产业”，在我国国民经济中占有重要的地位，文化产业的发展有利于我国产业结构的调整和提升、综合国力的提高和满足人们日益增长的精神文化需求，有利于解决我国的主要矛盾以及将文化产业作为一种“绿色产业”，有利于资源的合理分配和环境的保护。目前，我国高度重视文化产业的发展，文化产业在一定程度上取得了长足的发展，但文化产业的创新发展也存在着一些问题。一方面，国内文化产业发展文化创新人才缺乏、产品差异化不明显、一些地方民族文化逐渐消失等；另一方面，国内外文化产业发展差距明显，我国文化产业发展所需的资金、技术以及国家政策的支持远远落后于国外发达国家。因此，为了缩小国内外文化产业之间的发展差距和壮大文化企业，目前迫在眉睫的是需要科学的文化理论来指导文化产业的创新发展。马克思文化哲学能够为文化产业的发展提供多角度的思考。文化产业的创新发展要牢牢把握文化哲学的发展规律，立足文化产业发展实践，正确处理“看得见的手”与“看不见的手”之间的关系，用辩证的观点看待文化产业的开放性、特殊性、多样性以及继承性，增强文化自信，合理利用丰富的文化资源，提高文化资源利用率以及注重文化产业创新发展中应满足人的全面自由发展，坚持以人为本的发展理念，大力培养文化产业创新人才。从技术、研发、设计等方面创新，生产出人民喜闻乐见的文化产品，在文化政策上加大对文化产业的扶持力度，颁布相关的法律法规以促进文化市场的健康合理有序发展，缩小与发达国家之间的文化竞争力差距，促进我国文化产业的大发展、大繁荣。

参考文献

[1]陈柏福、杨辉、伍宣霖,2018,《“互联网+”时代文化产业商业模式研究》,上海:上海交通大学出版社,第6—7页。

[2]陈树林,2007,文化哲学:马克思主义哲学研究的新视野,《理论探讨》,第5期,第40—42页。

[3]丁津,2014,马克思主义产业理论与文化产业发展,《视听》,第6期,第112—114页。

[4]方珏,2008,文化哲学:现代化语境下马克思主义哲学建构的一个维度,《武汉大学学报》(人文科学版),第5期,第278—283页。

[5]方珏,2012,文化哲学:马克思主义哲学史的新研究范式,《马克思主义哲学研究》,第1期,第65—73页。

[6]冯丹,2015,马克思文化观研究,大连:大连理工大学。

[7]何萍,2007,马克思“实践的唯物主义”的文化哲学品格,《求是学刊》,第3期,第25—31页。

[8]何萍,2008,马克思的文化哲学及其传统,《南京大学学报》(哲学·人文科学·社会科学),第6期,第5—14页。

[9]黄力之,2005,巴黎手稿与马克思主义文化哲学,《学术研究》,第7期,第36—43页。

[10]梁源长,2012,当代中国文化产业发展的哲学审视,天津:天津师范大学。

[11]刘芳,2014,马克思文化生产思想与文化产业发展,《文化产业研究》,第9期,第85—89页。

[12]马克思、恩格斯,1956,《马克思恩格斯全集》第1卷,北京:人民出版社,第448—449页。

[13]马克思、恩格斯,1979,《马克思恩格斯全集》第46卷,北京:人民出版社,第104页。

[14]马克思、恩格斯,1995,《马克思恩格斯全集》第1卷,北京:人民出版社,第56页。

[15]秦杉,2013,马克思主义文化观视域下文化产业发展研究,重庆:重庆交通大学。

[16]任百成,2015,人化与化人——马克思文化哲学的主体向度,《湖北经济学院学报》(人文社会科学版),第9期,第12—14页。

[17]王宏宇,2007,文化哲学:实践哲学的当代形态,哈尔滨:黑龙江大学。

[18]徐军、王远龙,2010,略论马克思主义文化哲学本体的当代建构,《井冈山大学学报》(社会科学版),第5期,第50—59页。

[19]张春霞,2010,马克思哲学视域中的文化维度及当代意义,《新疆大学学报》(哲学·人文社会科学版),第4期,第26—29页。

[20]朱建新,2013,马克思的文化哲学思想及其当代价值,衡阳:南华大学。

[21]邹广文,2010,马克思文化哲学思想的展开逻辑,《求是学刊》,第1期,第29—35页。

Study on Marxist Cultural Philosophy and Chinese Cultural industry innovation

Chen Baifu Yang Hui Wu Xuanlin

Abstract Nowadays, because of the policy, marketing and system reformation, Chinese cultural industry have been developing rapidly and well, but influenced by western hedonism and the temptation of money, there are many obstructions of the development of Chinese cultural industry, the cause of this phenomenon is the lack of theory. At present, many experts and scholars have done many researches about cultural industry development theory, Marxism cultural philosophy "Practical Materialism" and "Subjective Cultural View" have aroused of the thinking and researching in the relationship of cultural philosophy and cultural industry development. Whether it is now or the future, the development of Chinese cultural industry cannot get away from people, "Practical Materialism", "Historical Materialism" of Marxism cultural philosophy will provide new development direction and path to the innovation and development of Chinese cultural industry.

Key words Marxism Cultural Philosophy Cultural Industry Practical Materialism

风险最小化视角的我国城镇职工基本养老金投资组合研究

——基于 Markowitz 投资组合理论

朱 玉 郑亚平

内容提要 我国城镇职工基本养老金个人账户缺口巨大和社会统筹账户累计余额巨大,其运营管理面临谨慎安全和保值增值的两难选择。基于风险最小化和达到预期收益率要求,运用拓展的 Markowitz 模型实证我国城镇职工基本养老金在不同预期收益率的最优金融资产投资组合,并以 6% 的目标收益率测算我国城镇职工基本养老金在股票、债券和银行存款的资产配置比例及政策建议。

关键词 城镇基本养老金 Markowitz 模型 风险最小化 投资组合

中图分类号 F83

一、引 言

城镇职工基本养老基金是我国社会保险基金最重要构成部分。截至 2016 年底的数据显示:(1)城镇职工基本养老基金(以下简称"养老金")当期征缴收入不抵支出(征缴收入 26768 亿元,总支出 31854 亿元),依靠财政补贴平衡(各级财政补贴 6511 亿元);(2)养老金累计结存高达 38580 亿元(2002—2016 年各级财政对养老金补贴 3.2 万亿元,占累计结存的 83%)。[①] 据《中国养老金发展报告(2016)》,2015 年养老金个人账户累计记账额(即"空账")47144 亿元,当年养老金累计结余额 35345 亿元,缺口近 1.18 万亿元。自 2014 年 10 月起,机关事业单位人员养老保险与企业职工并轨,城镇职工基本养老保险金个人账户余额缺口、统筹账户累计余额规模扩大。

养老金结余 98% 存放在金融机构,活期存款比例占 38.44%[②];养老金投资国债的比例不到 10%。2015 年银行活期存款利率为 0.35%,同期全国 CPI

收稿日期:2018—05—20

作者简介:朱玉(1964—),绵阳师范学院图书馆助理研究员,研究方向为经济管理。郑亚平(1958—),绵阳师范学院机电工程学院教授,研究方向为区域管理。

① 数据来源:2016 年度人力资源和社会保障事业发展统计公报。

② 数据来源:《证券日报》A2 版,2012 年 12 月 24 日。

涨幅达1.5%。按30%的养老金存入活期存款计算,2015年养老金贬值122亿元。2000—2015年养老金平均年化收益率为2.32%,除去通胀因素,实际处于贬值状态(据郑秉文测算,在过去20年贬值近1000亿元)。养老金保值增值成为我国学界和政府关注的热点问题。

养老金保值增值的一种有效模式就是职工养老金资本市场化运作。2007—2016年企业年金的投资运营平均收益率为7.57%;社保基金自2010年以来年均收益率为8.37%;未进入投资运营的养老金在2010—2014年收益率为2.0%—2.9%。2017年养老金进入投资运营收益率为5%。2015年8月23日,国务院发布《基本养老保险基金投资管理办法》(以下简称《办法》)明确规定,养老基金实行中央集中运营、市场化投资运作;为规避风险,规定投资股票、股票基金、混合基金、股票型养老金产品的比例,合计不得高于养老基金资产净值的30%。

理性的基金管理者,只有在有足够理由认为未来某项目(产品)上涨的确定性高于下跌的确定性时才会进行投资。养老金作为老百姓的"生命钱",投资更需防范风险,更需谨慎。在既能保证风险最小化、又可获得最佳收益的前提下,养老金投资运营于各类金融资产优化组合正是本研究的意义所在。

二、国内外养老金组合投资及入市的理论与实践

(一)国内外养老金组合投资研究

诺贝尔经济学奖获得者Markowitz应用数学二维规则,根据"分散原理"构建的投资理论模型,成为现代投资组合理论的奠基石,在金融投资理论体系中占有极为重要的地位。Boldrin等人研究表明,养老基金的分散化投资有利于分散非系统风险。Robert Poezn(2002)认为,资本市场能够促进养老金计划顺利执行,减轻政府负担;建议我国应该努力增加养老基金在股票市场的投资,通过投资债券和其他有价证券并进行合理配置,实现投资的高收益。国内学者聚焦研究养老金组合投资问题。李绍光(2002)认为,养老金进入资本市场是最终选择。黄进(2003)提出养老金只有投资才能保值增值。针对养老金主要以活期和定期形式存放在金融机构、少量投资于国债的现实,李文龙和俞自由认为存款与国债已不再是安全的无风险资产,养老金投资面临的不再是托宾的"直线效率边界"。在养老金市场化运作管理方面,面对养老基金强烈的保值和增值压力,郭席四、陈伟诚建议将个人账户基金交由独立的民营养老金管理公司管理,并实行市场化运作;政府对个人账户资金运作不负有直接责任,只负有监管之责。沈安婷根据我国证券市场数据,用Markowitz投资组合模型,构建出社保基金投资组合模型,分析了股票、国债、企债的不同投资组合效果。谷明淑、刘畅采用2007—2012年上证指数(股票)、开放式基金、三年

期国债和一年期存款四种资产的期望收益率、收益率标准差数据，借助计量经济工具，当收益率为7.19%、风险为9.47%时，获得的四种资产最优组合比例为21.76%∶13.24%∶10%∶55%。王洪良、周厚强采用Markowitz的投资组合模型，并用Matlab软件实证分析得出的结论是：养老金应谨慎入市，应将股票资产投资比例严格控制在30%以下；在此约束下，根据养老金具体的投资风险偏好确定出合适的投资组合。

(二)国外和中国香港养老金入市投资

尽管经历了全球股市的大起大落，很多国家或地区仍然将投资股权资产作为养老基金保值增值的主要方式之一。资料显示，市场经济成熟国家养老金基本上都有20%—50%的资金进入股市，年均收益6.9%—9.5%。表1为部分OECD国家养老金实际净投资回报率。

表1　　部分OECD国家养老金实际净投资回报率

国　家	新西兰	挪威	瑞典	加拿大	日本	美国	法国	平均
2013年股权配置比例(%)	26	57	51	33	21	45	33	38
2010—2013年年均回报率(%)	13.4	12	10.5	8.8	7.6	6	4.5	8.9

资料来源：Annual Survey of Lange Pension Funds and Public Pension Reserve Funds 2014。

中国香港强积金具有养老金基金性质，其资产投资组合为：存款及现金16%、债券20%、股票资产64%(其中35%投在香港本土股市、29%投在海外股票市场)。自2000年以来，强积金股票资产年均收益率为3.5%，远高于1.2%的年均CPI。

美国在科学地协调养老金投资安全性与收益性方面取得了较为显著的成效，通过投资组合分散风险，在尽可能降低风险的情况下，实现养老金的高收益。20世纪80年代以来，扣除通胀因素，美国的养老金投资收益率在10%以上。

(三)我国养老金入市投资尝试

这里所说的入市是特指国内养老金投资于股市。在《办法》发布前，基于安全谨慎原则，我国对养老金投资有颇为严格的管制：养老金结余主要是存入银行或购买国债，且银行存款和国债的投资比例不得低于50%(银行存款比例不得低于10%)。2014年11月25日，中国银河证券基金研究中心分析师俞慧君在与全国200多个分支机构、总部部门的基金员工在线交流“谁在为我们养老”相关问题时认为：“存入银行只能保证其名义安全，不能保证实际安全，投资国债也无法保证基金能够充分从经济快速增长中获益。”

基于养老金投资收益不理想及保值增值的迫切需要，养老金投资组合呼声越来越高，《办法》的发布使得养老金入市投资消除了政策限制。股市有风险,但风险投资的资产回报率却往往较高。实际上,自2000年8月党中央、国务院决定设立“全国社会保障基金理事会”,负责管理运营全国社会保障基金后,全国社会保障基金理事会探索社保基金的股权投资之路,取得了不错的成效。自社保基金会成立至2016年末,社保基金累计投资收益额8227亿元,年均投资收益率8.37%,超过同期年均通货膨胀率(2.42%)5.95个百分点。

三、Markowitz投资组合理论

(一)Markowitz模型

养老金金融资产投资的理论基础是现代投资组合理论。该理论最早由Markowitz系统地提出,其核心思想是:构建投资组合的原因及带来的效益;如何根据市场信息实现证券投资的最优配置。他在全盘考虑上述两个目标基础上,严谨地阐述了构建投资组合的原因及带来的效益;并分别用期望收益率、收益率方差来衡量投资的预期收益水平和不确定性(风险),通过数理统计方法构建关于投资组合理论的模型均值方差模型,给出了证券投资的最优组合,从而可以根据其结论进行投资组合决策:固定一个目标使另一个目标达到最优,即在达到预期收益率 R_p 情况下,使证券投资组合的风险最小;在控制风险不超过标准差 σ 的情况下,使证券投资组合收益率最大。

Markowitz投资组合理论模型假设:市场有效,无交易成本和税收;投资者每一次投资抉择时的依据是某一持仓时间内证券收益的概率分布;投资者根据证券的期望收益率估测证券组合的风险;投资者的决定仅仅是依据证券的风险和收益;风险水平一定,投资者期望收益最大(或在收益水平一定上,期望风险最小);允许卖空或买空。

假设有 n 种投资项目,记作 $P(P_1,P_2,\cdots,P_N)$,每一种投资项目对应权重分别为 $W_1, W_2,\cdots,W_n$,如果单个项目的投资收益率分别为 $r_1, r_2,\cdots,r_n$,则:

目标函数

$$\mathrm{Min}\sigma^2=\sum_{i=1}^{n}\sum_{j=1}^{n}W_iW_j\mathrm{Cov}(r_i,r_j)$$

s.t.

$$R=\sum_{i=1}^{n}W_ir_i$$

其中,σ^2 为投资组合 P 的方差;$\mathrm{Cov}(r_i,r_j)(i, j=1,2,\cdots,n)$是收益率 r_i 和 r_j 的协方差;R 为投资组合收益率。

当 n 很大的时候,以上两个式子估计量太大,这时候可能会选择由套利定价模型(APT)推出的多因素模型求解,可大大简化其计算。

以上两式可以通过求二次规划的最优解,即投资组合曲线,见图 1。

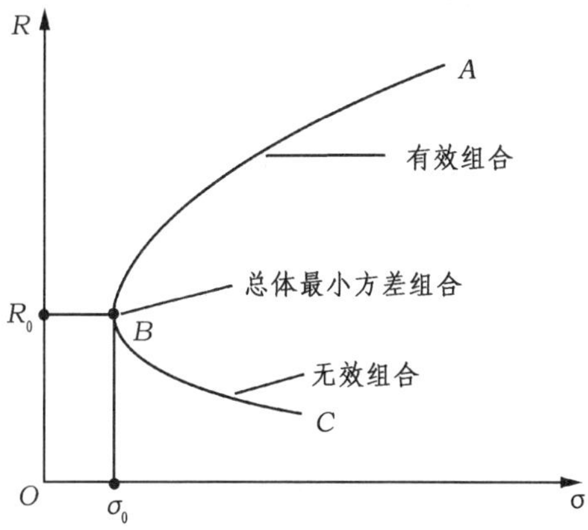

图 1　Markowitz 投资组合曲线

图 1 中曲线 ABC 为 Markowitz 模型资产组合的可行解曲线,其中 BA 段曲线为有效组合边界线,即该段曲线上对应的每一点资产组合都是有效组合,该段曲线趋势表明,风险越大,对应资产组合收益越大。BC 段曲线为无效组合边界线,即该段曲线上对应的每一点资产组合都是无效组合,虽然在该段曲线上每一点的资产组合表示一种收益固定时风险最小的资产组合,但其当风险固定时收益并非最大。B 点为总体风险最小时对应的资产组合。

(二)基于风险最小化的 Markowitz 投资组合

Markowitz 投资组合理论定量分析了投资组合的最优配置,但其要求条件严苛以及证券数量增大时计算的繁杂性致使这一模型实用性降低。为此,学者们对 Markowitz 模型做进一步的改进和完善,使其更切合实际,这就是多目标投资组合模型。由于养老金是老百姓的“生命钱”,投资谨慎、规避风险是基本要求,宁云才、王卫红基于风险最小化视角,对 Markowitz 投资组合模型在应用上进行了拓展:

目标函数:

$$\mathrm{Min}\sigma^2 = \sum_{i=1}^{n}\sum_{j=1}^{n} W_i W_j \mathrm{Cov}(r_i, r_j) \quad \rightarrow \quad \mathrm{Min}\sigma^2 = W^T E W$$

$$\text{s.t.} \quad R = \sum_{i=1}^{n} W_i r_i \quad \rightarrow \quad W^T R = R_P$$

$$\sum_{i=1}^{n} W_i = 1 \quad \rightarrow \quad F^T W = 1$$

其中,σ^2 为投资组合收益率的方差;$W=(W_1, W_2, \cdots, W_n)^T$ 为各投资项目的权重向量;E 为各投资项目收益率的协方差矩阵,即 $\mathrm{Cov}(r_i, r_j)$;$R=(r_1, r_2,$

$\cdots,r_n)^T$，为各投资项目的平均收益率向量；$F=(1,1,\cdots,1)^T$ 为元素全为1的 n 维向量。设：

$$A=\begin{pmatrix} r_1 & r_2 & \cdots & r_n \\ 1 & 1 & \cdots & 1 \end{pmatrix} \qquad B=\begin{pmatrix} R_P \\ 1 \end{pmatrix}$$

在矩阵E正定的情况下，模型有唯一的最优解。

则组合投资各项目权重系数向量：

$$W^*=E^{-1}A^T(AE^{-1}A^T)^{-1}B \tag{1}$$

组合投资中第 i 项投资资产权重：

$$W_i=\frac{W_i^*}{\sum_{i=1}^{n}W_i^*} \tag{2}$$

四、基于风险最小化的养老金金融资产投资组合实证

现阶段我国资本市场发展不完善，对于养老金投资渠道、投资产品和投资比例都有所限制，本文仅就其投资的银行存款、国债和股票三种代表性金融产品组合展开研究，以1年期定期银行存款、10年期国债与股票三种投资产品为对象，通过Markowitz投资组合模型，研究我国城镇养老金投资的最优组合。

(一)数据收集和处理

在构建城镇养老金对于股票、债券和银行存款的投资组合实证模型时，对所有实证数据均处理为月度数据，本文拟选择我国2005年1月至2016年12月、长达144个月的、以上述三种金融产品的月投资收益率为实证分析数据，这种选择可以满足养老金长期投资的特点，使实证结论更具说服力。

1. 股票投资收益率

以“上证综合指数”为分析对象，通过“上证综合指数月变化率”反映股票投资的综合收益率，这里的上证综合指数是当月该指数的平均值。

$$\text{上证综合指数月变化率}=\frac{\text{本月综合指数平均值}-\text{上月综合指数平均值}}{\text{上月综合指数}}\times 100\% \tag{3}$$

表2数据为上证综合指数月变化率，即股票投资的月综合收益率。

表2 **上证综合指数月变化率** 单位：%

月＼年	2005	2006	2007	2008	2009	2010	2011	2012	2013	2014	2015	2016
1	−5.093	5.621	4.143	−16.691	9.328	9.328	−2.316	−2.205	9.665	−5.347	10.106	−12.801
2	5.469	8.353	3.421	−0.796	4.631	4.631	3.167	6.385	2.332	2.304	−1.972	−9.780

续表

月＼年	2005	2006	2007	2008	2009	2010	2011	2012	2013	2014	2015	2016
3	−9.553	3.257	10.490	−20.141	13.940	13.940	2.776	−0.489	−2.878	−3.302	10.359	2.587
4	−1.871	−0.057	20.642	6.346	4.397	4.397	1.287	−1.090	−3.899	2.229	18.206	4.988
5	−8.490	10.931	6.987	−7.034	6.270	6.270	−5.318	2.049	1.726	−2.225	9.272	1.382
6	1.904	13.961	−7.032	−20.309	12.397	12.397	−4.221	−3.906	−7.395	1.128	−0.655	−5.450
7	0.193	1.883	17.021	1.448	15.297	15.297	2.204	−5.064	−2.975	3.350	−14.796	4.137
8	7.365	−3.557	16.725	−13.631	−21.815	−21.815	−6.423	−3.124	3.878	4.590	−10.839	5.855
9	−0.619	2.846	6.389	−4.321	4.186	4.186	−4.224	−1.541	3.642	3.468	−8.995	−4.219
10	−5.434	5.654	7.248	−24.632	7.786	7.786	−2.881	1.125	−0.289	2.623	5.614	1.265
11	0.589	4.882	−18.187	8.235	6.657	6.657	1.363	−2.588	−0.526	8.110	3.236	3.961
12	−5.093	14.216	8.000	−2.691	2.561	2.561	−6.150	3.338	0.371	16.128	1.346	−0.781

资料来源：根据新浪股票网提供的上证综合指数计算得出。

2. 国债投资收益率

以 10 年期国债为代表，反映中国证券市场债券投资收益率变动状况。表 3 数据为 10 年期国债月平均收益率(月利率)。

$$10\text{年期国债月收益率}=\frac{\text{本月国债指数平均值}-\text{上月国债指数平均值}}{\text{上月国债数平均值}}\times 100\% \tag{4}$$

表 3　10 年期国债月平均收益率　单位：%

月＼年	2005	2006	2007	2008	2009	2010	2011	2012	2013	2014	2015	2016
1	0.408	0.246	0.255	0.351	0.256	0.299	0.335	0.284	0.300	0.375	0.291	0.669
2	0.402	0.243	0.264	0.344	0.265	0.282	0.329	0.294	0.299	0.369	0.281	0.381
3	0.352	0.246	0.285	0.337	0.268	0.290	0.326	0.292	0.295	0.375	0.304	0.428
4	0.348	0.253	0.299	0.342	0.265	0.280	0.323	0.295	0.286	0.358	0.279	0.333
5	0.311	0.255	0.336	0.349	0.259	0.270	0.319	0.278	0.286	0.339	0.279	0.201
6	0.304	0.268	0.370	0.376	0.275	0.273	0.324	0.277	0.292	0.338	0.299	0.252
7	0.281	0.271	0.363	0.373	0.297	0.275	0.337	0.274	0.310	0.355	0.289	0.419
8	0.296	0.268	0.357	0.356	0.294	0.269	0.334	0.282	0.336	0.353	0.277	0.503
9	0.270	0.260	0.370	0.313	0.293	0.276	0.321	0.283	0.333	0.331	0.269	−0.239
10	0.255	0.246	0.381	0.259	0.308	0.306	0.313	0.298	0.348	0.312	0.255	1.161
11	0.277	0.248	0.381	0.252	0.297	0.330	0.300	0.294	0.363	0.293	0.640	0.184
12	0.268	0.251	0.348	0.231	0.304	0.323	0.286	0.298	0.379	0.301	0.424	−0.433

资料来源：根据东方财富网提供的 10 年期国债月度指数计算得出。

3. 1 年期定期存款投资收益率

选取 1 年期定期存款作为定期存款投资代表，其收益率就是存款到期的利率。因国家需要利用利率等货币政策调控宏观经济，在某一年某一个月内，存款的基准利率可能会有所不同，所以在计算存款投资收益率时，应采用加权的方法计算。1年期定期存款月度收益率按(5)式计算。

$$r=\sum_{i=1}^{k}\frac{r_i t_i}{n} \tag{5}$$

式中，r 为1年期存款月收益率；k 为当月利率调整次数；r_i 为当月第 i 次调整的1年期存款月利率；t_i 为第 i 次调整1年期存款利率在当月实行的天数；n 为利率调整当月天数。根据央行从2005年1月至2016年12月公布的、1年期存款基准利率调整的历史数据，经计算得到1年期存款月收益率数据，见表4。

表4 1年期存款月收益率 单位：%

月\年	2005	2006	2007	2008	2009	2010	2011	2012	2013	2014	2015	2016
1	0.188	0.188	0.210	0.345	0.188	0.188	0.229	0.292	0.250	0.250	0.250	0.125
2	0.188	0.188	0.210	0.345	0.188	0.188	0.244	0.292	0.250	0.250	0.250	0.125
3	0.188	0.188	0.220	0.345	0.188	0.188	0.250	0.292	0.250	0.250	0.208	0.125
4	0.188	0.188	0.233	0.345	0.188	0.188	0.267	0.292	0.250	0.250	0.208	0.125
5	0.188	0.188	0.242	0.345	0.188	0.188	0.271	0.292	0.250	0.250	0.194	0.125
6	0.188	0.188	0.255	0.345	0.188	0.188	0.271	0.276	0.250	0.250	0.194	0.125
7	0.188	0.188	0.278	0.345	0.188	0.188	0.288	0.253	0.250	0.250	0.192	0.125
8	0.188	0.197	0.284	0.345	0.188	0.188	0.292	0.250	0.250	0.250	0.163	0.125
9	0.188	0.210	0.312	0.345	0.188	0.188	0.292	0.250	0.250	0.250	0.163	0.125
10	0.188	0.210	0.323	0.327	0.188	0.196	0.292	0.250	0.250	0.250	0.163	0.125
11	0.188	0.210	0.323	0.288	0.188	0.208	0.292	0.250	0.250	0.250	0.140	0.125
12	0.188	0.210	0.331	0.204	0.188	0.212	0.292	0.250	0.250	0.250	0.125	0.125

4. 数据处理结果

由表2、表3和表4可计算得到股票、债券和1年期定期存款的月平均收益率，在用SPSS软件对以上数据进行标准化处理，并得到股票、债券和1年期存款月平均收益率矩阵的标准化矩阵、特征值和协方差矩阵，结果见表5。

表5 三种资产数据矩阵处理结果

投资对象	月平均收益率(%)	特征值	Inverse of Covariance Matrix 协方		
		λ	股票	国债	存款
股票	0.911	1.215	1.000	−0.060	−0.185
国债	0.309	0969	−0.060	0.740	−0.008
存款	0.226	0.817	−0.185	−0.008	0.978

因为所有特征根均大于0，所以三种资产收益率数据矩阵满足正定条件，在每一个预期收益率 R_p 下，都有唯一的一个资产组合解，且每一组解都在图1的 BA 曲线上。

(二)基于风险最小化的投资组合关系

根据表4数据与协方差矩阵,已知投资组合的产品收益率矩阵A、收益率转置矩阵A^T、投资组合产品的协方差矩阵E和期望收益率矩阵B。

$$A=\begin{pmatrix}0.911 & 0.309 & 0.226\\ 1.000 & 1.000 & 1.000\end{pmatrix}\qquad A^T=\begin{pmatrix}0.911 & 1.000\\ 0.309 & 1.000\\ 0.226 & 1.000\end{pmatrix}$$

$$E=\begin{pmatrix}1.000 & -0.060 & -0.185\\ -0.060 & 0.740 & -0.008\\ -0.185 & -0.008 & 0.978\end{pmatrix}\qquad B=\begin{pmatrix}R_p\\ 1\end{pmatrix}$$

利用EXCEL软件的相关函数与矩阵计算功能,得到如下计算结果:

$$E^{-1}=\begin{pmatrix}1.042 & 0.086 & 0.198\\ 0.086 & 1.359 & 0.028\\ 0.198 & 0.028 & 1.060\end{pmatrix}$$

$$|E|=\begin{vmatrix}1.000 & -0.060 & -0.185\\ -0.060 & 0.740 & -0.008\\ -0.185 & -0.008 & 0.978\end{vmatrix}=1.441\neq 0$$

将上述矩阵依次代入公式(1)中,分别得到:

$$E^{-1}A^T=\begin{pmatrix}1.042 & 0.086 & 0.198\\ 0.086 & 1.359 & 0.028\\ 0.198 & 0.028 & 1.060\end{pmatrix}\begin{pmatrix}0.911 & 1.000\\ 0.309 & 1.000\\ 0.226 & 1.000\end{pmatrix}=\begin{pmatrix}1.021 & 1.327\\ 0.505 & 1.473\\ 0.429 & 1.286\end{pmatrix}$$

$$(AE^{-1})=\begin{pmatrix}0.911 & 0.309 & 0.226\\ 1.000 & 1.000 & 1.000\end{pmatrix}\begin{pmatrix}1.042 & 0.086 & 0.198\\ 0.086 & 1.359 & 0.028\\ 0.198 & 0.028 & 1.060\end{pmatrix}=\begin{pmatrix}1.021 & 0.505 & 0.429\\ 1.327 & 1.473 & 1.286\end{pmatrix}$$

$$(AE^{-1}A^T)^{-1}=\left\{\begin{pmatrix}1.021 & 0.505 & 0.429\\ 1.327 & 1.473 & 1.286\end{pmatrix}\begin{pmatrix}0.911 & 1.000\\ 0.309 & 1.000\\ 0.226 & 1.000\end{pmatrix}\right\}=\begin{pmatrix}4.034 & -1.930\\ -1.930 & 1.168\end{pmatrix}$$

则基于风险最小化的我国城镇养老金投资组合关系为:

$$W^*=E^{-1}A^T(AE^{-1}A^T)^{-1}\begin{pmatrix}R_P\\ 1\end{pmatrix}$$

$$=\begin{pmatrix}1.021 & 1.327\\ 0.505 & 1.473\\ 0.429 & 1.286\end{pmatrix}\begin{pmatrix}4.034 & -1.930\\ -1.930 & 1.168\end{pmatrix}\begin{pmatrix}R_P\\ 1\end{pmatrix}$$

$$=\begin{pmatrix}1.558 & -0.421\\ -0.806 & 0.746\\ -0.752 & 0.675\end{pmatrix}\begin{pmatrix}R_p\\ 10.000\end{pmatrix}=\begin{pmatrix}1.558R_P-0.421\\ -0.806R_P+0.746\\ -0.752R_P+0.675\end{pmatrix}\tag{6}$$

(三)预期收益率下最优投资组合比例

根据(4)式,计算在不同预期收益率下我国社保基金的最优投资组合比例,见表6。

表6 不同预期收益率下我国社保基金的最优投资组合比例

年收益率(%)	4	5	6	7	8	9	10
月收益率(%)	0.333	0.417	0.500	0.583	0.667	0.750	0.833
股票	0.098	0.229	0.358	0.487	0.618	0.748	0.877
债券	0.478	0.410	0.343	0.276	0.209	0.142	0.075
存款	0.424	0.361	0.299	0.236	0.173	0.111	0.048

如前所述,部分OECD成员国2009—2014年6年间养老金投资组合的平均年收益率为8.9%,我国社保基金投资年均收益率为8.37%,考虑到"我国股市与西方较为成熟的股市相比有较大差异,另外,企业通过上市'圈钱'的行为没有得到有效遏制",我国股市投机氛围仍浓等因素,基于谨慎性原则,本文保守地设定我国城镇职工养老金投资组合的预期收益率目标为年收益率6%(月收益率$R_p=0.5\%$)。将$R_p=0.5\%$代入(4)式,则在该目标投资组合利润率下,基于风险最小化的我国城镇职工养老金优化投资组合比例为:

股票比例:

$$W_1=\frac{W_1^*}{\sum\limits_{i-1}^{n}W_i^*}=\frac{0.358}{0.358+0.343+0.299}\times 100\%=35.8\%$$

债券比例:

$$W_2=\frac{W_2^*}{\sum\limits_{i-1}^{n}W_i^*}=\frac{0.343}{0.358+0.343+0.299}\times 100\%=34.3\%$$

银行存款比例:

$$W_3=\frac{W_3^*}{\sum\limits_{i-1}^{n}W_i^*}=\frac{0.299}{0.358+0.343+0.299}\times 100\%=29.9\%$$

五、结　语

表6数据给出了不同预期收益率下养老金投资组合关系。如果设定养老金用于股票、债券、银行存款的组合投资目标年收益率为6%,基于风险最小化的最优投资组合比例为35.8∶34.3∶29.9的投资组合,既可保证养老金投资"安全第一"要求,符合《办法》规定的"投资银行活期存款,1年期以内(含1

年)的定期存款,中央银行票据,剩余期限在1年期以内(含1年)的国债,债券回购,货币型养老金产品,货币市场基金的比例,合计不得低于养老基金资产净值的5%"的要求;也可保证得到较高的投资收益,弥补养老金个人账户缺口,实现保值增值目标。因此,基于对我国近十年银行存款、长期债券和股市收益率数据的实证结果,我们建议应进一步放宽限制,将养老金投入股市的比例不超过其净资产30%的限制条件变为不超过40%为宜。

参考文献

[1]Boldrin, Michele, Juan Jose Dolado, Juan Franscisco Jimeno, 1999, Franco Pemcchi: The Fumre of Pension Systems in Europe: A Reappraisal, *Economic Policy*, *forthcoming*.

[2]Markowitz. H, 1952, Portfolio selection, *Journal of Finance*, 7, 77—91.

[3]陈李,2012,养老金迈出市场化运作第一步,《中国宏观经济信息》,第12期,第20—22页。

[4]谷明淑、刘畅,2013,我国养老保险基金投资组合策略研究,《经济学动态》,第7期,第57—64页。

[5]郭席四、陈伟诚,2005,分账制下基本养老保险个人账户基金投资研究,《中国软科学》,第10期,第58—65页。

[6]洪良、周厚强,2017,中国养老金入市资产配置实证研究,《黑龙江八一农垦大学学报》,第6期,第122—126页。

[7]黄进,2003,养老金投资风险管理研究,《北京劳动保障职业学院学报》,第1期,第33—36页。

[8]李绍光,2002,从分形市场假说看养老金入市,《经济社会体制比较》,第1期,第44—48页。

[9]李文龙、俞自由,2003,论养老基金投资风险的凸现及控制,《财经研究》,第11期,第44—48页。

[10]宁云才、王卫红,2003,马克维兹组合投资模型的程序化求解方法,《数量经济技术经济研究》,第10期,第45—48页。

[11]沈安婷,2008,我国社保基金投资组合研究,《消费导刊》,第21期,第124—125页。

[12]熊小果,2009,中美两国养老保险制度对比研究,《区域金融研究》,第12期,第20—23页。

The Research on Basic Pension Portfolio of Urban Workers in China Based on the Risk Minimization
— Based on Markowitz Portfolio Theory

Zhu Yu Zheng Yaping

Abstract There exists a huge gap in personal accounts and large accumulated balances in Social pooling accounts of urban workers' basic pension in our country, its faces with dilemma between prudent and safety and hedging and appreciation in operating and management. Based on the risk minimization and approaching the expected yield, it uses extended Markowitz model to empirically conclude that the optimal Financial property portfolio in different expected yield of basic pension. Besides, with the 6% expected yield, it measures the disposal ratio of investment in stock, bonds and deposit and puts forward that we should further expand the proportion of pension to invest in stocks.

Key words Urban Basic Pension Hedging and Appreciation Markowitz Theory Risk Minimization Portfolio

从危机后美国产业兴衰看贸易战终极目标及我国对策

程伟力

内容提要　通过美国金融危机后产业发展变化可以发现,制造业尚未恢复到危机前水平,高科技贸易持续逆差,奥巴马再工业化政策基本上没有成功。但农业和能源取得了较快发展,服务业仍然是美国经济发展的主导力量,但增量主要来源于少数行业且存在虚拟成分。在商品贸易领域,美国并不具备打贸易战的实力,通过金融手段控制中国金融市场和产业才是美国挑起贸易战的终极目标,一旦出现这一局面,中国金融和产业安全将受到更为严重的冲击。基于上述分析和判断,本文提出了积极应对贸易战的对策和建议。

关键词　制造业　金融业　经济安全
中图分类号　F115

一、制造业拖累经济增长,至今尚未恢复到十年前水平

美国次贷危机导致制造业遭受重创,2008年和2009年按不变价计算的总产值分别下降4.6%和13.7%,2010年之后始终处于缓慢复苏的状态,2017年制造业总产值比2007年还低2.9%,而同期GDP则在2011年就超过了2007年。换言之,制造业仍然没有恢复到金融危机前的水平,不仅没有成为美国经济增长的引擎,反而拖累了经济增长,奥巴马政府再工业化政策基本上没有取得预期效果。相关内容见图1。

按照美国统计口径,制造业分为耐用品和非耐用品两大类,其中非耐用品的复苏更为乏力,2017年的总产值比2007年还低8.6%。从非耐用品的九个细分行业来看,只有食品、饮料及烟草制品这一行业产值比2007年增长了4.9%,其余的八个行业均未恢复到十年前的水平。其中服装和皮革制品、其他非耐用制品、纺织品及其产品、印刷和相关支持活动这四个行业产值比十年前分别下降59.2%、50.1%、26.5%和25%,而且都还没有恢复到2009年金融危机最严重时期的水平。化工产品、纸制品、塑料和橡胶制品、石油和煤炭

收稿日期:2018—05—11

作者简介:程伟力(1971—),国家信息中心经济预测部副研究员,主要研究方向为世界经济和统计学。

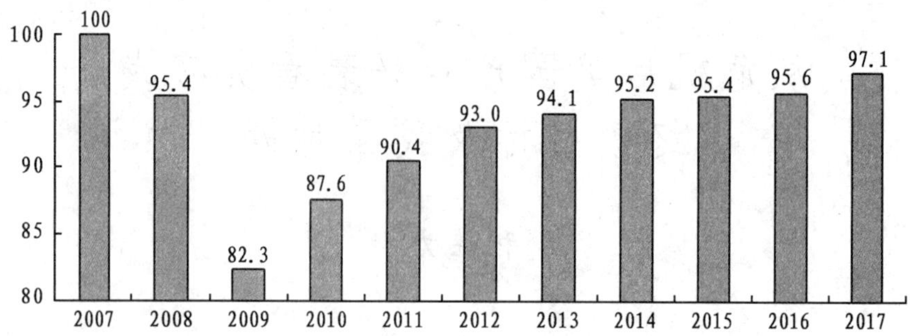

资料来源：美联储，https://www.federalreserve.gov/data.htm，2007—2017年。

图1 美国制造业生产指数(2007年=100)

制品这四个行业产值虽然恢复到2009年水平，但相比2007年仍然分别下降15.6%、14.6%、6.5%和1.5%。从最近几年的数据来看，也没有好转的迹象。相关内容见表1和图2。

表1 美国非耐用品产值指数(2007年=100,不变价)

	2007年	2008年	2009年	2016年	2017年	2017与2007年比
非耐用品总产值	100	94.1	86.8	90.1	91.4	−8.6%
服装和皮革制品	100	80.6	59.4	43.9	40.8	−59.2%
其他非耐用制品	100	91.1	76.2	53.1	49.9	−50.1%
纺织品及其产品	100	87.9	69.7	74.4	73.5	−26.5%
印刷和相关支持活动	100	93.6	78.4	75.2	75.0	−25.0%
化工产品	100	92.5	83.5	83.4	84.4	−15.6%
纸制品	100	95.8	85.4	85.7	85.4	−14.6%
塑料和橡胶制品	100	90.6	75.7	93.0	93.5	−6.5%
石油和煤炭产品	100	95.6	94.3	96.3	98.5	−1.5%
食品、饮料及烟草制品	100	97.2	96.5	102.4	104.9	4.9%

资料来源：美联储，https://www.federalreserve.gov/data.htm，2007—2017年。

耐用品制造业复苏状况明显好于非耐用品，2017年产值比2007年提高了2.9%。其中，计算机和电子产品、汽车及零部件、航空及其他运输设备这三个行业产值比十年前分别提高了42.%、20.7%、7%。但是，其他八个行业产值仍不及十年前的水平。其中，家具和相关产品下降幅度仍然高达25.8%，非金属矿物制品、木制品、加工金属制品、电气设备和部件四大行业下降幅度均超过10%，分别为16.7%、13%、13%、10.9%。其他耐用品、初级金

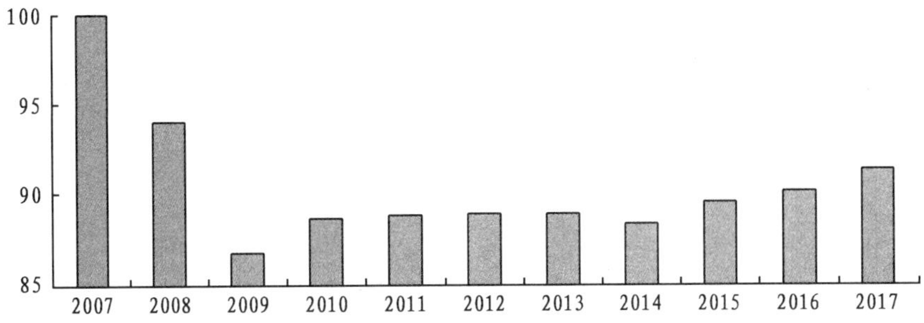

资料来源：美联储，https://www.federalreserve.gov/data.htm，2007—2017年。

图2 美国非耐用制造业生产指数(2007年＝100)

属制品和机械三个行业下降幅度分别为8.3%、7.5%和4.1%。初级金属制品主要是包括铁和铝等产品，受房地产复苏影响，近年复苏相对较快，成为特朗普贸易战的首选产品。相关内容见表2和图3。

表2 美国耐用品产值指数(2007年＝100，不变价)

	2007年	2008年	2009年	2016年	2017年	2017年与2007年比
耐用品总产值	103.0	99.4	80.7	104.1	105.9	2.9%
家具和相关产品	142.1	128.3	93.1	105.8	105.5	−25.8%
非金属矿物制品	139.7	123.4	93.0	112.3	116.3	−16.7%
木制品	139.2	119.0	90.9	116.5	121.1	−13.0%
加工金属制品	114.9	110.8	85.2	97.6	100.0	−13.0%
电气设备和部件	118.4	113.9	89.5	104.0	105.4	−10.9%
其他耐用品	105.9	107.7	99.8	100.5	97.1	−8.3%
初级金属制品	104.0	104.2	77.5	93.7	96.3	−7.5%
机械	97.1	94.5	73.5	87.7	93.1	−4.1%
航空及其他运输设备	96.3	98.2	89.4	104.8	103.1	7.0%
汽车及零部件	106.3	85.1	62.3	128.4	128.3	20.7%
计算机和电子产品	79.6	85.7	76.2	110.5	113.7	42.7%

资料来源：美联储，https://www.federalreserve.gov/data.htm，2007—2017年。

从以上数据可以看出，美国制造业20个细分行业中只有四个行业产值恢复到金融危机前的水平，其中计算机和电子产品、汽车及零部件、航空及其他运输设备是美国的优势行业，食品、饮料及烟草制品则与美国充裕的国内供给有关。由此可见，奥巴马制造业振兴计划基本无效，在一定程度上可以讲，美

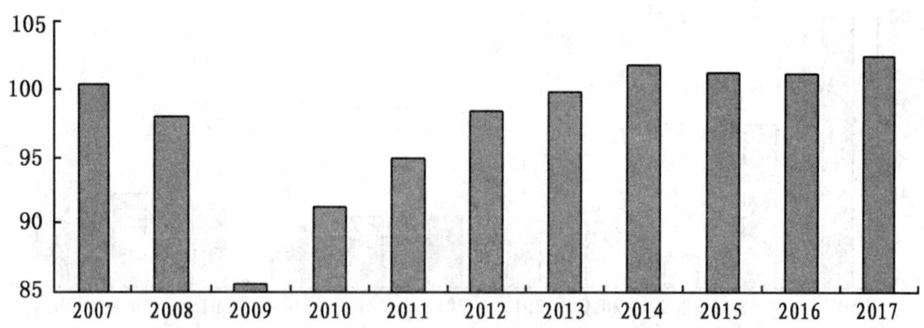

资料来源：美联储，https://www.federalreserve.gov/data.htm，2007－2017年。

图3 耐用制造业生产指数(2007年＝100)

国制造业经历了“失去的十年”。

二、农业在经济中比重很低，但对国内外市场均存在较大影响

最近20年来，美国农业增加值占GDP的比重维持在1%左右，从总量上看似乎处于无足轻重、可有可无的地位。其实不然，无粮则乱的道理同样适用于美国。

从图4可以看出，按可比价格计算，2007年种植业增加值比2006年下降15.9%，从而形成了以粮食和食品为先导的通货膨胀，这一趋势迅速向全球扩散，2007年中国也出现了20世纪以来最为严重的物价上涨。为控制通货膨胀，美联储不断提高加息，从而刺破房地产泡沫并形成次贷危机。2009年是美国次贷危机最严重的年份，绝大多数行业产值大幅下滑，但种植业增加值则提高了15.9%，充足的粮食供给维护了社会的安定，对民生的冲击远远低于大萧条时期。2011年和2012年种植业再度减产，其中2012年增加值比2009年下跌了14.7%，由此导致全球粮食价格暴涨。2016年，美国经济增速只有1.6%，但种植业增加值却提高了10.7%，对抑制经济下行做出了积极贡献。

从更长的历史时期来看，1973—1974年以及1978年，美国粮食都出现大幅减产，两次石油危机相继出现，2007年粮食减产之后出现了次贷危机，也许正是基于这一原因，美国对农业的保护可谓不遗余力，在中美经济合作百日计划中农业合作列于首位。

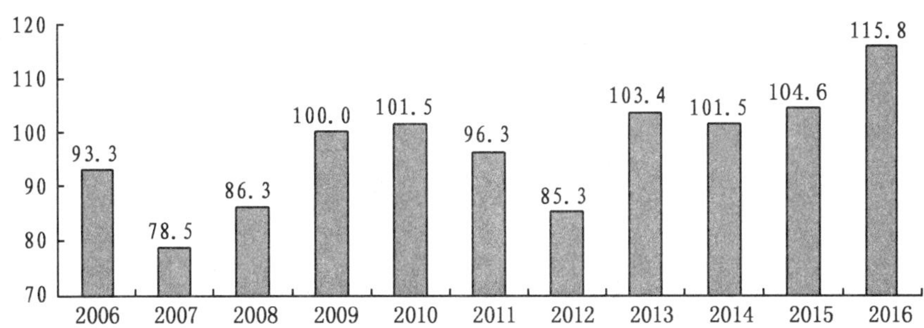

资料来源：美国经济分析局，https://www.bea.gov/industry/gdpbyind_data.htm，2006—2016年。

图4　美国种植业增加值指数(2009年=100,不变价)

三、能源独立战略取得了积极成效，油气“四两拨千斤”作用凸显

与农业一样，石油和天然气开采在经济中的比重不高，但却有左右经济走向的能力。在经济政策和高油价的双重刺激下，2012—2015年四年间，以不变价计算的石油和天然气增加值年均增速保持在11%—19%之间，2015年比2007年翻了一番。

谷贱伤农，油贱同样伤及国民经济。2015年国际油价大幅下跌，尽管产量仍然在增加，但以现价计算的增加值减少了1320亿美元，直接导致名义GDP下降0.8个百分点，采掘业增加值在GDP的比重下降了，由2014年的2.8%下降到2015年的1.8%，2016年下降到1.4%。2017年以来随着油价的上升，油气开采以及炼油行业的投资不断增加，并有效拉动了促进新能源产业的发展，在此背景下2017年经济表现良好。相关内容见图5。

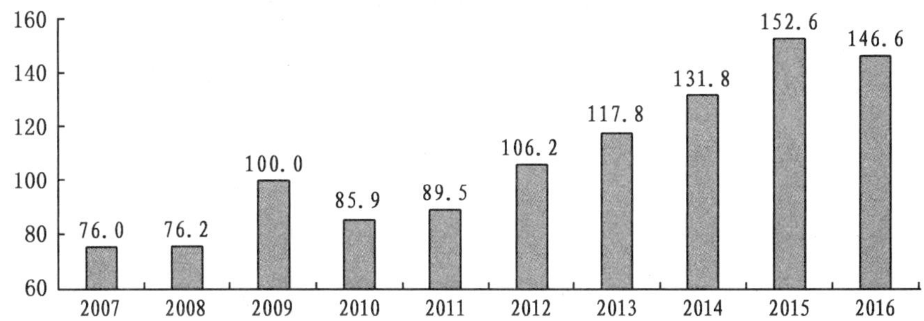

资料来源：美国经济分析局，https://www.bea.gov/industry/gdpbyind_data.htm，2006—2016年。

图5　美国石油和天然气增加值指数(2009年=100,不变价)

与此同时，油气产业也拉动了运输和仓储业的快速增长。美国运输和仓储业可以分为八类子行业，其中航空、铁路、货车、旅客及其他运输五个行业2016年的增加值与2007年相比是下降的，尤其是铁路运输和陆地客运运输。而水路运输、管道运输、仓储和保管三个行业则分别实现了39%、26.2%、59.3%的增长，显然，这三个行业主要是石油和天然气所带动的。相关内容见表3。

表3　　运输和仓储业增加值指数(2009年=100,不变价)

	2007年	2016年	增幅
运输和仓储业	108.9	114.0	4.7%
航空运输	117.1	116.2	−0.8%
铁路运输	109.4	98.6	−9.8%
水路运输	70.9	98.5	39.0%
货车运输	118.6	116.5	−1.8%
中转和陆地旅客运输	112.0	101.4	−9.5%
管道运输	110.1	139.0	26.2%
其他运输和支持活动	105.7	103.7	−1.9%
仓储和保管	94.9	151.3	59.3%

资料来源：美国经济分析局，https://www.bea.gov/industry/gdpbyind_data.htm，2007—2016年。

2010年3月，奥巴马宣布取消近海油气开采禁令，并称此举是为了降低对外能源依赖，增加国内就业岗位。2011年3月又宣布，到2025年美国石油进口将减少1/3，以提高美国能源的独立性，同时强调大力发展清洁能源。石油和天然气的快速发展说明能源独立战略取得了积极成效。

四、金融、房地产以及建筑业是美国经济稳定的核心力量，但房地产增加值存在严重虚拟成分

在美国的统计体系中，金融、保险、房地产及租赁业分同属一类行业，该行业又被分为两个行业，一是金融和保险，二是房地产及租赁业。2016年该行业增加值占GDP比重为20.6%，比2007年提高了0.7个百分点，其中金融和保险贡献了0.1个百分点，房地产贡献了0.6个百分点。

金融和保险又可以细分为四类行业：一是联邦储备银行、信贷中介和相关活动，二是证券、商品合约和投资，三是保险公司和相关活动，四是基金、信托和其他金融工具。2013年之前，基金、信托和其他金融工具保持平稳增长态

势，但2014年增长72%，主要原因是当年的量宽政策及经济相对走强吸引了大量国际资本以基金、信托等方式流入美国。相关内容见图6。

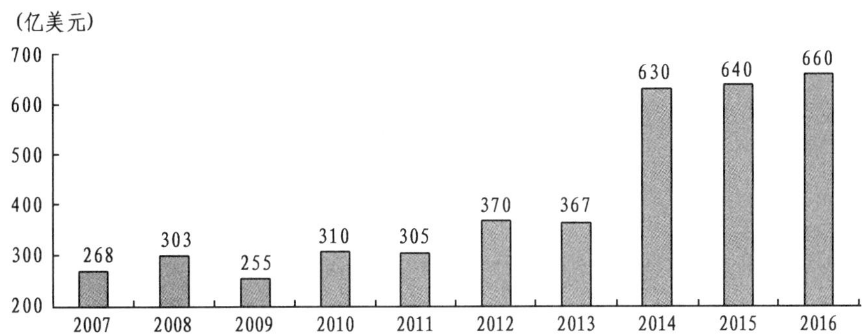

资料来源：美国经济分析局，https://www.bea.gov/industry/gdpbyind_data.htm，2007—2016年。

图6　基金、信托和其他金融工具增加值

量化宽松政策及低利率促进了房地产的繁荣，2012年以来，新建住房销售量快速增长，房地产在经济中的比重提高了0.6个百分点，2016年房地产增加值在GDP中的比重高达12.1%，成为美国经济第一大支柱产业。相关内容见图7。

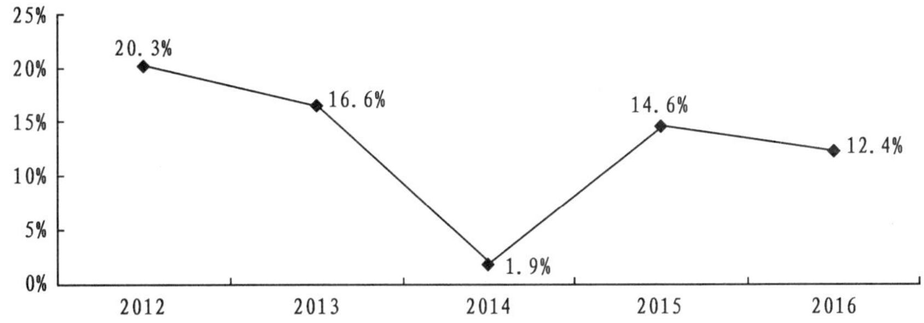

资料来源：美国商务部，https://www.commerce.gov/economicindicators，2012—2016年。

图7　美国新建住房销售数量增速

房地产的繁荣的确对美国经济作出了积极贡献，但如此高的贡献则令人怀疑。事实上，这与美国GDP核算方式有关。与我国相比，美国房地产增加值中多了一项“虚拟租金”。自有住房自住是不需要缴纳租金的，也与GDP无关，但在美国GDP核算中则视同缴纳，并计入房地产增加值，这一做法无疑大大抬高了房地产经济增长的贡献。以2016年为例，全年新建住房销售额为

2098 亿美元,二手房买卖总额低于新房销售,但房地产行业的增加值却高达 2.25 万亿美元。从图 8 可以看出,美国房地产增加值保持持续增长态势,即使在 2009 年次贷危机最严重的年份也没出现衰退。因此,按照我国统计口径,美国大大高估了 GDP。

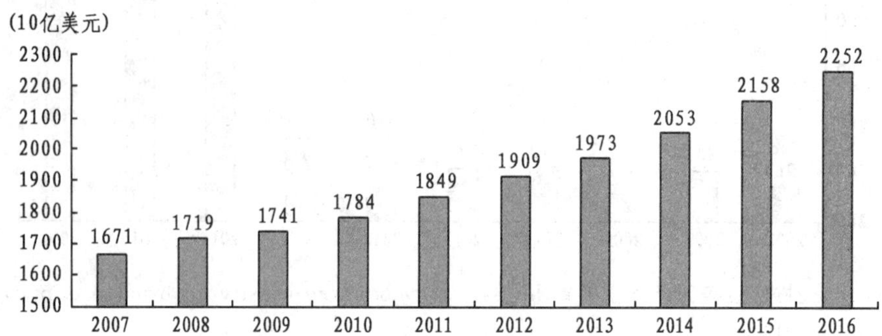

资料来源:美国经济分析局,https://www.bea.gov/industry/gdpbyind_data.htm,2007—2016 年。

图 8 美国房地产增加值

与房地产荣辱与共的是建筑业。2006 年,建筑业增加值占 GDP 的比重高达 5%,次贷危机爆发后建筑业持续衰退,2011 年占 GDP 的比重下滑到 3.5%,2012 年开始快速复苏,2017 年上升到 4.3%,增加值也上升到 828 亿美元。相关内容见图 9。

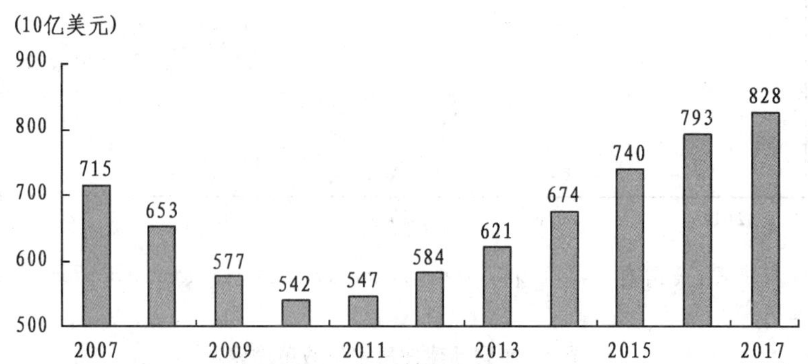

资料来源:美国经济分析局,https://www.bea.gov/industry/gdpbyind_data.htm,2007—2016 年。

图 9 美国建筑业增加值

五、服务业仍然是美国发展的主导力量，但增量主要来源于少数行业

按照美国的统计口径，服务业分为十大类，从表4可以看出，批发贸易、零售贸易、信息业、其他服务和政府这五大部门的增加值占GDP比重是稳定或者是降低的，这些部门在经济中的比重超过30%，但并非是拉动经济增长的主导力量。2016年，其他五大部门增加值占GDP比重为51.5%，比2007年提高了3.5个百分点，但增量主要来自少数行业。金融与相关行业以及运输与相关行业上文已经论述，下面分析其他三个行业。相关内容见表4。

表4　美国服务增加值占GDP比重　单位：%

	2007年	2009年	2011年	2013年	2015年	2016年
批发贸易	5.9	5.7	5.8	6.0	6.1	5.9
零售贸易	6.1	5.8	5.7	5.8	5.9	5.9
信息业	4.9	4.9	4.7	4.7	4.7	4.8
其他服务	2.3	2.3	2.2	2.2	2.2	2.3
政府	13.2	14.3	14.0	13.3	13.0	12.9
金融、保险、房地产及租赁业	19.9	19.9	19.7	19.7	20.3	20.6
专业和商业服务	11.5	11.5	11.7	11.8	12.2	12.5
教育服务、卫生保健和社会救助业	7.4	8.4	8.3	8.2	8.3	8.5
艺术、娱乐、休闲、住宿餐饮服务业	3.7	3.6	3.6	3.8	3.9	4.0
运输和仓储业	2.8	2.8	2.9	2.9	3.0	3.0
合　计	77.6	79.2	78.6	78.4	79.6	80.3

资料来源：美国经济分析局，https://www.bea.gov/industry/gdpbyind_data.htm，2007—2016年。

（一）专业和商业服务业是最大的生产性服务业

专业和商业服务业分为三类：一是专业、科学和技术服务，二是公司和企业管理服务，三是行政和废物管理服务，专业、科学和技术服务进一步细分为三个行业。从表5可以看出，计算机系统设计和相关服务以及专业、科学和技术服务杂项两个细分行业增加值占GDP比重分别提高了0.3和0.4个百分点，公司和企业管理服务提高了0.2个百分点。2010—2016年，这三个细分行业增加值增速分别为7.0%、2.8%和5.1%，远远高于GDP增速，成为促进

经济复苏的重要力量。需要指出，这三个行业的发展均与外部需求有关，也是美国服务业出口的中坚力量。相关内容见表6。

表5 **专业和商业服务占GDP比重及变化** 单位：%

		2007年	2016年	增减
专业、科学和技术服务业	法律服务	1.5	1.4	-0.1
	计算机系统设计和相关服务	1.2	1.5	0.3
	专业、科学和技术服务杂项	4.0	4.4	0.4
公司和企业管理服务业		1.8	2.0	0.2
行政和废物管理服务业		3.0	3.2	0.2
合　计		11.5	12.5	1.0

资料来源：美国经济分析局，https://www.bea.gov/industry/gdpbyind_data.htm，2007—2016年。

表6 **专业和商业服务细分行业增加值指数(2009年=100，不变价)**

年份	计算机系统设计和相关服务	专业、科学和技术服务杂项	公司和企业管理业
2007	92.42	98.67	109.81
2008	97.91	106.71	109.25
2009	100.00	100.00	100.00
2010	107.02	102.06	107.65
2011	116.69	105.09	112.36
2012	129.39	108.29	120.82
2013	130.82	109.22	127.17
2014	138.35	113.44	136.77
2015	153.05	118.35	140.08
2016	160.53	121.58	141.85

资料来源：美国经济分析局，https://www.bea.gov/industry/gdpbyind_data.htm，2007—2016年。

(二)人口老龄化导致医疗及护理服务快速增长

2016年门诊保健服务以及住院、看护和家庭护理设施增加值占GDP比重比2007年提高了0.8个百分点，达到了6.8%。与此同时，社会救助业也提高了0.1个百分点。2007年之前，美国门诊保健服务增加值在20世纪90年代是有增有减的，但2007年以来则出现直线上升的趋势，这说明人口老龄化和贫困成为拉动美国经济增长的另类动力。相关内容见表7和图10。

表 7　**教育服务、卫生保健和社会救助业占 GDP 比重**　单位：%

	2007 年	2016 年	增长
教育	1.0	1.1	0.1
门诊保健服务	3.1	3.6	0.5
住院、看护和家庭护理设施	2.9	3.2	0.3
社会救助	0.6	0.7	0.1
合　计	7.6	8.6	1.0

资料来源：美国经济分析局，https://www.bea.gov/industry/gdpbyind_data.htm，2007—2016 年。

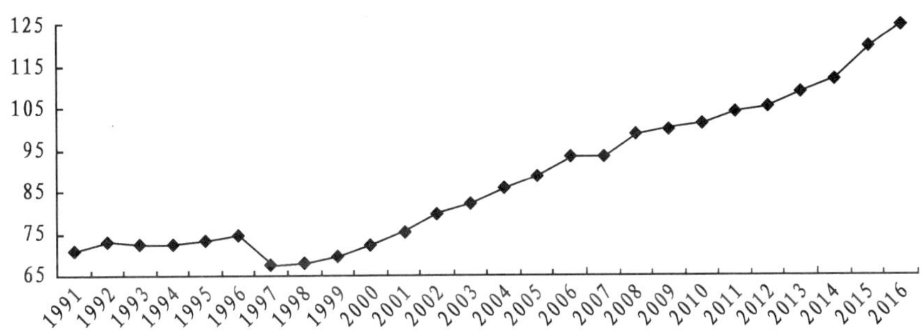

资料来源：美国经济分析局，https://www.bea.gov/industry/gdpbyind_data.htm，1991—2016 年。

图 10　美国门诊服务增加值指数（2009 年＝100，不变价）

（三）旅游业带动其他服务业快速发展

艺术和相关活动、娱乐、博彩和休闲业与旅游相关，最近七年呈现快速增长趋势，每一个细分行业增加值增速均高于 GDP 增速，在 GDP 中的比重也由 2007 年的 3.7%提高到 4%。相关内容见表 8。

表 8　**2010—2016 年旅游类服务业增加值增速（不变价）**

与旅游业相关产业	年均增速
艺术和相关活动	3.2%
表演艺术、观赏体育、博物馆和相关活动	2.4%
娱乐、博彩和休闲业	4.2%
住　宿	2.9%
餐　饮	2.4%
平　均	2.7%

资料来源：美国经济分析局，https://www.bea.gov/industry/gdpbyind_data.htm，2007—2016 年。

六、高科技贸易长期处于逆差状态

根据美国商务部的统计口径，高新技术包括生物技术、生命科学、光电、信息及通讯、电子、柔性制造、先进材料、航天、武器、核技术十大行业。2002年之前，美国高科技产品贸易处于顺差状态以来，之后则一直处于逆差状态，且总体处于上升趋势，2017年达到1103.8亿美元。相关内容见图11。

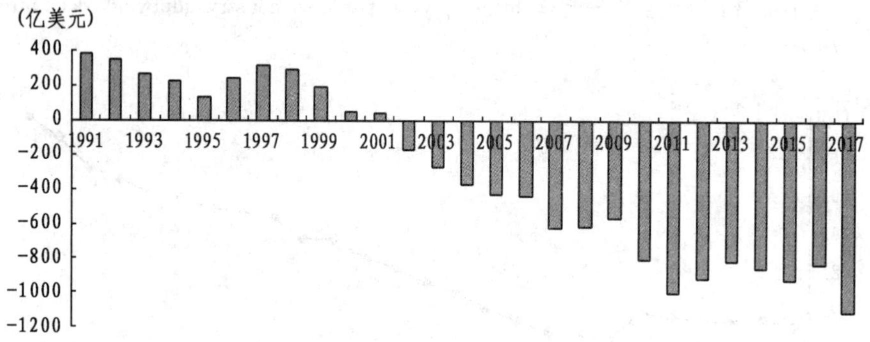

资料来源：美国商务部，https://www.commerce.gov/economicindicators，1991—2017年。

图11 美国高科技贸易盈余

2017年，美国航天、柔性制造、电子和武器四个行业对全球贸易顺差分别为824亿美元、64亿美元、49亿美元和32亿美元，先进材料基本平衡。信息及通讯、光电、生命科学、生物技术和核技术这五个行业对全球的贸易逆差分别为1650亿美元、183亿美元、161亿美元、71亿美元和7亿美元。

从与中国的贸易来看，美国对中国的逆差主要集中在信息及通讯、光电这两个行业，分别为1510美元、47亿美元，武器和先进材料都只有1亿美元的逆差。美国对中国的顺差主要体现在航天、电子、柔性制造、生命科学、生物技术这五大行业，分别为153亿美元、16亿美元、16亿美元、11亿美元、8亿美元。相关内容见表9。

表9 2017年美国对全球及中美高科技贸易 单位：亿美元

	美国对全球高科技贸易			美国对中国高科技贸易		
	出口	进口	顺差	出口	进口	顺差
航天	1319	496	824	163	10	153
柔性制造	201	137	64	30	13	16
电子	462	412	49	61	45	16

续表

	美国对全球高科技贸易			美国对中国高科技贸易		
	出口	进口	顺差	出口	进口	顺差
武器	41	9	32	0	1	−1
先进材料	28	28	0	3	4	−1
核技术	10	17	−7	2	0	2
生物技术	190	261	−71	10	2	8
生命科学	296	457	−161	37	26	11
光电	48	230	−183	6	53	−47
信息及通讯	944	2594	−1650	45	1555	−1510
合　计	3539	4643	−1104	357	1711	−1354

资料来源：美国商务部，https://www.commerce.gov/economicindicators，2017年。

自2005年开始，美国对中国的高科技贸易逆差超过对全球的逆差。例如，2017年对中国逆差为1354.1亿美元，而对全球的逆差为1103.8亿美元；换言之，美国对中国之外的经济体的高科技贸易顺差是250.3亿美元。这说明中国高科技水平的确在提高，但并不意味着已经远远超过美国了。美国高科技行业存在逆差的原因主要有两方面：一是主动放弃中低端产品，二是生产全球化的结果。以IBM为例，2003年将个人计算机业务出售给联想，而将主要精力放在高端产品和服务上如高端服务器，当年国内某大型计算机公司试图研发四路服务器未果，而IBM已经开始研发32路服务器。再以苹果手机为例，中国处于全球生产的终端，必然在对美国保持大量顺差的情况下对其他国家保持逆差。不论是个人计算机还是手机，都属于信息及通信产品，由此不难理解我国为何在这一高科技领域对美存在1510亿美元的顺差。相关内容见图12。

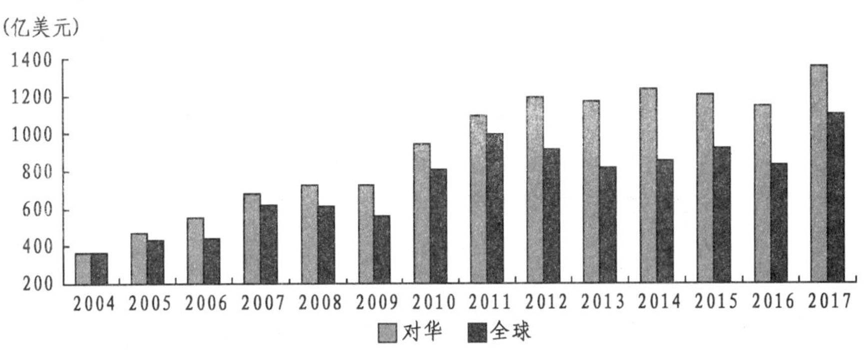

资料来源：美国商务部，https://www.commerce.gov/economicindicators，2004—2017年。

图12　美国对华及全球高科技贸易逆差

七、对美国经济形势的基本判断

美国拥有广袤的土地、丰富的石油和天然气资源，农业的繁荣也为国民经济的稳定发展奠定了坚实的基础，同时能源自给战略可以为经济发展提供充足和廉价的石油及电力，而且科技创新能力是任何一个国家都暂时无法替代的，所以美国经济仍然存在巨大的发展优势。但是，当前美国经济同样面临诸多问题，缺乏长期增长动力，特朗普挑起贸易战在影响全球经济复苏的同时对其自身的冲击也不可低估。

(一)当前美国经济面临的突出问题

一是奥巴马再工业化政策基本上没有成功，特朗普新政加剧掣肘因素。再工业化政策无效的原因在于缺乏产业工人，持续了几十年的去工业化导致大量工人流失，未来美国再工业化必然面临人力资本短缺的难题，特朗普限制移民的新政进一步加剧了这一矛盾。即便能够雇用到足够的劳动力，但劳动力成本远远高于其他国家，企业也缺乏成本优势。

二是内在经济发展动力明显不足，服务业发展存在依赖外需的迹象。从上文分析可以看出，美国不仅制造业增长乏力，服务业发展动力同样不足，依赖外需的迹象明显。专业和商业服务业是美国最重要的服务出口部门，该行业的发展与国外需求密切相关。艺术、娱乐、博彩、休闲、住宿餐饮服务业似乎以内需为主，但增量部分可能与国际旅游相关，即使最发达的金融业也需国外资金的支持。

三是优势产业没有发挥主导作用，劣势产业继续下行。高科技产业本来是美国重要的优势产业，但长期处于贸易逆差状态，且有不断扩大的趋势。与此同时，传统的劳动密集型制造业仍然没有恢复到十年前的水平。

四是人口老龄化问题突出，财政负担可能进一步加重。医疗服务的快速增长虽然可以拉动经济增长，但说明老龄化问题日渐突出，为弥补养老金缺口而增加的财政支出将会进一步加大，这无疑为捉襟见肘的财政收入雪上加霜。

五是家庭债务不断增加。截至2017年12月底，家庭抵押债务余额14.9万亿美元，已经超过2008年次贷危机爆发前的水平。

(二)贸易战将对美国经济造成负面冲击

十年前，美国不负责任的次贷行为导致全球金融危机，世界经济至今尚未走出金融危机的阴影。虽然美国成功地将危机转化给其他国家，但是，作为次贷危机的发源地，对其自身的影响更为直接和深远，从以上分析可以看出，美国至今未摆脱金融危机的影响，即使不挑起贸易战，美国经济仍然存在减速的压力。十年后的今天，特朗普挑起贸易战，可谓在经济战场的穷兵黩武，一旦开战，正如当年次贷危机一样，美国经济必将遭受重创，同时对全球经济造成严重冲击,美国这一不负责任的行径必将造成损人害己、全盘皆输局面。

第一,贸易战将直接打击风雨飘摇的美国传统制造业。特朗普贸易战首选钢铁和铝,众所周知,这是传统制造业必备的原材料或中间产品,贸易战尚未开始,美国国内钢铁和铝制品已率先涨价,这将直接提高几乎所有制造业的直接成本,从而进一步削弱制造业的竞争力。与此同时,基础设施建设离不开钢铁和铝,美国的基础设施建设计划同样受到严重冲击。

第二,打击中国先进制造业将抑制美国高科技产品发展。上文分析指出,美国在高科技领域对我国存在巨额贸易逆差,增加相关产品的进口关税只能直接提高高科技产品价格,从而抑制美国优势行业的发展。

第三,贸易战将加速美国通货膨胀,从而对宏观经济造成严重冲击。美国量化宽松货币政策没有导致高通货膨胀的原因之一是进口商品价格的下降,2012—2016年进口商品的价格逐年下滑,这为宏观经济的复苏创造了良好的环境。特朗普挑起的贸易战将直接提高进口商品价格,从而加速国内通货膨胀,抑制国内经济增长。

第四,贸易战将增加美国消费者的经济负担,民生和经济增长都将受到冲击。消费在经济中的比重在70%以上,价格的攀升必将抑制居民消费,并在一定程度上阻碍本轮经济复苏。需要指出的是,美国医疗卫生行业增加值占GDP的比重为6.8%,居民的民生负担已经很重,通货膨胀必然让美国民生雪上加霜。需要强调的是,上述分析还没有考虑中国及其他国家反制措施的影响,如果考虑这一因素,影响将进一步深化。

八、对策建议

综上所述,在传统制造业领域,美国不具备打贸易战的实力,因此在钢铁和铝两个行业虚晃一枪之后转向专门针对中国的高科技领域。毋庸置疑,美国在高科技领域占据了制高点,但将非核心环节的生产转移到全球,在美国接近和达到充分就业的情况下,贸易战也不可能让后者回流,正如不能将联想的工厂搬到美国。因此,美国并不具备长期打贸易战的实力,特朗普智囊团对此自然是清楚的。"项庄舞剑,意在沛公",控制中国金融市场,并通过金融手段控制中国高科技企业才是美国挑起贸易战的终极目标。在这一判断下,我国一方面应做好打持久战的准备,另一方面应高度重视金融与产业安全。

(一)加强货物贸易领域反制,做好其他领域反制预案

在货物贸易领域,可以考虑进一步加强反制措施。一是减少大豆、小麦和玉米进口,扩大自巴西、俄罗斯等国的进口。二是减少生物科技、生命科学等高科技领域的进口,扩大自欧洲和日本的进口。三是对油气进口采取欲擒故纵措施,当前可以进一步扩大从美国的进口规模,从而可以在必要的时候大幅

减少进口。在贸易战升级的条件下，可以考虑服务贸易领域的反制措施。一是可减少专业和商业服务业的进口，积极培育本土企业。二是加强跨境旅游管制，从而打击对方的旅游以及相关的文化娱乐、住宿餐饮等服务业。三是充分发挥可以利用的金融资源，在直接打击美国金融业的同时沉重打击房地产和建筑两个产业链条最长的行业。

（二）实施对等开放战略，增加我国谈判筹码

当前美国要求进一步开放我国金融、通信等行业，但是，这种开放并非对等的。我国大型银行上市的时候均无一例外地引进了国外战略投资者，但美国政府不仅阻碍中资银行或企业收购美国金融企业股份，同时对其他国家也并非完全开放的。从美国最大的银行摩根大通银行的股东结构来看，前十大股东均为美国公司，其他大型银行基本相同。与美国不同，德意志银行则采取开放的姿态，海航集团去年已是该行第一大股东。我国今年将进一步放宽外资对金融企业的持股比例限制，但在国家选择上应采取对等战略，公开宣布对我国制裁的国家不在此列。

（三）调动多方力量参战，加强统一协调

其一，智库应从宏观上把握贸易战的发展方向，借鉴并发展应对贸易战的理论、政策和措施。其二，企业和行业协会应当发挥贴近市场的优势，提出更具有针对性和可操作性的意见和措施。其三，媒体应坚持正确的舆论导向，全面分析报道真实的美国经济和社会矛盾，积极宣传我国经济取得的成就。其四，通过联合国、G20、APEC等国际组织及有关国际会议，增强话语权，坚决抵制逆全球化趋势。其五，政府发挥领导和协调作用，适时出台相关政策。在多方的努力下，我们不仅可以打赢贸易战，而且能够迎来新的发展机遇。

（四）以贸易战为契机，加快改革步伐

“生于忧患，死于安乐”，我国应以贸易战为契机，加快改革步伐，从而全面实现高质量发展。一是进一步巩固农业的基础地位，采取有力措施，确保粮食安全。二是进一步优化科技政策，提高关键核心技术的研发和生产能力。三是进一步增强忧患意识，加快我国传统优势行业的升级改造，全面提升我国产业国际竞争力。

（五）警惕贸易战终极目的，高度重视金融和产业安全

笔者认为，通过高科技讹诈，促使中国开放金融市场，并通过金融市场控制中国产业才是美国挑起贸易战的终极目的。具体的案例可能更能说明问题，以中国龙源电力集团股份有限公司为例，上文所述的摩根大通银行为该公司第二大股东；摩根大通银行的第五大股东 T. Rowe Price Associates, Inc.是龙源电力的第四大股东；摩根大通银行的第三大股东贝莱德集团是第五大股东；龙源电力第六到第二十七大股东均为摩根大通银行的股东或其关联公司。由此可见，如果进一步开放金融市场，美国金融机构完全有可能实现通过金融手段控制中国产业的目的。这一现象已初见端倪,如果进一步蔓延,中国的金融和产业安全将毫无保障,而不是中兴通讯一家公司部分产品停产的问题。对此,我国需要高度警惕!

A Study on the Ultimate Goal of Trade War and China's Countermeasures Based on the Rise and Fall of American Industry after the Crisis

Cheng Weili

Abstract Through the changes in the industrial development after the American financial crisis, it is found that the manufacturing industry has not recovered to the pre crisis level, the high technology trade deficit and the Obama Reindustrialization policy are basically unsuccessful. But agriculture and energy have made rapid development. Service industry is still the dominant force in the economic development of the United States, but the increment mainly comes from a few industries and there is a virtual component. In the field of commodity trade, the United States does not have the strength to fight trade war. It is the ultimate goal of the US trade war to control the Chinese financial market and industry through financial means. Once this situation arises, China's financial and industrial security will be more severely impacted. Based on the above analysis and judgement, this paper puts forward some policy suggestions to deal with the trade war.

Key words Manufacturing Industry　Finance　Economic Security

美国经济崛起的秘诀是反对市场原教旨主义

黄树东

内容提要　美国认为中国的基本经济制度(它称为"国家资本主义")必将打败美国。从其国家利益出发,它千方百计地要改造中国的经济制度。而中国也有人把政府与市场对立起来,提倡按照资源配置的绝对化概念来构建我们的经济制度,也要改掉我们基本的经济制度。这种思路是没有历史依据的。西方,尤其是美国的经济崛起不是僵化的资源配置观念的成功,也不是完全自由市场的成功,更不是自由贸易的成功。美国经济的成功不是《国富论》的成功,而是对《国富论》说"不"的成功,是美国学派的成功,是对市场原教旨主义说"不"的成功。我们提倡学习世界一切成功的经验。为此,就不能把我们的经济制度的改革建立在市场原教旨主义的基础上,不能从那个概念出发,而必须认真地研究美国崛起的真实经验,要向美国一样向资源配置的僵化观念说"不",而从国家经济发展和经济崛起的需要来推动经济改革。

关键词　中国经济　市场改革　国家资本主义　市场原教旨主义　资源配置　美国经济

中图分类号　F045.5,F123.9

在贸易战中,美国要拆散中国的"国家资本主义",国内也有人说,这是迫使中国改革。在美国精英口中所谓中国的"国家资本主义",其实就是指中国的基本经济制度。他们认为这个制度将打败美国,是中国的制度优势,所以要中国改革成市场原教旨主义的体制。没想到许多中国精英也持有相同的观点。

在当今世界,市场原教旨主义,也称新古典经济学,或称新自由主义经济学,这个经济流派的声音在世界其他地方都比较式微了,在中国却异常宏大。它的一个最基本的特点就是,把政府和市场完全对立起来,把市场配置资源的看法绝对化和僵化,认为市场导向的改革就是要在经济活动中砍掉"看得见的手"。作为一个学派,它建立在一些基本的假设上,然后用严格的逻辑演绎出来,从而具有非凡的自我推销能力。我们知道逻辑演绎其实就是自我证明,结

收稿日期:2018－05－09

作者简介:黄树东(1958－　),四川大学经济学院客座教授,长期在华尔街工作,主要研究方向为金融投资。

论已经包括在假设之中了。它的基本弱点就是，它是建立在先验的假设而不是建立在历史经验的总结上面。

这种经济思潮既违背了西方成功的历史过程，也没有给发展中国家提供经济成功的钥匙。为什么？因为它的方法论是先验的和唯心的，至少是脱离实际的。这个脱离历史的方法，就注定了它是失败的经济学。这就解释了，为什么那么多试图以此来指导经济制度改革的发展中国家最终都陷入中等收入陷阱；为什么那么多的市场原教旨主义经济学者，却没有一个能够用自己的理论去解释美国、英国、德国、日本等国家的经济成功的历史。它们的经济学教科书和理论不是试图去解释经济历史的，在那里你看不到真正的历史，因为它无法面对历史。西方的是这样，中国的也是这样。

现在我们就要用历史事实来证伪这个经济学流派。

美国崛起的历史是对市场原教旨主义说“不”的历史。

一、《国富论》和大英帝国的崛起没有关系

市场原教旨主义的经典是《国富论》。《国富论》是一部充满思想光辉的著作。但是，它不是大英帝国赖以崛起的理论基础，也不是大英帝国崛起的经验总结。许多市场原教旨学派的经济学者们，试图非常牵强地把二者联系起来。这显然是错误的。

首先，大英帝国崛起在先。《国富论》出版于1776年。是时，大英帝国已经是世界的制造业中心、航海业中心、世界贸易中心，伦敦还是世界金融中心。当时的大英帝国包括了爱尔兰、非洲的黄金海岸、北美殖民地、中美洲殖民地、加勒比海殖民地等。殖民地为大英帝国提供大量的原材料和食品，同时又为英国制造业和加工业提供了巨大市场。所以，大英帝国的诞生同《国富论》没有半毛钱的关系。

其次，它不是对大英帝国崛起的历史经验的终结。稍微了解一点经济历史和经济学历史的人都知道，推动大英帝国崛起的是重商主义。所谓重商主义，就是政府权力和商人的结合，政府权力和市场结合，加上保护主义、国家力量的增强、产业政策。在许多方面，它有一点像现在的国家资本主义。从国际贸易角度看，它就是保护主义。它的基本特点就是通过国家对市场和经济的干预与规范，以达到在国际竞争中击败对手的目的。伊丽莎白一世时代是大英帝国崛起的重要时代。她是通过推动重商主义经济政策而完成那个时代的历史使命的。她的重商主义经济政策主要包括三个部分：第一，政府的工作重点从宗教转移到经济和贸易。此前，政府花很多资源处理宗教事务，而把经济职能留给了私人，包括农场主、商人和资本家。伊丽莎白一世期间，政府极大地增加了经济职能，在经济发展中不再是扮演一个旁观者或守夜人的角色，而

是一个积极的、重要的参与者，推动经济增长和贸易增长成了政府的主要责任之一。“看得见的手”开始在经济和贸易中发挥重大的作用，其中包括保护主义。第二。大量发展军事力量以控制海上交通，达到保护国际贸易和防止国际贸易被其他国际干扰的目的。比如，她推动议会通过《贸易和航海法案》，发展了强大的皇家舰队和大英帝国的商船队。第三，把发展现代制造业定为基本国策。这相当于今天产业政策，相当于中国的“2025”。这是欧洲历史上第一个最大规模的、完整的重商主义政策体系。大英帝国就是在这样一个政策下被催生出来的。

西方那些研究大英帝国崛起的历史的学者，没有人谈论什么资源配置的那些僵化观念，没有人讨论资源配置是如何推动大英帝国崛起的。他们研究的都是政府是如何建立强大的无敌舰队、如何保护国内市场、如何用军力开拓海外市场、政府如何同商人和资本结合、如何推动制造业等。总之，讨论的是政府政策如何推动了经济崛起。

英国的例子在西方不是孤立的。重商主义还是促使荷兰、西班牙、法国经济成功的基本政策。后来德国和日本的崛起等，都是现代版的重商主义。它的经济崛起的历史带有浓厚的政府干预的影子。所以，西方的崛起基本是政府那只“看得见的手”同市场、同资本结合的结果。以日本为例，它是在进入高收入社会以后，才在外力的推动下实施了所谓的市场化改革。但是，伴随而来的是几十年的经济停滞。

那么，重商主义作为一个学派是什么时候开始衰落的？欧洲近代历史上的强国都是依靠“看得见的手”而崛起的。“看得见的手”不是万恶之源，是推动国家崛起的动力。只是在自己成为霸主以后，为了维持自己的霸权就大肆宣扬自由贸易，宣扬要砍掉“看得见的手”，不允许后起的国家通过政府来推动经济的崛起。早期的西班牙、荷兰，后来的英国、法国等都是这样。目前的美国对中国不也正是这样吗？这是一个普遍的历史现象。

这也是重商主义思潮在大英帝国衰落的原因。到了18世纪晚近的时代。大英帝国已经成了世界经济中心。为了避免其他国家复制它的成功，它就在宣传上抛弃重商主义，大肆提倡自由市场，反对政府干预，反对“看得见的手”。因为从自己的历史中，它知道政府干预在经济崛起中的重要性。《国富论》就在这个时候诞生，并取代重商主义成为大英帝国的主流经济思潮。它反映的是大英帝国和帝国内资产阶级在全球的利益需求，同时也表达了资本在崛起以后试图摆脱政府控制的企图。

但是，即使在那以后，重商主义的政策依然持重。欧洲宗主国对殖民地经济的控制是非常严格的，殖民地哪里有贸易自由，到处都是宗主国政府那只“看得见的手”。从18世界末叶到第二次世界大战以前，西方政府什么时候彻底放弃过重商主义，放弃过政府那双“手”？为了为过剩寻求海外市场，政府和军队变成了主要的推销员，撬开全世界的大门。政府对国内和世界经济的干预处处可见。有的学者认为，美国是在1980年以后才算是告别了重商主义。目前特朗普的美国经济政策其实就是重商主义，而不是《国富论》的观念。

二、美国在发展道路上对市场原教旨主义说“不”

美国的《独立宣言》和《国富论》是同年发表的。美国独立以后，大英帝国力图向新生的合众国兜售砍断“看得见的手”的理念。目的是什么，我们在前面已有叙述。这颇类似于现在美国向中国推销市场原教旨主义或资源配置的僵化观念。

早期的美国关于发展道路有过激烈争论，最后代表美国利益的一方战胜了代表霸主（英国）利益的《国富论》。当时的财政部长汉密尔顿讲得非常形象。他对大英帝国说：“喔，你们依靠政府干预爬到楼上了，现在，你们要把楼梯撤掉以防止我们也爬上楼来。我们不干。”

美国历史上政府介入经济发展、介入市场、介入资源配置，有着坚实的理念基础。它有100—200年的历史，不是几个人头脑发热的结果。这个经济理论就是后来的美国学派，它既是指导美国经济发展的经济理论，又是对美国经济发展的总结。它的基本特点就是对自由市场的发展道路说“不”。

经济独立是政治独立的基础。他们是从国家的政治独立来看待经济独立的，来看待政府和经济的关系的，而不是从教科书上。政府介入市场和经济的观念，在美国奠基者头脑中根深蒂固。他们关于经济独立和国家政治独立的看法，同毛泽东对二者的看法非常相似。政府介入经济发展的目的是确保来之不易的政治独立不会因为在经济和金融上依赖欧洲强权而丧失，甚至美国联邦政府的建立和授权在很大程度上也是由于政府干预经济的需要。有人研究美国制宪会议发现，“建立一个强大的政府，有力地干预经济发展”是制宪会议得以建立强有力的联邦政府的一个主题。那些草创美国宪法的与会者认为，建立一个强大的中央政府对推动科学技术发明、推动产业进步至关重要。它被当成惠及全民、使经济达到足够强盛从而掌握自己命运的关键。

如前所述，在此之前，西方政府介入市场由来已久。伊丽莎白一世的重商主义就是政府和市场的结合、军事和市场的结合。北美殖民地作为英国的原材料产地和工业品市场，不是市场运作的结果。这种政府对经济的关系，可能对美国建国那一代人有非常深刻的影响。而且在邦联时代，缺乏有权威的中央政府对经济的干预，放任的自由贸易对美国经济独立带来了巨大的危害，并危及政治独立，驱使他们在经济独立的思想道路上，认识到政府干预的重要性。他们是从国家的政治独立、经济独立的战略高度来思考政府和市场的关系的。从美国后来的历史发展来看，不得不佩服他们的战略远见和经济思考。

三、美国200多年的经济教父不是斯密,是汉密尔顿

美国学派的奠基者是汉密尔顿。汉密尔顿是对美国历史、经济发展、经济制度和经济思想有巨大影响的政治家。他在美国历史上的地位远远超越许多总统。为了写作《大国兴衰》,笔者曾经花了许多时间,收集研究汉密尔顿的经济文章。他的经济思想奠定了美国200多年经济发展的观念基础。大家不要认为他的思想难懂高深。他的经济思想其实是非常简单而正确的,简单得让许多人"失望":经济独立是政治独立的基础,是国家安全和独立的基础。他反对比较优势的发展战略,极力推动美国建立完整的经济体系尤其是工业体系。其实,那些真正的利国利民的经济思想,其实就是非常简单的,是常人都能懂得的常识。它们建立在常识之上,而不是建立在那些即使受过专业训练的人都可能混淆的假设之上。比如说,究竟有几个人能讲明白全球化价值链最大化的真实含义呢?

他不是一个从抽象教条出发的教条主义者,而是一个实践家。他是第一任财政部长。在他就任的时候,美国可以说是百废待兴,既是大英帝国的工业品市场和原材料产地,又是世界多种货币竞相逐鹿的乐园。当时,许多美国精英要走比较优势的道路,认为比较优势是发展的捷径。比如,杰斐逊就振臂高呼"把工业留在英国"。当然,究竟举的是左手还是右手,就因观察者的立场而异了。杰斐逊的这个提法,是不是同"造不如买",把大飞机、高科技、芯片留在西方,心有灵犀呢?当时,他这位财政部长权力可大了。他不仅推动保护主义,为了征税甚至建立起了当时美国国内最有组织和训练有素的武装力量之一——税警。通过国家权力保证税收。除了掌管国家财政以外,他还掌控着美国的金融。当时美国人手中有欧洲的许多种货币,就是没有美国货币。他做的第一件事情,就是成立类似于美国中央银行的美国(第一)银行,从而有了美国自己的货币。这个银行的建立可是冒天下之大不韪。当时的精英大多数非常反对,为什么?因为强化了中央政府的权力。另一个金融工程就是,把债务变成了权力。当时联邦政府和各个州政府都债务缠身,难以自立。如何解决债务问题是美国生存的问题。他的办法非常简单,就是用联邦债务收购当时的州债务,然后让国内外的投资者认购美国联邦债务。他认为,当那些投资者变成联邦债务的拥有者的时候,他们就同美国在同一战车上了。美国的利益就是他们的利益。他是通过债务把债权人变成美国的"奴隶"的。这个传统一直持续到今天。现在美国难道不是把美元和美国国债变成了控制全世界金融和经济的权力吗?债务人美国难道不是比许多债权人更有权力吗?

另外,他还是一个保护主义者。他的思想真是太简单了。首先,他不赞同当时英国和美国的国际分工,他要发展美国的工业和技术。他认为保护主义

可以保护美国幼小的尚不成熟的工业和技术免受英国强大而成熟的工业和技术的打击;保护主义带给美国企业高盈利,高盈利带来高利润,高利润带来高工资,高工资带来高消费。而高消费形成的市场又反过来推动高就业和美国工业与技术的发展。他的逻辑是如此简单实用,勾画出美国的发展蓝图。研究美国经济历史的人,可能会常常迷惑:同英国相比,为什么美国在漫长的发展中一直是高工资?正是这个高工资吸引了全世界的人才。原因就在这里:保护主义在一定程度上避免了导致工资向下的竞争。与此相反的发展战略,是建立在比较优势基础上的开放战略。这个开放战略的前提是承认和固化现有的国际分工,放弃产业升级,专注于如何用自己的落后分工来赚钱。所谓全球价值链的最大化,其实就是全球分工的最大化,就是比较优势的另外一种表述,就是放弃突破现有价值链的分工。这个增长战略的关键就是你必须打造你的低工资"洼地"。因为低工资是你的比较优势。所以,这个战略就是放弃高端产业和技术,尽量压低工资,低工资导致低消费,低消费导致国内市场相对不足,导致企业盈利不足,导致出口导向。而出口导向面临的价格竞争又依赖低工资。所以,这个战略是一个低工资战略。这个低工资同新中国早期的"低工资"不同。当时的低工资是为了高积累,为了完成工业化必需的原始积累,它伴随着现代工业的全面崛起。

所以,美国200多年的经济教父不是亚当·斯密,而是汉密尔顿。

四、关于发展道路的争论其实是不同利益集团的争论

关于政府和市场的关系,在早期美国和在中国一样,争论非常激烈。从历史记录看,争论的双方都是主要的决策者。也有些在美国历史上打上自己烙印的著名政治家,反对政府对市场的干预。比如安德鲁·杰克逊、马丁·范希伦、詹姆斯·波尔克这三位总统,坚决反对政府干预。他们反对的理由同今天有些中外经济学家相似:过度的政府干预"垄断"了经济,等等。其实,就其实质,是因为他们代表着种植业主的利益,而美国政府干预经济的一个重大着力点,就是政府支持"现代产业"的发展。在当时的美国,实行奴隶制度的南方坚持不受干预的自由市场,反对政府对经济的干预;而新兴资产阶级占主导的北方,却是政府干预思想和实践的大本营。这种争论后来导致了南北战争。南方崇尚自由贸易,崇尚纯粹市场经济,反对政府干预。它们反对政府干预固然有许多冠冕堂皇的理由,其实就是要继续让南方成为英国的棉花产地。它们认为政府干预有利于北方的制造业,却损害了南方的种植业。发展道路的讨论和政府与市场关系的讨论,最终以内战作为句号。发展道路的争论有时候沦为利益的争论。内战结束以后,林肯全面实施美国学派的政策建议。在漫长的经济竞赛的长跑中,政府干预始终占据上风,对美国经济发展起到非常重

要的作用。

在围绕美国发展道路的争论中，有一个现象值得注意。那些提倡分裂、提倡州权、提倡弱化中央权威的政治流派都反对政府干预和介入经济，反对美国学派。关于州权和联邦权力的争论，关于国家统一和分裂的争论，同经济发展道路的争论以及政府干预的争论结合在一起。中央政府干预经济，介入经济发展，有利于国家的统一和中央权威的巩固，美国的历史经验证明了这点。在邦联时代，中央政府无力干预经济发展，没有权威在全国范围内介入经济发展，美国可以说是一盘散沙，表面上是一个邦联，实际上四分五裂。在联邦时代的最初一段时间，那些反对政府对经济干预的势力几乎都同时反对联邦对各州的经济干预。这个争论通过内战才得到解决。

无独有偶，中国历史也证明了这一点。中央政府出于统一的需要干预经济在中国也有漫长的历史。比如西汉武帝时期为了削弱分裂势力而推行盐铁官营(盐铁论)。在更早的西周初年，虽然大行分封，但是中央政府在法理上控制着最重要的经济资源——土地，“普天之下，莫非王土”。对此我们不可以只从经济哲学的角度看待，要从国家长治久安的角度，从几十年、几百年的角度来看，来不得半点短期的实用主义。在这一点上，毛泽东有非常清醒的认识。中国幅员辽阔，民族众多，可以想象当中央政府退出经济活动和大幅减少对经济的干预之时，就是中央权威大幅下降之时，政令不出、政令不从，迟早会产生，可能是离散趋势开始的时候，国家的统一就会受到威胁。这一点值得我们深思，因此必须从国家的总体战略来思考。

当一个社会多元化以后，关于国家发展战略的争论，甚至经济体制构成的争论等，其实是不同利益集团之间的利益博弈。经过40年的改革开放，中国取得了巨大的成绩，中国社会也已经演化成一个多元利益的社会。任何经济政策的背后其实都是利益集团的博弈。一项经济政策究竟是为哪个利益集团左右的，只要看它的成本效益分配就知道了。哪个利益集团负担主要成本而收获比较少的边际利益的集团？哪些利益集团支付极少的成本而收获最大的边际利益？

究竟是哪个利益集团在主张市场原教旨主义呢？他们的利益又在哪里？

五、美国精英认为美国学派是对《国富论》说“不”

美国学派是美国经济发展的“指南针”。

中国有一个非常有趣的现象。许多市场原教旨主义经济学家们，一方面高喊要以开放的心态来学习西方，学习西方成功的经验；另一方面却对真正促使美国成功的美国学派却闭口不谈。好像它们在历史上不曾存在。这种无视历史，而沉溺于概念游戏的方法，不是真正开放的方法和心态。

美国学派产生于美国发展的需要，是哲学、政治、政策的组合，是对原教旨自由市场经济哲学的否定。制宪会议以后，美国政府的决策者为了干预经济，从政策角度对美国政府介入经济增长和经济发展、介入市场进行思想和实践的开拓。在历史上产生巨大作用的有两位：一位是第一任财政部长汉密尔顿。他的基本哲学是，只有获得经济独立，美国才可能获得完全的政治独立；只有美国在几乎所有必需的产业上获得自足，美国才可能获得经济独立；只有在政府的强力支持和干预下，美国才可能在几乎所有的产业上摆脱英国的控制获得自足。结论就是，为了美国获得完整的独立，政府必须干预经济发展，推动科技进步。另一位是亨利·克莱。1812年战争以后，美国参议员亨利·克莱更加系统地提出了具体的政策选项和经济学思考。这就是"美国制度"(American System)说。它的核心内容，成了美国后来100多年发展的政策选择，也是后来美国学派的核心内容。克莱的"美国制度"是专门同"英国制度"(British System)相区别而提出来的；作为一种学术派别，它是针对亚当·斯密的《国富论》而提出来的。在当时的世界，已成了同《国富论》彼此竞争的一种经济学流派。《国富论》是对英国道路的总结。美国对《国富论》说"不"，简言之，就是对英国制度和发展道路说"不"。美国要走同英国不一样的发展道路，一个以政府支持为特点的发展道路。从根据国情选择不同发展道路的角度看，"中国道路"是对"华盛顿共识"说"不"，正如"美国制度"是对"英国制度"说"不"一样。中国要走自己的发展道路，这一点同年轻时期的美国相似。一个国家之所以伟大，是因为它既有伟大的人民，也有能够识破历史密码的伟大的"掌舵人"。

历史的发展证明，美国早期政治家为美国经济发展奠定的理论、政策和制度基础是符合美国国情的。内战以前由于政府的更迭而有所变化，有时候有些反复，但是这条基本的道路被坚持下来了。如果美国照抄当时最强大、最富裕的英国的经济模式和理论，美国可能什么都是，就是不可能成为今天这样的强国。由此可见，把自己的发展道路建立在自己国家的实际情况基础上是多么重要。历史没有如果，但是"如果"可以为后来的选择者提供一种警醒，正如做几何题的时候，一条添加的辅助线，可以帮助你找到正确的答案。在历史研究中，有时候"如果"就是这条辅助线。

在美国独特的发展过程中，在上面的政策和战略选择的基础上产生了经济学的"美国学派"。伟大的实践都会有自己的历史总结和前瞻的理论概括。美国学派包括下面几点核心内容：

1. 政府支持和资助产业。实施保护主义，包括高关税、政府补贴和支持新兴产业免于国外竞争者的扼杀、政府补贴支持科学技术的发展，等等。

2. 政府推动基础设施的建设。

3. 建立独立的金融体系，服务工商业，包括用国家权力规范信用和债务市场，抑制金融泡沫和金融投机。

4. 政府通过建立公共大学来支持科学技术发展。

5. 通过政府干预发展“利益和谐”(Harmony of Interests)的经济，包括“阶级和谐”与产业和谐(工业、农业、商业的和谐)。这个产业和谐颇有一点按“比例”的意思，产业和谐需要政府干预。

六、土地国有是美国成功的关键之一

美国崛起对市场原教旨主义说“不”，还表现对完全的土地私有说“不”，表现在选择了土地国有。建国初期，美国没有今天中国许多经济学家建议的所谓产权明晰的“土地私有”。

市场原教旨主义大力在中国推动土地私有化。在那些有复杂概念层层包装的土地改革建议中，核心的一条就是变相的土地私有化，或者土地私有概念缺位的情况下实现土地私有的种种功能。他们认为，土地产权的核心是土地产权的明晰。他们认为土地公有导致产权不明晰，所以，必须土地私有。他们还认为没有土地私有就没有市场经济，土地私有是市场经济的基础。

有些人甚至提出，美国之所以发达是因为从建国开始就实施土地私有。

这不符合历史和现实。更直白来讲，那些经济学家们在讲假话，在故意诱导决策程序。

美国建国之际选择的是土地国有。现在美国联邦政府依然拥有大约28%的国土。

为什么说土地国有对经济发展有好处呢？李嘉图有一个“稀缺原则”，即经济增长带来的增加值倾向于集中到生产中最稀缺的要素的所有者。为什么？因为他在分配中处于支配地位。土地就是这样的要素。为什么稀缺要素可以起支配作用呢？因为它的供给是不完全竞争的，甚至是垄断的。人可以竞争上岗，技能可以培训，技术可以更新，设备会老化，新设备会代替老设备，而土地的位置却不可以替代。土地的使用价值和市场价值主要体现为它的位置。而一个特定位置上的土地基本是不可替代的。所以，在其他条件不变的情况下，这个位置上的土地是没有竞争对手的。除非土地拥有者要价太高，土地租金太贵，对购买者或租赁者缺乏经济意义。在这个限度内，土地所有者支配着土地价格和分配。所以，土地的供给往往是垄断的；而土地的需求则是完全竞争的。这种不对称的垄断和竞争关系决定了土地市场不是通常意义上的竞争市场。现实生活也是这样。如果完全私有，经济发展的大部分好处就会通过级差地租的形势落入少数大土地所有者手中；如果公有或国家所有，那么经济发展带来的级差地租就会大部分回归社会。

比如，由于城市的发展，地铁或高速公路的建设，一块地(A)原来的价格是1000万元，现在变成了10亿元。如果土地公有，那么这增加的9.9亿元就归于社会或集体；如果土地私有就归于私有者。这会导致社会财富的急剧集中，还增加了经济发展的成本。而且在这种情况下，土地完全私有也是不公平的。比如，除了上述的A地以外，还有B地。B地远离地铁或高速公路。在经济发展以前，两块地的价格机会相近。现在A地极大地增值了，而B地的价值依然如故。A地的增值是社会经济建设的结果，不是其所有者带来的。所以，将A地增值的部分完全归于私有甚至小集团，对B地即全社会是不公平的。

所以，土地市场的基本特点决定了，它不是完全的竞争市场，不能够简单地套用市场的产权原理。

这就是土地国有的简单道理。它是有利于经济发展的。

美国从建国开始采取的土地国有对美国经济发展、大萧条时期反危机、政府有效刺激经济、政府对科技的推动起到了巨大的作用。相反，南美许多国家独立以后采取土地私有，结果土地被大量集中在少数人手中，极大地妨碍了经济的发展。

关于土地国有的理论和土地国有对美国经济的作用，详情请参考《制度与繁荣》。我们就举一个简单的例子。在大萧条期间，罗斯福推动的许多公共工程是建立在国有土地上的。所有工程开支不包括土地费用一项。相同的公共支出对经济起到了巨大作用。比如，100亿元的工程开支，如果土地私有，征地可能花掉20亿元，真正拥有刺激经济的只有80亿元。而土地国有则避开了这个土地私有带来的巨大成本。还比如美国修建铁路等。更重要的是美国在20世纪以前是没有个人所得税的，联邦收入主要靠关税、举债、烟酒税等。还有一项就是土地财政。土地财政保证了美国长期实施低税率，刺激了经济的发展。

中国经济过去40年的发展，一个重要原因也是土地的公有。所以，我们才有那么快速的城市建设，才有那么多城市建设的资金。假如，中国没有实施土地改革，土地是私有的，那么我们不可能有过去40年的发展，也不可能有过去70多年的高速发展。过去40年的高速发展，一个很重要的原因就是土地公有给地方带来的土地财政，刺激了地方的发展和建设，从而进一步刺激了相关产业的发展，不能完全归功于市场改革。没有这个土地制度因素，改革开放不可能带来如此巨大的成就，甚至可能面临南美和印度的问题。现在，有人想通过种种方式，直接或间接地废除土地国有和集体所有。看看南美和印度的例子，那对经济发展、社会公平带来的恶果可能是颠覆性的。

如果是美国和中国的发展证明了土地公有的优势，那么南美和印度则是土地私有对经济带来的严重后果。

七、美国精英如何看待美国学派和英国的经济模式的差别

总之,美国学派是一种把国家战略和经济发展融合在一起的宏观经济哲学和政策选择,中心就是要使美国实现经济独立和自足,迅速完成对英国的超越,反对没有政府支持和干预的自由市场,提倡政府这只“看得见的手”。它是一种同新古典经济学对立的经济思想,是同市场原教旨主义对立的经济思想。美国学派的这种思想在美国可以说是根深蒂固。这就是为什么罗斯福新政得以大行其道,这就是为什么美国政府对经济和产业的干预持续至今。

比较英国的自由市场和美国学派两种制度的不同,林肯的经济顾问凯里曾经写道:“两个制度摆在世界面前……一个旨在制造贫困化和无知、灭绝人种,以及野蛮掠夺,另一个旨在增进富裕、舒适、创造性,以及行为与文明的结合……一个是英国制度,另一个是美国制度……”这反映了当时的美国精英对没有政府干预的市场原教旨主义的基本看法,对英国和美国经济道理的看法。

美国学派在美国经济发展中作用重大。第二次世界大战后,美国成了世界最大、最强的经济体系,原教旨市场思潮在美国才开始流传开来。其原因同当年大英帝国向美国大力宣扬自由市场理论是一样的。第二次世界大战后虽然美国开始在世界推销自由贸易,但是对内,政府对经济的干预和介入包括对金融行业的管制一直持续到1980年里根时代以前。里根时代可以看作是美国学派在美国衰退的开始,尤其是美国政府对经济决策影响力衰退的开始。然而这也是美国衰退的开始。有一点必须指出,即使是里根以来的30多年,美国联邦政府依然在前述七个方面以及其他方面介入美国经济,只不过在有些方面力度比过去减小了。

现在我们可以简单地总结一下美国成功的基本框架:

1. 一个强有力的中央权力,中央政府在多方面对经济进行强有力干预。

2. 把经济战略和国家战略结合起来。

3. 一个辽阔而统一的国内市场,同时实施保护主义。保护主义和开放不是矛盾的。这不是两个对立的概念,也不是两套对立的政策。把保护主义和开放对立起来,认为开放就不能保护自己的产业,是缺乏基本的历史知识的。保护主义是指采取某些措施推动和保护新兴产业。美国在崛起过程中实施保护主义,但它又是一个开放的国家和经济。保护主义不等于闭关自守。在家里面装一个防盗门的人,并不都是自闭症患者。与之相反,闭关自守也不等于保护主义。在中国历史上,清朝时期的闭关自守,那不是保护主义,不是为了保护还比较幼小的现代工业。

4. 政府的有效监督管理。

5. 土地国有。

6. 中央政府及时调整战略以吸纳市场经济的过剩。

7. 政府推动创新和产业升级。

8. 力图抑制金融泡沫(抑制金融泡沫的年代经济增长良好,放任金融泡沫的年代经济增长缓慢)。

八、结束语

可见信奉市场原教旨主义的西方主流经济学,既不能解释历史,也不能预测未来;既不能为发展中国家提供可行的发展模式,也无法为美国走出当下的困局提供有效的方案。面对历史、现实和未来,它是如此贫乏、如此苍白,却又是如此故步自封。国内许多人主张资源配置绝对化来改革经济体制,按全球价值链最大化来搞开放。因为,理解微观经济学的人都知道,这两个概念讲的是在现状下如何实现利润最大化。而我们的经济制度不只是追求利润最大化。我们要追求产业升级。而技术进步、产业升级,在短期内可能是赔本的。要发现短期内利润最大化,就是“造不如买”;要追求全球价值链的最大化就是固化现有的国际分工。

这种从概念出发的主张究竟有多少历史的先例呢?在美国200多年的历史中,所谓资源配置绝对化作为一个流行的概念是晚近才有的事情。在那么漫长的时间里面,资源配置这个书本里的概念是缺位的。美国没有按资源最佳配置这个抽象概念(因为没有)来设计经济制度。这个概念的缺位没有影响美国的发展啊。

我们在《制度与繁荣》中比较详细地讨论了美国政府如何干预经济、干预产业和科技创新的。我不知道,世界上究竟有几个成功的经济体是这样从书本上规划出来的。至少从美国的历史,我们可以得出一个结论,这个概念的缺位并没有影响美国的发展;反而许多新兴经济体按照这一概念来设计经济制度却陷入了中等收入陷阱。市场原教旨主义20世纪在俄罗斯的实验是失败的。我们究竟是从实际出发来规划体制改革,还是从书本出发?国家的发展不是照本宣科出来的。

改革要建立在马克思主义的方法论上。目前关于改革有两种方法:一种是从资源配置的僵化观念出发;另一种是从实际出发,即从历史经验和经济发展的需要出发。前一种是以那个绝对的概念来衡量改革,后一种是从国家经济的发展稳定、人民的幸福感来衡量改革。

The Secret of the Rise of the American Economy is Opposition to Market Fundamentalism

Huang Shudong

Abstract The United States believes that China's basic economic system (which it calls "National Capitalism") will surely defeat the United States. Starting from its national interests, it has done everything possible to reform our economic system. Some people in China oppose the government and the market, advocate the construction of our economic system according to the absolute concept of resource allocation, and we must also change our basic economic system. There is no historical basis for this idea. The economic rise of the West, especially the United States, is not the success of the rigid concept of resource allocation, not the success of a completely free market, and it is not the success of free trade. The success of the American economy is not the success of The Wealth of Nations; it is the success of saying "no" to "Wealth of Nations", the success of the American School, and the success of pushing market fundamentalism to say "no". We advocate learning all the successful experiences of the world. For this reason, we cannot base our reform of the economic system on the basis of market fundamentalism. We cannot start from that concept. Wc must earnestly study the real experience of the rise of the United States. We must say no to the rigid concept of resource allocation like the United States, and promote economic reforms from the needs of national economic development and economic rise.

Key words China's Economy Market Reform National Capitalism Market Fundamentalism Resource Allocation American Economy

评析金融化时代

宁殿霞

内容提要　21世纪人类的生存世界已然是一个金融化的世界。逻辑地看,资本作为有机体在利润率下降规律的正反馈作用机制下,不断自我否定而生成自己的总体性;历史地看,自由竞争经过垄断最终转向今天的金融化;在世界历史视野中,21世纪资本生产剩余的模式体现着全球化,资本占有剩余的方式和范围体现着金融化,资本的强大力量在于不断地金融化,生成了总体性的国际资本金融体系,而这一体系作为人类对象化的产物,与人类命运共同体之间形成深刻的对立。

关键词　垄断　金融化　资本总体性　资本逻辑　世界历史

中图分类号　F038.1

作为资本社会存在前提的资本是一个有机体,"有机体制本身作为一个总体有自己的各种前提,而它向总体的发展过程就在于:使社会的一切要素从属于自己,或者把自己还缺乏的器官从社会中创造出来,有机体制在历史上就是这样生成为总体的。生成为这种总体是它的过程即它的发展的一个要素"(马克思、恩格斯,1995)。资本总体性是"资本向总体发展并且必然生成总体"(彭宏伟,2013)的属性。在《资本论》的语境中,"世界历史"①就是资本的历史,即资本逻辑的展开过程。因为,"整个所谓世界历史不外是通过人的劳动而诞生的过程,是自然界对人来说的生成过程"(马克思、恩格斯,2009a)。资本趋向总体性的发展过程就是世界历史的生成过程,这个展开过程并不是匀速的、齐一的,而是一个充满历史转折的复杂过程。所谓历史转折,就是指特定历史时

收稿日期:2018—05—18

作者简介:宁殿霞(1977—),西安翻译学院思政部副教授,复旦大学中国研究院博士后,主要研究方向为经济哲学、中国特色社会主义政治经济学。

基金项目:本文系教育部人文社会科学青年基金项目"金融化:21世纪资本权力的经济哲学批判"(16YJC720015)和西安翻译学院科研团队项目(XFU17KYTDD01)的阶段性研究成果。

① "世界历史"在这里不是指历史学学科意义上"对过去的人和事进行叙述和解释"的世界历史,而是"资本主义生产方式造成的人类普遍交往和互相联系"的整体性的历史,马克思使用世界历史概念时更侧重于本体论、认识论角度的各民族整体运动规律,是作为唯物史观核心部分的世界历史。这一理论随着全球化的兴起而受到学界的高度关注,有学者认为"马克思文献中的'世界历史'一词完全可以置换为'资本主义'或者今天的热门词汇'全球化'"。

代的人类实践活动方式，即生产方式、生活方式、思维方式等出现了整体性和根本性演化创新的变更趋势（张雄，1994）。历史转折论往往更注重于对历史发展过程“关节点”的探讨。本文从资本总体性出发，对“自由竞争”“垄断”和“金融化”三个关节点及其呈现的历史转折特点进行分析，以期揭示资本逻辑在世界历史进程中不断演化、不断推进的内在机理，并进一步揭示资本主义生产方式在21世纪金融化世界中的最新表现。

一、世界历史视野中的经济现实：资本金融化的历史进程

站在21世纪回望人类历史，离不开对资本的考察。历史地看，资本在世界范围运动和扩张的模式主要分为自由竞争、垄断、金融化三个阶段，尽管每一个阶段的界限并不那么明晰，但是每一个阶段与阶段之间都存在着历史转折的关节点，在《资本论》《帝国主义是资本主义的最高阶段》《21世纪资本论》三部著作中分别闪现着关节点的特征。21世纪的诸多经济活动离不开资本金融[①]体系的架构，尽管资本运行的根本逻辑没有变，但是这一阶段资本的表现形式和具体内容有所不同，资本的国际流动已成为21世纪世界经济的主要内容。资本输出的物质基础在于大量积累的“过剩资本”，资本输出的根本动因在于最大化追求利润，更高利润的投资场所是金融资本“看不见的腿”的行走方向。正如列宁所言，“冒险性的增大，归根到底是同资本的大量增加有关，资本可以说是漫溢出来而流向国外……金融资本还导致对世界的直接的瓜分”（列宁，1990）。一方面，全球化是资本主义在空间上拓展的结果；另一方面，全球化又是而且首先是一个“改变、调整以致最后消除”世界范围内资本总体性进行“世界规模积累”的各种自然和人为疆界的过程（阿达，2000）。随着国际资本金融体系的发展，一国内部的市场已显得越来越小，并逐渐成为资本追逐利润的障碍。在利润率下降规律之达摩克利斯之剑的威慑下，资本必然突破国家的界限走向世界市场。

（一）自由竞争—生产不断集中与生产社会化

马克思的时代是资本主义的自由竞争时代，而且只有“英国才是理想模型”。这一时期，资本主要通过商品资本的扩张实现自身。工业革命及其之后的很长一段时间是生产资本在国内扩张的阶段。肇始于英国的工业革命极大

① 关于货币金融和资本金融的区别，经济学家刘纪鹏在《资本金融学》中对货币金融和资本金融两大现代金融范畴做了明晰的界定（参见刘纪鹏：《资本金融学》，中信出版社，2016年，第15—16页）。经济学家厉以宁在该书序言中指出：资本金融是当今世界现代金融发展的新领域，它是从传统货币金融单一的间接融资，向资本市场直接融资为主的现代金融发展的方向。张雄教授认为，资本金融是金融化世界的典型特征。笔者以为，资本金融与货币金融的根本区别首先在于融资的方式不同，其次在于对时间与空间激活程度不同，前者更多的是时空叠加条件下的权力兑换，后者一般只是单维的直接权力兑换。最后，资本金融目前趋于精英化，而货币金融更趋于大众化。

地改变了人类生存世界的面貌，到马克思的时代，也只有英国才够得上他研究的“理想模型”。工业革命时期的英国是个“完美的世界”，圈地运动使相当多的劳动力与土地发生了快速的分离并涌向城市，在某种程度上促成了工业革命的率先爆发，它不仅推动了生产力的快速发展，而且积累了更多的、可供工业革命使用的、用作预付金的资本。另外工业革命胜利后，生产资本主要以机器大生产的方式在英国内部得到空前发展。机器大生产首先是通过向自然宣战以吮吸自然界的自然力，然后是向人的劳动能力宣战以吮吸人的自然力，在这两个条件基础上，马克思还发现了另一个重要条件，就是“社会劳动”。他惊讶道：“过去哪一个世纪能料想到在社会劳动里蕴藏有这样的生产力呢？”（马克思、恩格斯，2009b）而这种社会劳动所蕴藏的生产力是通过人与人的劳动组织形式体现的，征服自然，采用机器以及科技、交通、通信的发展以极其迅猛的速度改变了旧式的劳动组织形式，使人的劳动相对于生产效率而言在更科学、更高效的条件下进行，大量人口“仿佛用法术从地下呼唤出来的”一样，成为工业化流水线上的作业者。这正是资本主义创造的奇迹，“资产阶级在它的不到一百年的阶级统治中所创造的生产力，比过去一切世代创造的全部生产力还要多、还要大”（马克思、恩格斯，2009b）。这种生产方式一方面创造着神奇的生产力，另一方面又患上一种“瘟疫”——“在过去一切时代看来都好象是荒唐现象的社会瘟疫”，即生产过剩。所以，与机器大生产相对应的是堆积的商品对更大销售市场的诉求，于是英国国内的圈地运动在短短几十年就演绎为世界范围的圈地运动，商品资本对外扩张首先从英国开始。

资本在英国内部完成了扩大再生产之后，它的扩张手段发生变化，从以生产资本为主的扩张转向商品资本的扩张，从直接掠夺财富、积累资本变为强占原料产地和商品市场，商品资本的国际扩张最后演绎为鸦片战争，也即殖民地的发展时期。这种扩张模式从经济现实看有两方面的特点：一是生产不断集中，二是生产不断社会化。世界市场是随着商品生产和对外贸易的发展而逐步产生和发展起来的，这时世界市场主要表现为资本在商品流通领域的世界性。

（二）垄断—生产集中与资本集中

生产集中和资本集中产生垄断及垄断组织。“竞争的对立面是垄断。”（马克思、恩格斯，2009a）资本主义发展在列宁时期无论是生产方面还是银行业方面都进入新的阶段，即垄断阶段。“集中发展到一定阶段，可以说就自然而然地走到垄断。”（列宁，1990）就生产社会化而言，竞争转向垄断是一次巨大前进。垄断更有利于资本输出，这导致资本输出在帝国主义阶段成为特别重要的特征。19世纪下半叶的资本集中带来的直接后果就是垄断初步形成，一方面大型企业之间更容易达成协议；另一方面，当企业规模足够大时竞争困难成为必然，两方面都为垄断造就了条件。“这种从竞争到垄断的转变，不说是最新资本主义经济中最重要的现象,也是最重要的现象之一。”(列宁,1990)现代垄断组织真正开始于19世纪60年代,19世纪70年代国际性的工业萧条到19世纪90年代是垄断组织的第一个大发展时期,生产集中产生垄断成为那一阶段资本总体性发展的基本特征。这一时期资本主义生产更接近全面的社会化,“它不顾资本家的愿望与意识,可以说是把他们拖进一种从完全的竞争自由向完全的社会化过渡的新的社会秩序”(列宁,1990)。垄断资本家的垄断利润无论从质上还是量上都加速了“过剩资本”的形成与集聚,而这正是大规模资本输出的坚实基础。“只要资本主义还是资本主义,过剩的资本就不会用来提高本国民众的生活水平(因为这样会降低资本家的利润),而会输出国外,输出到落后的国家去,以提高利润。”(列宁,1990)从落后国家角度看,这种过剩资本的输出让众多落后国家被动地卷入世界市场与资本主义抗争,这些国家“资本少,地价比较贱,工资低,原料也便宜”(列宁,1990)的有利条件都成为资本行动的方向,因为只有到这里,资本才可以获得丰厚的利润。

19世纪末20世纪初,资本主义从自由竞争走向垄断。列宁指出,垄断是帝国主义不同于自由资本主义的根本特征,并提出了资本主义世界体系的概念,认为资本向全球扩张是垄断发展的必然趋势。垄断在列宁那里分为私人垄断和国家垄断两个层面。在列宁时代,全世界资本生产集中到一个全新的、高级的垄断阶段。这一超级垄断是从四个方面生长起来的:第一,发展到很高阶段的生产集中;第二,对原料产地的加紧抢占;第三,银行率先从普通的中介企业翻转为金融资本的垄断者;第四,殖民政策中生出争夺一般经济领土的动机。20世纪50年代,随着两次世界大战的结束,资本主义进入国家垄断阶段,这是资本向全球全面扩张的酝酿期和准备期,主要表现在随殖民体系的瓦解而来的新的政治环境和随科学技术革命而来的新的物质技术条件。垄断为资本输出创造更有利条件。以生产资本扩张为根本的全面扩张,使资本扩张从国际化阶段进入全球化阶段。“二战”后的国际社会以对外直接投资为主要形式,这一时期的显著特点是生产资本的国际化急剧增长。在此基础上,商品资本国际化的国家贸易和货币资本国际化的国际信贷得到了迅猛发展。资本国际运动的形态从流通资本延伸到生产资本,并最终形成资本运动全过程的国际化,资本国际化的全面迅速发展推进世界市场的发展,资本扩张就此进入全球化阶段。这时的资本已经为实现资本总体性奠定了基础。自由竞争阶段的生产主要集中在国内,而资本流通主要在国外,也就是在国内进行价值增殖的生产,在国外进行价值实现的流通。进入垄断阶段后,资本的生产过程和流通过程、价值增殖过程和价值实现过程实现了在全球范围内跨时间、跨地区的统一。与过去资本输出主要由发达国家向发展中国家和欠发达地区单向输出相比,这时的资本输出实现了不同发展阶段国家之间的复杂流动。这一时期最显著的特征就是生产资本以对外直接投资的形式迅速实现国际化,进而全球化。

(三)金融化—资本在全球范围内分割剩余的合法化

垄断作为最新的资本主义不可能一成不变,它会向哪里“过渡”呢? 今天的世界发生了什么新的历史转折呢? 笔者认为,金融化成为资本主义发展在 21 世纪的最新阶段和最新表现。马克思认为,“以钱生钱”的货币资本循环形式“最明白地表示出资本主义生产的动机就是赚钱。生产过程只是为了赚钱而不可缺少的中间环节,只是为了赚钱而必须干的倒霉事(因此,一切资本主义生产方式的国家,都周期性地患上一种狂想病,企图不用生产过程做媒介而赚到钱)”(马克思、恩格斯,2009d)。进入 21 世纪,“不用生产过程做媒介而赚到钱”的图景正在通过金融化向我们布展开来,21 世纪是一个适合天才生存的世纪。皮凯蒂在《21 世纪资本论》中所展示的经济现实与列宁当年的描述并无二致。列宁曾引用克斯特纳的观点说,“获得最大成就的,不是最善于根据自己的技术和商业经验来判断购买者需要,找到并且可以说是‘开发’潜在需求的商人,而是那些善于预先估计到,或者哪怕只是嗅到组织上的发展,嗅到某些企业与银行可能发生某种联系的投机天才……”列宁对这一观点做了进一步诠释,他认为,“资本主义已经发展到这样的程度,商品生产虽然依旧‘占统治地位’,依旧被看作全部经济的基础,但实际上已经被破坏了,大部分利润都被那些干金融勾当的‘天才’拿去了。这种金融勾当和欺骗行为的基础是生产社会化,人类历尽艰辛所达到的生产社会化这一巨大进步,却造福于……投机者”(列宁,1990)。这一现象的出现具有重大的历史转折意义,它预示着金融化时代的到来。

20 世纪初,以跨国公司为载体的生产资本全球扩张使许多落后的国家陆续卷入世界资本主义体系,这不仅在垄断组织的发展方面,而且在金融资本的增值方面,都是一个重要的转折时期。为了谋取利润而进行的生产,其条件是创造一个不断扩大的流通范围。这种扩大有两种形式:一是直接扩大流通的地理范围,二是在原有的流通范围内创造更多的生产地。资本总体性具有一种内在驱动力,这种力量一方面创造越来越多的剩余劳动,另一方面创造越来越多补充的交换地点,从根本上说,就是以资本为基础的生产或与资本相适应的生产方式在世界范围内的扩张,资本总体性的意蕴就在这种扩张过程之中生成,“创造世界市场的趋势已经直接包含在资本的概念本身中”(马克思、恩格斯,2009f)。资本扩张的力量就在自身的矛盾之中,一方面,资本摧枯拉朽地打破商品交换的限制,创造空间,夺得整个地球的地理空间和心理空间作为它的市场;另一方面,它又竭尽全力缩短商品流通所花费的时间。资本正是在不断创造空间中消灭空间,又在不断消灭空间中创造空间,最终完成资产阶级社会的真实任务,即“建立世界市场(至少是一个轮廓)和以这种市场为基础的生产”。21 世纪,以跨国公司为载体的资本已经实现了这种生产。

其次,金融资本的扩张由国际化阶段进入真正的全球化阶段。资本突破地理限制、民族限制和文化限制,在世界范围内寻找更有利的投资场所,对于资本的增值而言,剥削程度与社会发展程度成反比,与利润率成正比,社会发展程度越低,剥削程度就越高,利润率也就越高。21世纪是金融资本扩张的世纪,金融化是21世纪资本主义发展的一般规律和基本特征。金融化的最初表现是日常生活中金融越来越占据主要地位,并成为一种普遍现象。它的发展基础是垄断,是在垄断基础之上生长起来的。今天的金融化,甚至给人类的精神世界罩上了一层密网——金融内化,经济全球化和金融全球化推动生存世界金融化。今天的经济现实已经进入了马克思的世界历史语境,资本总体性的特征已非常明显。资本主义经济现实证明了,并进一步证明着自由竞争产生生产集中、生产集中发展到一定阶段导致垄断、垄断之后的金融化之一脉相承的资本逻辑和一般规律。"金融资本对其他一切形式的资本的优势,意味着食利者和金融寡头占统治地位,意味着少数拥有金融'实力'的国家处于和其余一切国家不同的特殊地位。"(列宁,1990)

二、自由竞争、垄断、金融化:资本总体性的内在逻辑

云谲波诡的历史现象背后必然隐藏着深刻的世界历史发展规律,历史地看,自由竞争导致垄断,垄断带来金融化,那么,这一经济现象是否符合逻辑呢?从垄断到金融化的逻辑又是什么呢?为什么人们会说马克思的"资本主义必然灭亡"预言没有实现呢?对这些问题的回答必须回到资本自身的逻辑之中。逻辑地看,从自由竞争到垄断再到金融化,在其发展的每一环节,都存在着内在的历史逻辑。

(一)自由竞争—垄断—金融化:资本内在否定性的必然趋势

资本有机构成变动是马克思资本批判的一个关键概念,传统意识下的肯定思维模式往往把马克思的生产率提高过程中发生的原预付资本的贬值当作自然而然的事情,从而习惯于将资本主义生产方式的历史运动规律遮蔽于复杂的数学模型与计算过程之中,这样的研究方式往往把生产关系的相应变化置于研究视野之外,从而失却并遗忘了历史化的维度。从否定的方面看,资本不仅是一个现实概念,更是一个历史概念。资本不是从来就有的,也绝不是永远都有的,资本通过不断地内在否定展现自身的形式及其趋势:资本首先是线性扩张,即从个别企业、逐步扩展到整个行业、国民生产体系的各行各业;其次是平面扩张,即从一个地区到另一个地区、从城市到农村、再到一个国家的所有区域;最后是网状扩张,即国内扩张的同时征服他国并构建世界市场,即突破国界把世界连成一个网状经济结构。这样就支配世界范围内的各种经济形式;到21世纪的今天,资本在金融化的世界经济格局下呈现立体扩张的局面,

即统摄了所有时间、所有空间的全时空扩张。资本“是现代之子，现代的合法的嫡子”(马克思、恩格斯，2009a)，它的生命的全过程就在于沿着线性、平面、网状、立体……的历史趋势成就自身的总体性，并在这一趋势性运动变化过程中完成自己的历史使命，而且这是一个不断加速度的正反馈过程。资本家阶级为了消除竞争而形成垄断组织，然而，垄断却使竞争以更加强大的力量袭来，金融化是资本不断否定自身的必然结果，进一步展开内在否定是资本总体性在 21 世纪的新表现。

(二)自由竞争—垄断—金融化:利润率下降规律的必然结果

垄断是资本取得在全世界的最终胜利，也就是资本将全世界笼络到自己体系的重要一搏，那么，垄断瓜分世界的压力机制是什么呢？是垄断自身吗？绝不是，是资本的属性，是利润率下降规律的作用。利润率下降规律在马克思资本批判中更重大、更革命的历史性意义目前还没有得到普遍认识和重视，利润率下降规律的趋势事实上是一种上升的动力，资本之所以如此长青，秘密就在于马克思所发现的利润率下降规律。“利润率下降，同时，资本量增加，与此并进的是现有资本的贬值，这种贬值阻碍利润率的下降，刺激资本价值的加速积累。”(马克思、恩格斯，2009e)与资本价值加速积累同时出现的是现有资本的加速贬值。资本积累、生产力提高和与之同在的资本贬值形成正反馈机制。换句话说，资本积累、生产力提高都是以现有资本贬值为代价的。现实世界的资本贬值、生产力牺牲无时无刻不在发生，如果没有更大能量的获取，资本不会这样，自然力是资本否定自身的力量之源，它通过不断吮吸自然力而扩张自身。我们所公认的生产与消费之间的失衡而导致的危机只是资本主义危机的表层现象，而真正危机的深层机理在于资本吮吸自然力实现资本积累的同时所带来的贫困积累，所以，资本对自然力的吮吸是有限度的。在全球化时代，这种贫困积累是触目惊心的，只是全球化的资本运作使两个相伴随的积累之间出现了变戏法式的分身术，让资本积累主要集中在发达国家和发达地区，而贫困积累主要集中在欠发达国家和欠发达地区。每个资本家和每个资本家国家明里暗里遵循着“我死后哪怕洪水滔天”(马克思、恩格斯，2009c)的原则与口号，进行着“易粪相食”的狡计。世界范围内自然力的吮吸不断地助力于资本总体性才使得越来越强大的、总体性的资本具有如此那般的胆识去否定自身，这就是利润率下降规律之压力机制下的“极化现象”(鲁品越，2015)，即资本积累与贫困积累在全球范围内不断扩大与加深的现象。这种极化现象决定了深层资本主义危机的酝酿以及与资本总体性相一致的资本主义深层危机在欠发达国家和欠发达地区的总体爆发的可能性。

(三)自由竞争—垄断—金融化:资本总体性自身发展的必然结果

资本总体性自身发展就是资本内在否定性与利润率下降规律两个正反馈的作用机制。资本作为一个有机体，它不断完善自身并生成新的器官。“使社会的一切要素从属于自己。"(马克思、恩格斯,1995)资本主义的丧钟没有敲响,原因在于它不仅转向垄断,而且过渡到金融化。垂死的资本主义到今天依然没有灭亡的重要原因就在于金融化。21世纪的资本输出与列宁时代相比,其最显著特征就是资本长上了"看不见的腿",行动极其诡异。从地理形态上看,资本主义在少数国家中已经成熟过度,诸多落后国家已纳入资本主义流通体系;从资本形态上看,资本可在数秒内转移或做空巨额资产,而且难以被察觉。资本的活力在于资本自身,在于自己反对自己,在自我反对中生成总体,必要时还可以在总体上生出新器官。资本这种内在否定性必然导致"资本的垄断成了与这种垄断一起并在这种垄断之下繁盛起来的生产方式的桎梏。生产资料的集中和劳动的社会化,达到了同它们的资本主义外壳不能相容的地步。这个外壳就要炸毁了。资本主义私有制的丧钟就要响了。剥夺者就要被剥夺了"(马克思、恩格斯,2009c)。"剥夺剥夺者"的最大意义,并不在于表面地消灭资本主义私有制,而在于实质地变"资本的文明面"为"高度文明的人"(马克思、恩格斯,1995),也即"环境的改变和人的活动或自我改变的一致"(马克思、恩格斯,2009a)。资本总体性决定了它一定要把整个世界的所有时间、所有空间都变为自己有机体的一部分,因为现代社会"不是坚实的结晶体,而是一个能够变化并且经常处于变化过程中的有机体"(马克思、恩格斯,2009c)。在这个有机体的不断壮大过程中,资本获得了在世界市场的绝对的主体性,全球化、金融化都是这个有机体创造出的新系统,经济学对利润率的估算往往局限于一个国家或一些国家,毫无疑问,这只是将有机体当作结晶体并加以"显微镜"或"化学试剂"的分析,与马克思的"抽象力"相去甚远。

垄断只是资本总体性进程中的一个环节,生长于自由竞争的垄断自身并不消灭竞争,只是使原有的竞争更剧烈,所以,垄断只是从资本主义到更高级的制度的过渡。金融化是资本占领世界领土之后,继续生成资本总体性的一种手段,它通过未来的中介,以合约的形式再一次瓜分世界,只是,这种形式更文明了,人的自由程度更高了。世界历史就是资本总体性发展的历史,从垄断到金融化的进程,是世界历史的一个重要阶段,金融化是历史转折中的一个重要关节点。

三、国际资本金融体系与人类命运共同体:金融化世界的根本矛盾

世界历史的展开过程是资本与精神互动的过程。从世界历史的起源和发展来看,全球化的实质是资本全球化,金融化的实质是资本金融化,这是逻辑与历史相一致的表现。事实表明,人类至今没有摆脱马克思的第二大社会形态——人对物的依赖阶段。人类至今仍与自己打造的对象化世界对立着,这

个对立面目前已上升到国际资本金融体系与人类命运共同体之间的矛盾。康德把民族历史、地区历史的转折视为充满着恶的历史推动历程,其实,民族史、地区史的转折,具有世界整体文化进步的意义。黑格尔说,各个民族历史的转折是世界历史辩证发展的内在否定环节。从历史哲学的角度看,世界历史是在历史总体目标的善与具体过程的恶的交织过程中生成的。21世纪的今天,世界历史已通过金融化的面貌逐步展现于我们眼前。

(一)21世纪资本生产剩余的模式和范围体现着全球化

今天,资本主义之所以没有灭亡,就是因为这个有机体在创造出"全球化"之后又创造出了"金融化"这个新器官,并与它自身形成新的系统,从而使资本主义深层危机不仅在空间上(全球范围内的实体空间与非实体空间),而且在时间上(过去、现在、未来)得到了稀释甚至转嫁。过去,资本作为有机体,作为现代生产关系,只是死劳动支配活劳动。进入金融化时代以来,由于金融理性的迅速生长发育并在金融领域创造了无限的经济空间,从而使未来的活劳动也成为资本支配的对象,而且未来的无限性使资本金融体系的权力持续放大,对未来的支配也相应放大,甚至统御了整个人类生存世界。在金融化的层面上,资本更趋总体性,它不仅在生产领域支配活劳动,而且把过去的、现在的、未来的所有财富资本化一并吸入资本金融体系这个流通机器,从而对所有的财富进行重新分配。换句话说,资本金融体系不仅是对自然资源的大转移,而且是对已有的死劳动进行大转移,更是对未来可能的活劳动进行大转移。反过来讲,就是危机在全球范围内的转嫁、挪移与重新配置,从而使不平等在全球范围内蔓延并愈演愈烈。从这个层面看,金融化的资本不只是支配活劳动,而是支配所有劳动,包括未来可能的劳动,这就是皮凯蒂笔下"资本等同于财富"的现实写照。就全球化历程而言,在自由竞争为主的阶段,主要是商品输出;在垄断为主的阶段,主要是资本输出;在金融化为主的21世纪,主要是资本金融体系的运作。

(二)21世纪资本占有剩余的方式体现着金融化

资本主义向金融化的过渡,是以未来为中介的财富再分配的尖锐化斗争,这种斗争以最和平的方式、最受人喜爱的方式推进着。金融的本质在于通过"撮合交易"服务大众、分享富饶。我们对金融化进行反思,首先考察的就是金融的目的是什么?正如诺贝尔经济学奖获得者席勒所说:"金融所要服务的目标都源自民众,这些目标反映了我们每一个人职业上的抱负、家庭生活中的希望、生意当中的雄心、文化发展中的诉求,以及社会发展的终极理想"(罗伯特·席勒,2012)。也就是金融的存在如同"慈善"一样,帮助民众实现想要实现的社会性的目标。金融就像一个"永动"的"估值机","如果金融不负众望,那么它就是帮助我们实现美好社会的最佳手段。我们对这个概念的理解越深入,就越能明白当下金融创新的必要性"(罗伯特·席勒,2012)。金融的最高境界在于它是一种美学，因为金融正是通过服务人类的欲望和潜能，在不断创造新事物中获得美，使其为所有社会成员分享富饶，多元化地为人类社会服务。金融的背后隐藏着强大的整体主义力量，它能集中零散的力量而办整体的大事。“金融从业者核心的工作之一是撮合交易，也就是创造新的项目、构建新的企业甚至塑造一套新的体系，不论这些交易的规模大小，正是此项工作将通常散落在各处的个人目标结合起来。”（罗伯特·席勒，2012）21世纪的今天，这套隐性的架构无处不在。金融的本质原本在于最大化地服务大众，而不是最大化占有剩余，然而，服务大众需要金融创新，这必然导致金融理性的二律背反：金融体系越完善，金融座架越深刻，资本的收益越高于劳动的收入。如果金融一旦偏离轨道，它的力量能“颠覆任何试图实现目标的努力”，而且，金融创新是一个难以约束的机制，有时甚至伴有极其严重的破坏性。

（三）阶级矛盾已转换为国际资本金融体系与人类命运共同体之间的矛盾

资产阶级社会的真实任务是建立世界市场（至少是一个轮廓）并以这种市场为基础的生产。“资本越发展，从而资本借以流通的市场，构成资本流通空间道路的市场越扩大，资本同时也就越是力求在空间上更加扩大市场，力求用时间去更多地消灭空间。”（马克思、恩格斯，2009f）今天的世界，主要矛盾是什么？阶级还存在吗？如果存在，它的表现形式又如何呢？目前理论界虽然不怎么提及“阶级”一词，但并不代表它不存在，这需要我们用更高的视野、更完善的理论来加以批判和界定。事实上，垄断不仅没有阻止社会化，而且使社会化在全球范围内来得更快，或者说垄断是全球化这一黎明到来前的黑暗，抑或垄断是全球化的加速器，与“现代汽车行驶之快，对于不小心的行人和坐汽车的人都是很危险的”一样，发达资本主义国家的迅速金融化对于后金融化的国家也是危险的。阶级是马克思资本批判的重要范畴之一，今天的阶级范畴内涵已经从资产阶级与工人阶级矛盾占主导地位转换为国际资本金融体系与人类命运共同体之间的矛盾占主导地位。《共产党宣言》的开篇提出“至今一切社会的历史都是阶级斗争的历史”，这一论断在革命年代起到了极其重要的作用，阶级斗争的作用与意义一度上升到绝对的高度。那么，在争取到“较长时间的和平建设环境”的今天，人类社会进程中还有阶级斗争吗？对这一问题的回答离不开对阶级范畴存在论的本体论追问。马克思时代的社会根本矛盾是资产阶级与工人阶级的矛盾。19世纪初，欧洲工业革命时期的工人都干着笨重的体力劳动，劳动条件差、劳动强度大、劳动报酬低。进入资本主义机器大生产时期，资产阶级通过机器延长工人的劳动时间，使剥削进一步加剧。这一时期的劳动还处于初级的、本能的劳动，整个劳动过程具有两个方面的特征：一是“工人在资本家的监督下劳动，他的劳动属于资本家”；二是“产品是资本家的所有物，而不是直接生产者工人的所有物”。换句话说，工人除了劳动力之外一无所有，资本家通过直接占有劳动产品而占有工人的本能劳动。原有的阶级在以蒸汽机为代表的资本主义生产方式下迅速剥离为资产阶级与工人阶级,而资产阶级与工人阶级之间的矛盾也成为这一时期的根本矛盾。阶级范畴在金融化进程中发生了重大转向。21世纪的今天,社会根本矛盾是什么?谁是资产阶级?谁是工人阶级?很难找到划分标准,也很难从一个国家内部进行划分,但这并不代表没有阶级,所以,对阶级的考查首先需要从全球化、金融化着眼。

20世纪上半叶的世界战争与下半叶的经济转型加速了全球化的进程,进入21世纪,全球经济最大的特征就是继全球化之后实现了金融化,金融化迅速成为整个世界的主流。通过资本金融体系的运作,所有财富都转变为流量进入流通领域,进一步讲,就是"全时空"①金融场域的运作,所有人的激情、欲望、任性都在这里活跃着,"上亿元的资产可能瞬间缩水"抑或发生所有权的更易。这个时代,如果还以雇佣工人的人数、收入的来源来划分资产阶级和无产阶级就显得极其滑稽可笑,因为,在财富比19世纪丰裕很多的今天,收入已经变得非常多元,从收入来源已经很难找到原有资产阶级、无产阶级的划分界限。但是,这并不代表阶级矛盾已经消失,并不代表剥削已经不存在。首先,全球化使原有的阶级剥削转向"空间剥削"(乔洪武,2013)。今天的全球化与马克思的预言如出一辙,资产阶级使"农村从属于城市一样,它使未开化和半开化的国家从属于文明的国家,使农民的民族从属于资产阶级的民族,使东方从属于西方"(马克思、恩格斯,2009b)。因此,剥削已绝不仅仅是工厂中简单的资本家阶级与工人阶级之间的关系,而是转向城市与农村、西方与东方、资本主义国家与社会主义国家之间的关系。其次,金融化使空间剥削进一步转向"时间剥削",即对未来时间的剥削,或以未来为中介的剥削。金融化使剥削发生的机制变得极其隐蔽,因为金融"跨时间、跨空间价值交换"的本质能使散落在各处的个人目标通过撮合集中起来,这种集中要么以现有时间兑换未来时间,要么以未来时间兑换现有时间。说到底,金融一方面使所有个人的目标得以实现,另一方面,它却是以未来为中介的一种"时间剥削",而且在全时空的资本金融场域中,所有人似乎都是自觉自愿的。20世纪70年代以来逐渐兴起的金融化乃是现代工业主义的产物,进一步说,金融化是经济从物质扩张阶段进入金融扩张阶段时才逐渐出现的社会现象。也就是从财富创造的社会进入财富分配的社会。如果说马克思的时代是以产业资本为主导的时代,那么21世纪则是以金融资本为主导的时代;如果说马克思的时代是以价值创造

① "全时空"这一概念在学界偶有出现,大多是指在不同的空间、不同的时间同步进行无缝隙、无死角、全天候的工作过程,主要用来描述教育活动、广播电视节目及其他媒体、视频监控等。这一时空概念主要体现的是现有的、感性的、自然的时间和空间。而本文中的"全时空"是一个历史化的时空,在这里时间和空间都是历史化的实体性存在,而且它不仅仅是现有的实体的历史时间,更包括未来所有可能的时间,不仅仅包括现有的实体的经济空间,更包括过去、现在、未来的实体之外的摸不着、看不到的通过金融创新不断激活并供金融资本流通的空间。

为主导，那么今天是以价值创造为基础，而以价值实现为主导的时代，资本通约价值的能力前所未有，并且二者互为前提、互为手段。国际资本金融体系与人类命运共同体之间的矛盾日渐尖锐。

今天还有阶级斗争吗？答案是肯定的。马克思之前“一切社会的历史都是阶级斗争的历史”(马克思、恩格斯，2009b)，21世纪的今天阶级斗争依然存在，只是它的表现形式随着资本占有剩余模式的转变而发生了转变。马克思时代的社会根本矛盾是资产阶级与工人阶级之间的矛盾，就阶级本身而言，主要有资产阶级和工人阶级，事实上，两个阶级之间的矛盾说到底，就是异化劳动导致的矛盾。人类不断地把自己的本质力量对象化为一个物质世界，并与这个对象化世界之间形成对立的关系。21世纪的今天，资本依然在起作用，异化劳动也并没有扬弃，所以，今天的阶级矛盾的根本依然是人类自己打造的对象化世界与人类自身之间的矛盾。只是，劳动范畴与资本范畴的重大历史转向必然带来阶级范畴的历史转向，也就是原有资产阶级与工人阶级矛盾形式转向国际资本金融体系与人类命运共同体之间的矛盾。所以，今天的政治经济学批判，不只是深刻反思中国自身的道路问题，而且理应关涉人类命运共同体的发展道路问题。当既有的理论不能解释劳动、资本、阶级等范畴在历史上升运动中出现的诸多现象时，很多不明就里的人们，甚至包括个别专家开始抛出《资本论》过时论、无用论的观点。其实，只要世界历史没有终结，资本逻辑就依然还在发挥作用，《资本论》就与我们同时代。我们之所以对新现象解释困难，其原因就在于这些现象丢失了政治经济学批判这个让自己得以正式面世的“助产婆”。列宁在《帝国主义是资本主义的最高阶段》中通过对帝国主义五大特征的分析，证实了帝国主义的历史地位就其经济实质来说，是“过渡的资本主义”。而今天的金融化世界，一方面雄辩地证明列宁的正确论断，另一方面也预示着金融化世界依然是一个过渡性的经济形态，是一个历史性的存在，是世界历史展开过程中的一个阶段性现象。资本主义之所以没有灭亡，就在于资本不断生成总体性，并在必要时长出新器官，金融化世界是这一总体性在当下的典型例证。

参考文献

[1]阿达，2000，《经济全球化》，何竟等译，北京：中央编译出版社。

[2]列宁，1990，《列宁全集》第27卷，北京：人民出版社。

[3]鲁品越，2015，利润率下降规律与资本的时空极化理论，《上海财经大学学报》，第3期。

[4]罗伯特·席勒，2012，《金融与好的社会》，東宇译，北京：中信出版社。

[5]马克思、恩格斯，1995，《马克思恩格斯全集》第30卷，北京：人民出版社。

[6]马克思、恩格斯，2009a，《马克思恩格斯文集》第1卷，北京：人民出版社。

[7]马克思、恩格斯，2009b，《马克思恩格斯文集》第2卷，北京：人民出版社。

[8]马克思、恩格斯,2009c,《马克思恩格斯文集》第5卷,北京:人民出版社。

[9]马克思、恩格斯,2009d,《马克思恩格斯文集》第6卷,北京:人民出版社。

[10]马克思、恩格斯,2009e,《马克思恩格斯文集》第7卷,北京:人民出版社。

[11]马克思、恩格斯,2009f,《马克思恩格斯文集》第8卷,北京:人民出版社。

[12]彭宏伟,2013,《资本总体性——关于马克思资本哲学的新探索》,北京:人民出版社。

[13]乔洪武等,2013,经济正义的空间转向——当代西方马克思主义的空间正义思想探析,《哲学研究》,第12期。

[14]张雄,1994,《历史转折论》,上海:上海社会科学院出版社。

Comment on the Era of Financialization

Ning Dianxia

Abstract It's already a financialized world in the 21st century. Logically, capital constantly negates itself and generates its own totality under the mechanism of declining profit margins of capital organisms. Historically, free competition has finally turned to today's financialization through monopoly. In the world historical perspective, 21st century capital production surplus mode reflects globalization. The way and scope of capital surplus possession reflects financialization. The overall international capital and financial system is the power of capital come from continuous financialization. there is a deep opposition between the community of human destiny and this system, as the product of human objectification.

Key words Monopolistic Financialization Capital Overall Capital Logic World History

现代福利国家的产生、矛盾及其危机

郭娆锋

内容提要　工业革命给资本主义社会带来了巨大财富的同时,也造成了贫富差距与财富增长的同比扩大。为缩小贫富差距与缓和有产者和无产者之间的阶级矛盾,西方发达国家开始致力于社会福利制度的建设,并逐渐建成现代福利国家。然而,福利国家通过“降商品化”和“行政性再商品化”政策来维持和稳定商品形式和交换过程,导致了国家资本主义社会的结构性矛盾。这种矛盾存在于经济、政治和意识形态等各个层面。尽管资本主义系统可以通过福利国家制度进行自我调节,暂时避免矛盾的进一步深化,但是由于福利国家的这种系统调节的有限性,并没有从根本上解决资本主义内在的矛盾,反而会导致资本主义的危机。

关键词　福利国家　矛盾　危机　去商品化
中图分类号　F276

20 世纪是福利社会高速发展的世纪,英国的“人民预算”和美国的“罗斯福新政”给西方发达国家新的福利制度建设提供了良好的经验。在西欧工业社会中,在第二次世界大战废墟上建立起来的制度后来被泛指为“福利国家”。自 20 世纪下半叶起,福利国家成为西欧社会的时代精神和基本制度并发展为占主导地位的国家功能。

一、贫富差距产生福利国家

在美国,经济学家着重开始对福利国家的研究主要来源于对社会贫困问题的研究。其中主要事件为:1964 年美国政府发动的“向贫困宣战”。1961 年至 1963 年美国南方的民权运动使美国的贫困问题成为人们日益关注的焦点。这个被美国经济学家加尔布雷斯称为“丰裕社会”的国家,此时面临着贫富差距显著等问题的侵袭。“向贫困宣战”运动加速了美国社会福利和社会保障的立法进程,美国政府于 1964 年颁布了《食品券法案》以及 1965 年的“医疗保

收稿日期:2018—05—13
作者简介:郭娆锋(1985—　),上海商学院财金学院讲师,主要研究方向为经济危机理论和经济伦理。
基金项目:本文获得上海商学院应用经济学(商务经济方向)高原学科支持。

健”和“医疗援助”计划，更重要的是，该运动推动了经济学家们对贫困和社会福利问题的研究进程，促进了人力资本理论和劳动经济学的发展，从而带动了主流经济学的一些分支学科开始对医疗保健和教育政策的研究分析，经济学家开始关注诸如失业保险、养老金计划和其他形式社会保障问题中“供给方面的因素”的研究，同时，对国家干预功能和经济作用的争论及对私有化的辩论等都将社会福利的供给和提供方式的研究联系在一起。

（一）福利国家产生的历史背景

17世纪，手工业和商业在英国的集中造就了相对的世界市场，以及市场对手工业产品的需求，由此促成了当时大工业的产生。工业革命给资本主义社会带来了巨大财富的同时，也造成了贫富差距与财富增长的同比扩大。1801年，占英国总人口比例仅1.1%的最富有的人占有国民总收入的25%。1848年，1.2%的最富有的人占国民总收入的40%。体力劳动者的收入在国民总收入中的比例由1803年的42%降至1867年的39%。

工业革命时期，奉行自由竞争、优胜劣汰、生存竞争、优富劣贫的传统“自由资本主义”思想进一步激化了资产阶级与无产阶级之间的矛盾，引发了诸多的现实危机。为了缓解资产者与无产者之间的矛盾，打造稳定的社会生活环境，西方国家都采取相应的措施。在欧洲，17世纪初，英国以旧《济贫法》为基础建立了所谓的“微型福利国家”①，通过加强中央政府的社会行政管理和利用强大的国家机器来解决当时工业社会早期社会剩余人口和社会贫困问题。随着工业化进程的深入、工人贫困的加剧以及工人运动的兴起，面对这些新的社会问题，英国中央政府开始意识到传统的家庭纽带、教会、行会和慈善机构根本无法提供能够让社会安定的服务，只有通过改革，才能使社会维持稳定，为工业社会的发展扫清障碍。19世纪末，为了维护国家的统一以及缓和资产阶级与无产阶级之间的矛盾冲突，德国通过了《社会保险法》，采取社会保险的方法来进行社会干预，由此来适应德国工业社会的迅猛发展。德国的保守主义者强调国家的理性，国家为统治者的福利服务，也为国家整体的福利服务，工业化和阶级分裂必然造成的社会革命性冲突只能由国家来解决。国家作为一个复合结构的国家机器，在寻求阶级合作的基础上，维持资本主义制度的延续性。在德国的《社会保险法》中，政府干预成为调和阶级矛盾的基本措施。

最终，西方发达国家在国家观念或国家政策上基本保持着如下的共识：(1)由政府出面提供与个人及家庭收入相应的最低收入保障；(2)政府有责任帮助个人和家庭抵御社会风险（如疾病、老龄和失业）可能带来的危机；(3)政府保证所有的国民个人（无论其社会地位的高低）享受尽可能最好的，没有确

① 马舍曾经将英国民族国家形成初期的“旧济贫法”称为“微型福利国家”，他在做这个定义的时候强调的不是“福利”，而是国家功能的发展变化。

定上限的社会服务。这三个方面的政策的发展促使了福利国家的出现(顾俊礼,2002)。

(二)福利国家的概念及分类

在西方的学术语境中,福利国家与欧洲发达国家是同义词,福利国家是经济社会不可逾越的历史阶段。词源学上,“福利国家”一词,出现于1914年,英国主教特珀尔用“战争国家”(warfare state)一词来称呼法西斯德国,用“福利国家”(welfare state)来称呼与法西斯主义暴政浴血奋战的西方民主国家(王云龙、陈界、胡鹏,2010)。福利国家被看作是一整套公民的法律权利,它把强制性的社会保障计划变成了国家组织起来的服务(如健康和教育等),以满足多样化的需要和应对各种突发事件。福利国家的干预方法包括官僚制统治、法律调节、汇兑和各行业的专家,如教师、医生和社会工作者等。福利国家不仅仅限于社会保险、公费医疗、家庭福利或社会救济计划,它是社会保障和社会政策的加总。作为一种国家形态,福利国家突出的形态特征表现为以福利手段来强化现代国家的社会功能。从某种意义上说,福利国家是一个政治学的概念,而社会福利是社会学概念,福利本身则作为一种经济学概念而存在。因此,福利国家是一种包罗了政治、经济、文化和社会的实践。

“二战”后,英国伦敦经济学院院长贝弗里奇爵士通过对战后的和平道路的研究,向英国政府提交了一份名为《社会保障及相关服务》的报告,以此作为英国全体公民实行福利制度的指导原则,设计了一套堪称“从摇篮到坟墓”的社会福利体系,并建议在社会福利保障体系中应该包括社会救助、社会保险以及社会自愿保险等,由此满足居民生活的各方面的需要。在此报告的基础上,英国政府建立了覆盖全体国民的高福利制度,并先后颁布了一系列社会保险法案,最终于1948年宣布建成了“福利国家”。随后,欧美各国纷纷开始建立自己的福利国家,但由于受各方面因素的影响,各国的福利制度都有着一定的差异。

丹麦著名的学者哥斯塔·埃斯平一安德森(Gosta Esping-Andesen)认为,福利国家的各种变体并不是线性分布的,而是以体制类型而成簇分布。安德森将福利国家分为三个簇群(哥斯塔·埃斯平一安德森,2010):第一个是“自由的”福利国家。在这种福利体制中居支配地位的是资金审查式的救助、有限的普救式转移支付或有限的社会保险计划。这种福利制度主要是迎合低收入,通常是收入较低、依靠国家救助的工人阶层。这种模式的原型有美国、加拿大和澳大利亚等,即主要是在盎格鲁—撒克逊国家的历史中确立的制度。第二个是保守的并且“法团主义”色彩很浓的福利国家。传统的家庭关系在社会保障制度中占有重要位置,市场化和商品化的自由主义原则在这种福利国家体制中从未过分突出过。这种法团主义与国家结构相结合,随时准备取代市场而成为福利提供者;因此私人保险与职业附加福利是真正居于边缘地位的。另外，国家强调地位差异，意味着再分配的效果可以忽略不计。这种福利制度最初发生在德国并得到长期发展，后来发展到奥地利、法国和意大利等国家。第三个是“社会民主主义”的福利国家。社会民主论者并不允许国家与市场之间以及工人阶级与中产阶级之间的二元分化，是追求最高水平实现平等的福利国家，而不是其他制度所追求的在最低需要层次的平等。首先，这意味着服务与福利必须上升到满足新中产阶级最具差异性的品位的层次；其次，通过保证工人充分享受境遇较好的人所能享受的权利来实现平等。所有的社会阶层都纳入一个普遍的保险体系之中，而福利则更依设定的收入而累进。这一模式排挤了市场，并因此形成了基本上是支持福利国家的普遍团结。所有的人都受益，所有的人都是依赖者，而且所有的人都觉得有义务为其支付。

(三)福利国家的特性

1. 去商品化

埃斯平—安德森运用“去商品化”这一概念对社会福利制度进行了深入的研究，并按照“去商品化”程度的不同将福利国家分为三种模式。安德森说：“这个概念指的是个人或家庭在市场参与之外，仍能维持社会可接受的生活水平的程度。”(哥斯塔·埃斯平—安德森，2010)市场经济的出现试图将一切事物都转化为商品，劳动力也不例外。在劳动力被商品化之后，以雇佣劳动制和社会化大生产为特点的资本主义市场经济，使得劳动者与生产资料分离，绝大多数人成为雇佣劳动者。在这种条件下，劳动者开始依赖于市场。劳动力商品化是阶级分化的成因，当劳动者通过在市场上出卖劳动力而获得工资时，一旦生活中的意外事件使得工资中断就会使得工人陷入绝境。劳动力商品化也是集体团结的障碍，是劳工运动的敌人。当工人如商品一样置于市场经济中，势必会造成工人之间的竞争，从而抑制工资的增长。工人运动的指导原则来自对去商品化的实现，使得工人摆脱对金钱交易关系的奴役。

因此，如果说工人运动的激烈开展促进了福利国家的发展，那么在福利国家中所实行的高福利政策对劳动力最深刻的影响则表现为“去商品化”。不过值得提出的是，去商品化并不意味着将劳动力的商品属性完全剥离，而只是将劳动力的商品化程度降低了。从某种意义上来说，工人所获得的福利确保了其个人生活的基本需要，进而降低了对劳动市场的依赖程度(孙慧民，1994)。

2. 社会民主主义实践的载体

“社会民主主义”一词最早出现在1848年欧洲革命时期。马克思、恩格斯和共产主义同盟成员曾经作为激进的一翼参加这次民主革命，想要把资产阶级民主革命进行到底并且为向社会主义革命过渡创造条件，因此曾自称为社会民主主义者或社会民主党人。当时的社会主义民主概念主要包括两点内容：工人阶级组成政党，取得政权；实行生产资料公有制，消灭剥削(托马斯·迈尔，2001)。因此，社会民主主义是这样一种政治意识形态：主张通过和平的、体制内的政治进程,促进资本主义转化为社会主义。在依据19世纪社会主义和马克思、恩格斯基本原理的基础上,社会民主主义与共产主义具有共同的意识形态来源,但剔除了激进主义和集权主义。社会民主主义最初是作为修正主义出现的,对马克思主义基本原理进行了修正,放弃用革命的手段建立社会主义社会(王云龙、陈界、胡鹏,2010)。

19世纪中后期,为了缓和国内阶级矛盾,为经济高速发展扫清障碍,德国政府在“铁血宰相”俾斯麦的带领下,通过给社会劳动保障立法,对工人进行全面的社会保护,使得德国成为当时世界上第一个实行全民社会保障的国家,被认为是最早的真正意义上的“福利国家”。但是这一切并没有阻止德国工人运动的高涨,反而促进了德国社会主义工人党的迅猛发展,并领导工人运动取得了一系列合法斗争的胜利,工人生活和地位都得到改善和提高,德国社会民主党派在议会中也开始崭露头角。19世纪末20世纪初,随着社会民主主义思想的不断升华,社会民主党开始成为西欧国家议会大党。

在凡是工业革命开始对社会产生影响的地方,那里的生活现实都带来了贫困和显著的不平等、剥削,拒绝给社会的多数人提供自由权利和享受物质利益的自由机会以及符合人的尊严的工作和生活条件。社会民主主义的推动力就是针对这一现实生活的(托马斯·迈尔,2001)。因此,以社会底层工人群众的利益为出发点,社会民主主义坚持先进的普世性和人民性理念,力图建立一个由团结互助共同工作和生活的,自由和平等的人们组成的社会。1912年,德国的社会民主党成为国会的第一大党,通过社会民主党的不断努力和资产阶级的妥协让步,德国工人阶级享受到了当时全欧洲最好的社会福利待遇。社会民主党傲慢地称之为“德国模式”——经济增长与和平的阶级关系之间相互促进。随后,西欧其他国家的社会民主主义政党都纷纷效仿德国模式,试图以福利国家为载体建立和发展社会主义。“二战”后,在战争的废墟上,面对战后复兴的历史重任,通过民主选举的合法途径,西欧国家社会民主党相继执政。这些社会民主主义政党在施政中,坚持五点原则,即政治自由主义、混合经济、福利国家、凯恩斯经济学和平等信念,其核心就是构建福利国家,福利国家也成为社会矛盾的政治解决方式。在当代语境中,社会民主主义是一直遵循着线性的现代化模式——也就是所谓的“社会主义道路”,福利国家是一个长期的公民权演进过程所达到的最高峰,是社会民主主义在战后西欧复兴的历史性实践(王云龙、陈界、胡鹏,2010)。

二、现代福利国家的矛盾

作为各阶级在意识形态上、政治上和经济上相互妥协的成果,福利国家与凯恩斯主义经济政策制定的逻辑是相同的。凯恩斯主义认为,通过高福利的发放或建立高福利制度不仅不会给整个政府和经济系统带来沉重的负担，反而会重新唤醒经济发展的动力，从而阻止经济的进一步衰退，并起到社会稳定的作用。尽管凯恩斯主义福利国家应对和控制了西方发达资本主义社会所存在的一些社会和经济的问题，但它不可能解决所有问题，进一步地说，通过福利国家的制度性手段所能解决的问题不再是最主要的、最紧迫的问题（克劳斯·奥菲，2006）。20世纪70年代后，以凯恩斯主义干预理论为主导的现代福利国家遭遇到了一系列的矛盾与危机，出现了诸如财政赤字、经济“滞涨”等难以解决的问题，从而引发了西方学者对福利国家的批判，以克劳斯·奥菲、古夫为代表的新马克思主义理论家对福利国家的矛盾和危机进行了深入的思考。

奥菲对“矛盾”的概念做出如下解释（克劳斯·奥菲，2006）：“矛盾是特定生产方式所具有的破坏自身赖以存在的前提条件的趋势。换句话说，矛盾在这样一种情况下变得明显：特定生产方式的结果与其持续存在的前提条件之间出现冲突，或存在的必要条件变得不可能存在，而这种不可能存在又是必要的。所有马克思主义的原理都无一例外地以这种矛盾概念为基础来试图阐明资本主义的本质。”奥菲认为：“在某种程度上，福利国家已经成为一种不可逆转的结构，废除它与废除整个政治民主、联盟以及从根本上改变政党体系没有什么区别……在西方政治舞台缺乏一种强有力的意识形态和组织潜流的情况下（如新法西斯主义和权威主义），超越福利国家、复兴完全市场经济的设想。如玛格丽特·撒切尔和罗纳德·里根的例子所表明的那样，他们在入主其办公室时，必须把福利国家作为一套既定的制度方案接受下来，没有哪一个阶级可以强大到有哪怕是部分改变福利国家制度安排的力量。”（克劳斯·奥菲，2006）因此，福利国家主要的矛盾在于尽管资本主义不能与福利国家共存，然而资本主义又不能没有福利国家。

奥菲以“商品形式”为出发点对资本主义与福利国家的关系进行了深入的探讨。他认为商品形式是资本主义社会维持和发展的基本要素，“商品形式是资本主义国家与积累之间的总体平衡点，只有每一个价值单位都以商品形式出现，后者才能够持续下去。在资本主义社会，政治结构和经济结构之间的联系就是商品形式，两种结构的稳定都依赖于商品形式的普遍化”（克劳斯·奥菲，2006）。福利国家是维持资本主义体系存在、运作以及资本主义商品交换关系的必要条件，以政治手段使劳动力、资本能够实现自己的商品形式，实现自己的价值，由此达到维持资本主义积累的目的。但是，资本主义社会的问题在于，资本主义的发展动力似乎存在这样一种持续性趋势，它使价值单位的商品形式不断趋于瘫痪。这种持续性的瘫痪趋势使得劳动力、资本无法实现自己的价值，甚至威胁资本的积累过程。因此，为了维持资本的积累和价值的增殖，福利国家通过制定各种社会政策和措施来保证劳动力、资本等商品形式的实现,促进商品之间的交换。

为了将那些被排斥在资本主义商品形式之外的价值主体回归市场,可通过一种使价值"降商品化"(De-commodification)发展的福利国家战略:给那些不再能够参与市场关系的价值主体以补偿性保护。在这种情况下,那些不再能够参与交换关系的劳动力或资本的主人,被允许在一种由国家人为建立起来的条件中生存下来。尽管他们已经退出了商品形式,但其经济地位仍然得到保障,或者他们的商品形式被"人为"地保护起来而不至于退出。但是,这种"降商品化"对于实际的资本主义商品形式的扩展和维持并没有多大直接成效,而且其成本十分高昂,极大地增加了国家的开支,可能会使国家陷入严重的财政危机。另外,自20世纪60年代中期以来,为了解决商品形式的退化,资本主义国家越来越占主导和排他性的战略是:以政治手段建立起一种使合法经济主体能够以商品的形式发挥其功能的条件。这个战略表现在三个维度上:第一,通过教育、培训、促进地区流动性和改善劳动力的适应能力等措施和政策,提高劳动力的可销售能力。第二,通过对资本和产品市场、研究和发展政策以及地区发展政策等的跨国联合,促进资本和商品的可销售能力。第三,对于那些依靠自己的力量不能在商品关系中求得生存的经济领域(根据特定工业、地区和劳动力市场可以看得出来),允许它们成为市场压力的受害者,同时,提高这些领域的现代化程度,使之再成为"适于销售"的商品(克劳斯·奥菲,2006)。这种以政治、行政手段来稳定商品形式的过程,被奥菲称为"行政性再商品化"(Administrative Re-commodification)。

然而,福利国家通过"降商品化"和"行政性再商品化"政策来维持和稳定商品形式和交换过程,导致了国家资本主义社会(State Capitalist Societies)的结构性矛盾。这种矛盾存在于经济、政治和意识形态等各个层面。在经济层面上,旨在维持和扩展交换关系的国家政策却产生了威胁这种关系存在的效果。以财政刺激政策、基础建设投资以及共同决策和投资方案的引入等为主的国家政策手段剥夺了资本家的投资意愿,资本"利益"与国家政策之间的这种的系统性矛盾甚至引发了社会冲突和政治斗争。在政治层面上,由于那些并非由市场机制所直接控制的经济领域积聚了大部分的劳动力和大部分的社会产出,为了维持和普及商品关系,保证资本主义经济的正常运行,国家需要越来越多的不再以商品化形式运转的组织或机构,比如学校、交通运输部门、医院、福利机构、军事机构等。然而,在资本主义交换关系内部,这些国家化了的非商品化领域内的组织的迅速扩张,不断地侵蚀资本主义商品交换的组织形式。在意识形态层面上,福利国家导致了个人占有欲望的颠倒,即在资本主义商品经济关系中,个人占有欲并不是以个人行动为基础,而是依赖于国家的政策,由政治措施来决定。劳动力与资本的价值的实现,完全取决于国家的发展政策,这种试图稳定、普及商品形式的国家政策和措施,导致了资本主义商品社会在规范和道德品质上出现结构性缺陷。旨在保障和维持劳动力、资本能够实现自己的商品形式的福利国家的政策和措施却导致了这种商品形式的破坏,因此也就说明了福利国家与资本主义难以共存。

另一位新马克思主义理论家高夫认为,福利国家本身就是一个矛盾的综合体。一方面,福利国家要加强社会福利,发展个人力量,对市场力量的盲目运转施加社会控制;另一方面,福利国家又要压制与控制人民,使大众服从于资本主义经济发展与获得利益的要求。福利国家矛盾的根源在于资本主义生产形式之中,福利国家所体现出来的正、负面特质都是资本主义社会生产力与生产关系之间矛盾的彰显。在资本主义体系下,国家有义务满足人们的需要,但同时又受到资本主义经济体系的限制,要维持资本主义的积累过程。福利国家是在国家内部阶级冲突与世界性的国家冲突日益激烈的大背景下发展起来的,是在这两方面的压力下发展起来的。福利国家在发达资本主义国家的普遍发展中也形成了第二个矛盾,即加大国家在社会福利方面的干预程度的同时却无法负担这个成本。最终,造成了福利国家严重的财政危机,这种危机以及资本主义国家面临的经济危机都是由资本主义发展的本质所决定的(彭华民、张晶,2009)。

三、现代福利国家的危机:奥菲的系统危机理论

克劳斯·奥菲在深刻领会马克思关于资本主义基本矛盾研究的基础上,从资本主义国家运作的内部结构间的矛盾出发,运用系统论和功能主义等分析方法,从根本上消除就单纯意义上对危机进行的研究,同时也超出了考量“危机管理”在管理学领域的运用,提出了一套关于动态观察危机的理念,并着重系统地分析了福利国家在发展过程所存在的危机以及福利国家制度的不可持续性。

奥菲的危机理论是一种系统危机理论。他认为,资本主义的系统具有自我破坏的趋势,但是这种破坏性的倾向可以通过资本主义系统的自身调节来控制,福利国家就是这样一个系统调节机制。福利国家以行政的手段维持资本主义商品形式及其交换关系,使资本主义系统得以正常运行。但是福利国家的这种系统调节是有限的,并没有从根本上解决资本主义内在的矛盾,反而会导致资本主义的危机。在奥菲看来,危机分为两种:偶发危机(sporadic crisis)和过程危机(processual crisis)。偶发危机是指:“一种特别剧烈的、灾难性的、令人震惊的和不可预测的事件,因而是必须在‘时间的压力下做出决策’的过程,被看作是一个事件或一系列事件,它们被限制在一个时间点或一个极短时期内。当某些事件发生在系统所确定的边界‘之外’时,它就将危及系统的存在。”(克劳斯·奥菲,2006)然而,偶发危机并不能厘清可预防与不可预防

以及时间与系统的协调与不协调之间的逻辑区别。过程危机是指:“在产生‘事件’的机制这一更高层面上,危机是违反社会过程之‘语法’(grammar)的过程,是系统所面临的‘抵消性’发展趋势,意味着危机的结果是相当不可预知的,但可以把系统的危机发展趋势与系统的特征联系起来。”(克劳斯·奥菲,2006)现代福利国家的危机就是一种过程性的危机。由于福利国家实际上违反资本主义商品交换关系的“语法”,它的政策与措施使资本主义商品交换原则面临着抵消性的趋势,这种危机存在于资本主义系统运作的整个过程中,是一种难以消除的过程性危机(陈炳辉,2006)。奥菲的福利国家危机理论是一种走向政治危机的理论,这一理论扩展了传统经济危机理论的视域,它不再单纯从生产领域的动力方面去寻找危机的根源。相反,通过考察政治系统在防止和弥补经济危机方面存在的无能为力,它对危机做出了解释。总之,这种无能为力源于国家政策上的自我矛盾的需要:尽管国家政策必须解决因私人生产所导致的功能失调这一社会后果,但它又不能侵害私人生产的首要地位。然而,如果国家政策想要充分有效,它又被迫依赖于这样一些手段:要么违反处于支配地位的资本关系,要么破坏政府管理自身的功能性要求——合法性和行政力(克劳斯·奥菲,2006)。

奥菲对传统的经济危机理论进行了评价。他说:“传统危机理论(或这一理论的绝大部分)的最为引人注目之处在于,它把危机原因直接或间接地归结为阶级矛盾的持续毁灭性,或者归结为阶级矛盾不能被充分制度化,也就是说,它把危机的原因归结为经济基础问题。”(克劳斯·奥菲,2006)奥菲的危机理论并不是仅从经济系统内部找原因,更以政治系统与经济子系统以及政治系统与社会子系统之间的关系为立足点,力图说明政治系统无法调节二者之间的对立关系而导致了一种“不可管理性”(ungovernability)。不可管理性源于福利国家在经济交换原则和社会规范原则之间难以达到很好的平衡:如果想得到选票和民众的忠诚,就依赖高税收维持高福利,并制定高工资标准,但这些会造成资本外逃、战略性撤资等方式的抵制,最终瓦解政治系统自身的物质基础;同时制造低成本的投资环境,降低税收和工资标准,但是这就意味着选民福利水平的降低,由此瓦解了政治系统的合法性基础(焦玉良、张敦福,2012)。为了缓和资本主义系统内存在的矛盾与冲突,福利国家实行了“危机管理”,即通过制定国家政策和措施来防止与解决资本主义社会所出现的危机。但是,由于“不可管理性”的存在,福利国家的这种危机管理具有自身的不足和局限,从而产生了“危机管理的危机”。它是一种政治的危机,并不是偶发性的危机,而是福利国家自身的过程性的危机。这种危机最主要的表现为现代福利国家的负担过重。例如,人口老龄化、经济增长趋缓、失业率高企等问题,对西方发达国家的福利制度的运行和完善提出了挑战。同时,随着政党竞争、多元民主政治体制的不断发展,加大福利支出成为政客们笼络选民最响亮的口号，长此以往，给获胜后政党的政府预算造成了巨大的压力，从而成为日后债务危机爆发的根源。

参考文献

[1]陈炳辉，2006，奥菲对现代福利国家矛盾和危机的分析，《马克思主义与现实》，第6期。

[2]顾俊礼，2002，《福利国家论析——以欧洲为背景的比较研究》，北京：经济管理出版社。

[3]哥斯塔·埃斯平一安德森，2010，《福利资本主义的三个世界》，北京：商务印书馆。

[4]焦玉良、张敦福，2012，福利国家：走钢丝的巨灵——评克劳斯·奥菲《福利国家的矛盾》，《社会科学论坛》，第12期。

[5]克劳斯·奥菲，2006，《福利国家的矛盾》，吉林：吉林人民出版社。

[6]彭华民、张晶，2009，新马克思主义论福利国家内在矛盾与重组，《国外社会科学》，第1期。

[7]孙慧民，1994，社会福利政策的本质：社会控制与“去商品化”，《社会科学》，第10期。

[8]托马斯·迈尔，2001，《社会民主主义的转型：走向21世纪的社会民主党》，北京：北京大学出版社。

[9]王云龙、陈界、胡鹏，2010，《福利国家：欧洲再现代化的经历与经验》，北京：北京大学出版社。

[10]郑秉文，2003，经济理论中的福利国家，《中国社会科学》，第1期。

[11]张婷，2015，奥菲《福利国家的矛盾》中的福利国家危机管理理论探析，《山东大学学报》，第3期。

The Emergence, Contradiction and Crisis of the Modern Welfare State

Guo Raofeng

Abstract When the Industrial Revolution brought huge wealth to the capitalist society, it also brought about the widening gap between the rich and the poor with the year-on-year expansion of wealth. In order to narrow the gap and ease the class contradiction between the proletariat and the proletariat, the western developed countries began to focus on the construction of welfare system and gradually built the modern Welfare State. Through the policy of “Administrative Re-commodification” and “De-commodification”, the Welfare State can maintain the commodities' form and their exchange process. But it will create the structural contractions of State Capitalist Societies, which exist at all levels of economy, politics and ideology. Although the capitalist system can regulate itself through the welfare state system and temporarily avoid the deepen of its contractions, it can not radically solve the contractions. Instead, it could lead to the crisis.

Key words Welfare State Contractions Crisis De-commodification

习近平新时代中国特色社会主义经济思想研究的新成果

——中国经济规律研究会第 28 届年会综述

张　衔　赵志涵

2018 年 4 月 21—22 日,由中国经济规律研究会、四川大学主办,四川大学经济学院、四川大学中国特色社会主义政治经济学研究中心承办,《马克思主义研究》编辑部、中国社会科学院经济社会发展研究中心协办的习近平新时代中国特色社会主义经济思想研讨会暨中国经济规律研究会第 28 届年会在四川大学举行。中国经济规律研究会会长、中国社会科学院马研学部主任程恩富教授,中国经济规律研究会常务副会长、首都经济贸易大学原校长文魁教授,中国经济规律研究会副会长、福建师范大学原校长李建平教授,中国经济规律研究会副会长、武汉大学经济发展研究中心副会长简新华教授,中国经济规律研究会副会长、吉林大学经济学院纪玉山教授,中国经济规律研究会副会长、上海财经大学马艳教授、成都市社科联主席杨继瑞教授等来自全国各高校和研究机构的 150 余名专家和学者参加了会议。

一、马克思主义经济学的继承与发展

程恩富教授在主旨演讲中指出,研究从马克思经济思想发展到习近平新时代中国特色社会主义经济思想的整个过程是本次年会的主题。马克思和习近平总书记都高度重视以下五个问题:一是高度重视科技引领的生产力发展。二是高度重视社会基本经济制度。程恩富教授指出要注意"做强做优做大国有企业"和"做强做优做大国有资本"的重大区别。三是高度重视社会基本分配制度。四是高度重视社会基本经济调节制度即政府和市场的关系问题。程恩富教授强调不是所有资源的配置都是由市场发挥决定性作用。五是高度重视公正的经济全球化和经济开放制度。程恩富教授指出,我国推行的以"一带

收稿日期:2018—05—20

作者简介:张衔(1955—),四川大学经济学院教授,主要研究方向为经济理论与经济计量分析、《资本论》研究。赵志涵(1995—),四川大学经济学院硕士研究生,主要研究方向为社会主义经济理论与实践。

一路”等为代表的全球化引领了公正的经济全球化，引领了国际社会建立共同安全，引领了国际社会塑造新的国际秩序。中国目前处于世界经济的准中心，要向世界经济中心的目标迈进。对外开放要坚持自主开放和对等开放的原则，坚持国家经济安全和人民利益的方针。要从这五个方面来研究马克思和习近平总书记的经济思想，结合起来贯彻到教学和科研中，推进中国和世界经济、民生的良性发展。

曹雷教授等从危机的抽象可能性、现实可能性和现实必然性三方面对马克思的“货币职能危机论”做了详尽的综述，并进一步考虑了现代经济中所有制基础多元化、市场经济全球化、社会运行金融化，构建了一个当代马克思主义金融危机理论的综合分析框架。他们认为，第一种危机形式在我国表现为产能过剩，在前者基础上第二种危机形式引发了虚拟经济风险，包括导源于商品过剩的企业和地方政府债务风险、导源于资本过剩的金融资产和房地产价格泡沫风险、导源于商品和资本过剩的外汇储备风险与资本外流风险等外汇风险。他们提出，防控我国面临的金融风险，针对制度性成因，要坚持基本经济制度，推进分配制度改革，切实增强我国金融的社会主义属性；针对第一种危机形式，要转变经济发展方式，加强国家调控，区别对待过剩产能；针对第二种危机形式，要通过完善体制机制等措施防范上述风险。

曹永栋教授认为，资本主义社会按生产资料所有权分配在效率上有负效率效应和正效率效应。关于负效率效应，一是因为这种分配方式导致的资本主义周期性经济危机和资本主义的必然灭亡，二是因为这种分配方式使劳动异化。关于正效率效应，一是资本之间的竞争，二是资本主义人口规律下工人之间的竞争性就业。他进一步提出，在马克思的理论中，生产力还不发达的未来社会第一阶段，效率效应的来源一是社会劳动时间的有计划的安排，二是所有制把人从异化劳动中解放出来，三是按劳分配的竞争性效率。我国当前生产力与生产关系、经济基础和上层建筑是相匹配的。我国市场经济运行机制包括的社会保障、宏观调控和混合所有制三个方面在资本主义的自我修补过程中也有相似的发展趋势。这种制度是适合于世界当前生产力发展水平的。

陆夏副研究员从马克思主义政治经济学的视角对五大发展理念进行了阐释。她认为，西方经济学只讲到创新的形式和结果，而没有揭示出创新的本质。一方面，创新根本上必须是带来生产力变革的活动，是劳动分工深化和生产要素利用效率的提高。从使用价值上讲是使用价值数量的增加或是功能的改进甚至是创造新的使用价值从而带来财富增加，从价值上讲是劳动复杂性的提高。另一方面，创新应是避免异化并促进实现人的自由和全面发展的创新。西方经济学的“协调”或说均衡，是“供求的均衡”。而马克思主义的协调，是“劳动的均衡”。关于绿色，她认为，可用“消除污染”所耗费的劳动来计量负价值。关于开放,"开放"发展的根本就在于必须在开放中遏制国际资本的要挟。共享就是要让劳动者获得更多的剩余。

李欣广教授认为,发展的整体系统涉及马克思的社会再生产理论。有五种社会再生产:物质资料再生产、人的再生产、自然资源与生态环境再生产、社会关系的再生产和精神产品再生产,而两两之间又有矛盾。他认为,要以解决物质资料再生产和自然资源与生态环境再生产的矛盾为切入点,带动其他矛盾的解决;以解决人的再生产和社会关系再生产为侧重点,转变经济发展方式,实现以人民为中心的发展。他指出,五种社会再生产背后的主张,是要引导我们正视以何种再生产为中心。改革开放前是以生产关系再生产为中心,之后是以物质资料再生产为中心。新时代归根到底是要以人民为中心的发展,未来社会要转到以人的再发展为中心,其内容一是满足人的需要,二是增强人的能力,三是提升人的素质观念,这是唯物辩证法的必然结果。

乔晓楠副教授等对马克思主义最优经济增长理论进行了拓展。相较于原模型,他们在第一部类的生产中加入作为生产资料的资本品,用不同的系数区分了两大部类的技术进步,在目标函数中加入了劳动力自主决策的劳动参与意愿,将维系家庭生活的基本消费品也纳入工资以便于分析老龄化趋势。他们分别用确定模拟或随机模拟分析了技术进步对结构转型的影响和新常态下经济波动的特征。通过模拟,他们发现,只有保持中高速的技术进步,才能够大体对冲老龄化的负面影响,跨越"中等收入陷阱",实现"第二个百年目标";在积累生产资料的要求下,一般性的技术进步先提高第一部类产出率,然后推高第二部类的产出水平;技术进步对经济波动的影响比劳动供给更大。

许光伟教授认为,挖掘马克思"抽象力规定"应当从人类思维的独特认知特性入手,强调此种逻辑认知特点意在统一"历史"和"行动",形成对"理论范畴生产"能动性的发生学思考,有助于建设社会主义市场经济。

二、习近平新时代中国特色社会主义经济思想研究

习近平新时代中国特色社会主义经济思想的内涵是本次会议的一个研究热点。杨继瑞教授运用《资本论》方法、原理,特别是劳动价值论、地租理论,深入解读了习近平同志的新发展理念。白暴力教授等指出,中国特色社会主义进入新时代,社会主要矛盾发生了变化,生产力发展进入新阶段,以习近平总书记为核心的党中央提出了一系列有关中国特色社会主义经济发展的新理念新思想新战略,形成了相互联系、相互依存、有机统一的科学完整的习近平新时代中国特色社会主义经济思想体系,将我们党对社会主义经济建设规律的科学把握提升到了一个新境界,丰富和发展了马克思主义政治经济学,是中国特色社会主义政治经济学的最新成果。王朝科教授指出,习近平新时代中国

特色社会主义经济思想的系统化和学理化可以按照“发展规律论—发展道路论—发展战略论—发展政策论”的逻辑实现。他认为，习近平新时代中国特色社会主义经济思想是对作为实践形态的中国特色社会主义经济发展内在必然性和规律性的科学认识，科学规划了中国特色社会主义经济发展的战略布局，外化为中国特色社会主义经济发展的政策体系。

赵丽华教授认为，习近平新时代中国特色社会主义经济思想体系研究的内容包括：习近平新时代中国特色社会主义经济思想的基本依据；新时代经济建设的战略目标和根本要求；新时代发展的新理念；新时代的基本经济制度；新时代的市场经济体制改革；新时代的经济发展道路；新时代的经济发展战略；新时代的开放型经济。

张当认为习近平新时代中国特色社会主义经济思想的现实基础是中国从“站起来”到“富起来”再到“强起来”的现实国情；理论基础是马克思主义、毛泽东思想和中国特色社会主义理论体系；特点包括坚持总体性的方法论指导、坚持以人民为中心的“新发展理念”、坚持生态保护与经济效益的辩证统一；内涵与任务是中央经济工作会议提出的“七个坚持”和“八项任务”。

祝志勇教授指出，马克思主义政治经济学的中国化是在中国与世界的现代化道路链接的过程中进行的，既是马克思主义在中国的应用，又是马克思主义的发展。中国特色社会主义政治经济学在基本立场上以人民为中心，在研究对象上拓展到生产力，在基本任务上更加注重社会主义初级阶段经济发展规律的研究。他把马克思主义政治经济学中国化分为新中国成立到改革开放前的对接磨合期、改革开放到十八大的创造性转换期和党的十九大的基本成熟自信期。习近平新时代中国特色社会主义政治经济学以“现实问题”为研究导向，以能否有效分析和解决问题为基本准则，以能够讲好“中国故事”和增强“中国话语”为基本目标，将整个社会经济体系纳入研究视野，是21世纪中国的马克思主义政治经济学。

侯为民研究员作为点评人也就习近平新时代中国特色社会主义经济思想谈了个人的理解。他认为，从历史来看，思想在研究的过程中会逐渐浓缩，形成共识和更简明的表述，并通过历史证明这一思想能够引领未来的发展趋势。研究习近平新时代中国特色社会主义经济思想，首先要研究这一思想与中国特色社会主义经济理论之间的关系，也即理论来源。其次要研究这一思想的内容，也就是要研究中央文件和习近平总书记讲话、著述中的哪些观点可以纳入这一思想。在研究中要注意梳理思想发展的轨迹和时代背景，运用历史的方法，把活的思想和活的现实结合起来。再次，要研究这一思想中组成部分的构成和关系，一方面要总结出若干组成部分，另一方面要打通各个组成部分，不能相互矛盾。最后，要研究这一思想的核心观点，明确核心观点对于突出重点十分重要。“中国特色社会主义最本质的特征是中国共产党领导"既是新的提法，也是当前面临的最大问题，可以作为一个核心观点，必须坚持这一观点。

蔡旺、刘凤义认为，不平衡、不充分既互相作用又互相融合。不平衡发展主要体现在空间发展的不平衡、民生发展的不平衡、"五位一体"发展的不平衡、意识形态发展的不平衡等方面。不充分发展主要体现在生产力发展不充分、全面深化改革不充分、科技发展不充分等方面。

张杨老师认为，习近平新时代"三农"思想的核心思想"统"的思想不是走指令性集体经济道路，而是以共同富裕为目标，走更高质量、更有效益、更加公平、更可持续且符合市场经济要求的农村新型集体化、集约化发展道路。要把握好"统"和"分"的关系，家庭农场和专业大户可以发展，但数量要适度，这样才能保证社会主义性质。还要注重"合"，"合"是很好的过渡形式。他认为，合股联营、集体化经营、加快实现共同富裕的塘约为代表的新型农村现代化道路，以及打破高房价为鸿沟的阶层固化的雄安为代表的新的城市化发展道路，都体现了习总书记"统"的思想，就是要用"统"的思想解决城乡失衡、区域失衡、贫富分化等世界性难题。要反对把集体产权股份化等分割集体资产的做法，警惕以集体资产量化的名义瓦解集体经济的行为。

陈泳副教授也对习近平农村基本经营体制改革思想展开了研究。他认为，习近平农村基本经营体制改革思想的主要内容包括农村承包地"三权"分置产权制度、"统分结合"的多元经营体制和改革目标上坚持以强农惠农富农为核心。当前我国农村基本经营体制改革的基本方略体现出目标民生化、路径本土化、内容现代化和风险分散化的特点。

肖斌副教授指出，在新的历史条件下必须要建设好中国特色现代企业制度，不能唯西方现代企业制度马首是瞻甚至全盘西化。第一，这是由我国的国家性质决定的。第二，这是与国企的功能定位相适应。第三，这也是国企改革历史和实践所昭示的。他指出，习近平总书记全面加强党的领导就是将党的领导内嵌到国民经济发展的各个环节，宏观上党领导一切，中观上政府和市场都是在党的组织下形成的，微观上党的领导内嵌到企业治理中去。党的领导是具体的而不是抽象的。锻造超越西方现代企业制度的中国特色企业治理模型要避免只是形式的统一而不是逻辑的统一，否则在方法论上就是把辩证法偷换成为折中论。习近平总书记有政治和经济间的相互切换的传统，将政治问题经济解决，经济问题政治看待。国企改革和"三农"问题不是简单的经济问题，其政治化会威胁到国家的长治久安。现实生活中的问题是经济问题政治化和政治问题经济化的叠加。

杨东方教授认为，习近平新时代中国特色社会主义开放思想的科学内涵包括开放是我国坚持的基本国策，开放的前提是我国的主权、安全和发展利益，开放的义利观是合作共赢，开放的道路是和平发展，开放的重点是"一带一路”建设，开放的胸怀是构建人类命运共同体。构建以“一带一路”为重点的全面开放新格局要扩大开放范围，优化区域开放格局，完善我国对外经济活动的地理构成。

三、中国特色社会主义政治经济学的创新

蒋和胜教授指出，社会主义的主要矛盾直接表现为生产与需要的矛盾，社会主义基本经济规律就表现为如何实现社会主义生产目的的形式。他提出，新时代中国特色社会主义的基本经济规律，就是在高度技术进步和完善的体制机制基础上，采用协调平衡、全面充分发展的办法，来保证最大限度地满足人民日益增加的美好生活的需要，实现人的全面发展。这一基本规律，形式上依然围绕需要和满足需要的手段展开，反映了社会主义的目的和本质，同时也反映了现阶段主要矛盾，强调了生产力和制度两个基础，方法上通过协调平衡、全面充分发展满足需要，强调用“发展”而不是单纯物质生产满足需要，是从初级阶段向更高级阶段过渡的承前启后的规律。大力实施“五位一体”的总体布局和“四个全面”的战略布局就是遵循基本经济规律要求解决我国社会主要矛盾的总体思路。

郑志国教授也谈到了需要和生产的矛盾。他指出，人类需要与社会生产互动规律是人类社会发展普遍规律。在这个视角下，我国主要矛盾在变化前后都以人民需要为发展动力，但是新的主要矛盾作用对象在人民需要和社会生产之外增加了经济基础和上层建筑，作用方式由注重规模和数量变为提高质量和效益，作用的结果由从贫困到温饱再到小康的跨越变为实现两个一百年的目标。按这一普遍规律要求解决新时代社会主要矛盾，要深化供给侧结构性改革，在宏观和微观上建立纠偏机制；解决在部类、区域、城乡以及总体布局五个组成部分内部的发展不充分和不协调问题；积极主动参与国际合作为在开放条件下解决主要矛盾创造条件。

刘明国教授等认为，中国社会主义实践分别在毛泽东时代、邓小平时代和习近平时代实现了社会基本矛盾和主要矛盾、党和国家工作中心、党治国理政基本方略和中国在国际上处境和地位的三次飞跃。

李正图研究员认为，中国特色社会主义政治经济学的来源包括苏联社会主义实践、中国革命战争时期、新中国成立后和改革开放以后三个三十年的实践以及十八大以来新时代中国特色社会主义经济实践。研究“中国特色社会主义政治经济学的重大原则”要解决学理和从学理概括出的原则两方面问题。重大原则的作用在于支持立法和政策制定，指导行动实践。重大原则的整合就构成了原则体系，其上是中国特色社会主义理论体系，其下是政策体系和法律体系，在实践中表现为现代化经济体系，更具体地就是各项经济实践和经济

指标。

杨俊博士等认为，作为整体的新时代中国特色社会主义政治经济学具有五大根本特征：第一，中国特色社会主义把人与人之间的商品关系还原为人与人之间的劳动关系，将社会劳动作为新时代中国政治经济学的逻辑起点；第二，以人民为中心，是马克思主义的世界观和基本立场，是中国特色社会主义政治经济学的根本立场；第三，新时代中国特色社会主义政治经济学在基本方法上坚持了《资本论》中唯物辩证法的精髓；第四，新时代的中国共产党人将“利用资本与驾驭资本”作为新时代中国特色社会主义政治经济学的理论主轴；第五，“建设现代化经济体系，推进经济治理现代化”是新时代中国政治经济学的总体目标。新时代中国政治经济学成为中国共产党人在21世纪所续写出的《资本论》的新篇章。

魏旭教授指出，新常态根本上是由于生产的结构调整落后于生产的技术方式的变化、生产关系的调整落后于生产力的要求而形成的。另外，利润率下降和剩余价值实现的困难使经济趋向金融化，加剧产能过剩和系统性风险的积累。世界市场环境的恶化也带来困难。经济新常态的成因，也就是我国实施供给侧结构性改革的现实逻辑，具有系统性和复杂性，要求我们必须在生产力结构和生产关系结构以及各自内部要素的矛盾运动中来把握供给侧结构性改革。第一，必须从社会再生产四个环节的辩证关系与矛盾运动出发理解供给侧结构性改革；第二，必须立足于我国社会主义初级阶段国情也就是生产力和相适应的生产关系来理解与推进供给侧结构性改革；第三，必须从协调推进“五位一体”总体布局也就是经济基础和上层建筑的关系的角度推进供给侧结构性改革。推进供给侧结构性改革，要在新发展理念下进一步解放和发展生产力，进一步发展公有制经济，矫正经济过度金融化，进一步厘清市场和政府的作用边界。

李济广教授认为，金融衍生工具破坏市场稳定、扩大收入差距、干扰实体经济、提高社会交易成本，总之，金融衍生工具市场是冗余甚至有害的部门。

朱方明教授从马克思主义政治经济学视角，提出了基于马克思主义政治经济学的发展经济学的主要内容和基本逻辑。

四、建设现代化经济体系的理论与现实问题研究

文魁教授指出，改革开放中每次重大命题的提出都会推动理论的深化和实践的前行。经济体系是新时代提出的新范畴，反映了新时代的新要求。如何构建现代化经济体系的理论架构，是给理论界提出的重大课题。要研究如何判断经济体的体系化程度和品质，体系化程度低的表现，体系化的难题和挑战，特别是计划型经济体系向市场型经济体系的转换等问题。现代化经济体

系的内涵包括整体性、结构性、关联性、有机性、开放性等。现代化经济体系的时代价值一是编织社会主义市场经济中的经济联系,二是形成规制的市场经济而不是自由的市场经济,三是形成中国特色社会主义经济学的上位概念,统领经济学的其他范畴。现代化经济体系的社会主义属性体现在服从于社会主义现代化强国的目标,具体体现在政策举措和行动纲领中。“建设”意味着现代化经济体系尚未成型,意味着这一范畴是实践的过程。

高建昆副教授指出,以新发展理念引领建设现代化经济体系建设,应从产业体系、市场体系、收入分配体系、城乡区域发展体系、绿色发展体系、开放体系、资源配置体系和产权体系等核心子系统的内在特点出发系统推进。

张俊山教授从哲学高度考察了“经济发展质量”这一概念。他指出,事物的质量是人对事物基础性的质及其发展这一客观过程的主观评价,一个经济越能够按照当时生产力的水平,为全社会首先是最广大的劳动人民提供生存与发展所需要的物质资料,这个经济的发展就有着越高的质量。他认为,中国特色社会主义中多样的生产关系及其与生产力的矛盾的多样性,产生着违背经济发展质量要求的趋向,因此中国特色社会主义经济必须把各种所有制的活动都统一到实现人民对美好生活的需要上来,坚持社会主义方向,全面深化改革。他指出,推进中国特色社会主义经济高质量发展,要把社会生产逐步转变到新的科技基础之上,正确发挥各行业在经济与社会中的地位和作用,端正经济活动的社会主义方向,继续加强农业这个基础,发展健康、绿色的消费需求。

纪玉山教授认为,比较优势理论不适合分析东北的问题,直接运用容易陷入“比较优势陷阱”,并且现实很难满足模型的条件,也解释不了东北的问题,应基于综合竞争优势理论来分析东北老工业基地转型升级。他提出,综合竞争优势以制度创新为核心,以自主技术创新为主线,是综合了制度创新、政府保障、技术创新、资源禀赋、人力资源、市场调节的竞争优势,其中最弱的一项决定了综合竞争优势的整体表现。东北重化工业在新中国成立初期具备综合竞争优势,改革开放后没有完整保持这一优势,导致其由盛转衰。他认为,东北发展轻工业不具有特别的优势,同时重化工业在东北现有地位重要,且仍具有一定比较优势,因此重化工业仍是振兴东北的战略选择。基于此,他提出了重工业轻型化、改善基础设施、推进体制改革、发挥好比较优势等建议。

贺立龙副教授认为,从改革发展方略“下沉”看,乡村振兴是以供给侧结构性改革推进高质量发展的基础实现。从农业和农村战略“演进”看,乡村振兴是城镇化带动向乡村内生发展的动能转换。这在理论上是从二元结构理论向政治经济学的转变。从脱贫攻坚战略“接续”看,乡村振兴是精准脱贫向深贫攻坚再向脱贫致富的任务升级。从社会主义“优势”看,乡村振兴实现了从上层建筑维持向经济基础与生产力优势的转变。乡村振兴战略给予农民微观产权主体地位，与城镇融合发展，强化经济基础和上层建筑。他提出，公有制必须要纵向的实现为分散微观产权主体，完成与市场经济的融合。他预测，集体不稳定、治理能力弱，是落后的产权主体，下一阶段可将集体所有制转为国有制；目前流转权有限制，在国有的前提下可通过农村建设用地入市实现"跨组织、跨城乡"的流转；另外，要强化耕地用途管制。

同样围绕乡村振兴战略，傅尔基研究员等认为，田园综合体是以农村集体经济组织和农民为主体、"农村房地产"社会租赁为主途的具有特色优势综合化产业开发、商业化市场经营、生态化环境治理和田园化社区建设的一个可供选择的乡村振兴战略途径，具有多产业、多业态、多功能、多主体和多收入"五大综合体"为主的特征。建设田园综合体，要以创新为动力，以协调为路径，以绿色为要求，以开放为方式，以共享为归宿。

姚树荣教授等指出，我国土地依赖型经济的表现有政府财政、政府融资、产业发展、城镇化四个方面。他认为，作为动因的分税制、作为条件的土地制度、作为激励的政绩考核制是土地依赖型经济的成因。土地依赖型经济的局限性体现在社会资源"脱实向房"、社会矛盾加剧、财政金融风险加大三个方面。他们认为，实现土地依赖型经济的转型，要限制政府征地权力，同时推进集体经营性建设用地入市改革；要合理匹配财权与事权，给予政府减支出路；考核与职能转变挂钩，强化创新发展激励。

向宇教授等根据禀赋差异将社会主体分为较低阶层的主体和较高阶层的主体。前者没有较高的人力或资本禀赋，所从事的工作是低收入、高替代性的固定收入工作，资本性收入以固定利息为主，缺乏风险规避手段，应对冲击能力较差。后者则相反，劳动性收入与利润水平挂钩，参与金融市场深度较深，应对冲击能力较强。因此，较高阶层具有较高的收入稳定性，两者收入差距会随着波动程度变大而逐渐拉大。在货币扩张和通货膨胀条件下，高收入阶层的劳动性收入的名义价值随之增大，同时其会将固定收益资产调整成保值增值金融资产，从而规避通货膨胀对资本性收入的稀释，而低阶层的收入则被稀释。在货币紧缩环境下，高阶层失业的概率较低，而低阶层则失去了固定的劳动性收入。高阶层可以增加固定收益资产以保证资本性收入的稳定，此时两种阶层资本性收入差距相对保持稳定。总之，货币扩张或紧缩将导致高阶层和低阶层的收入非平衡变动，从而拉大了两阶层之间的收入差距。通过部分国家货币供应量与基尼系数的动态关系，证实了两者的正相关趋势。

吴武林老师认为，包容性绿色增长是一种追求经济增长、社会公平、成果共享、资源节约和生态环境良好的可持续发展方式。他构建了一个包容性绿色增长的指标体系，从经济发展、社会机会公平、绿色生产消费和生态环境保护四个维度选择了33个基础指标，并用定基极差熵权法进行测算以保证有横向和纵向的可比性。测算结果表明，东部地区优于中西部地区，但西部地区增速快，且差异趋于缩小。他还用泰尔指数对三大区域差异进行了定量测算，表明省际差异明显，但差异呈现缩小趋势，地区间差异稳定，地区内的差异占主导地位，但呈现波动下降趋势。他又用σ收敛模型和β收敛模型对差异的收敛进行刻画，证明了差异的收敛性以及影响差异变化的各种外在因素。

图书在版编目(CIP)数据

海派经济学.2018年.第16卷.第3期:总第63期/程恩富,顾海良主编.—上海:上海财经大学出版社,2018.9

ISBN 978-7-5642-3142-2/F·3142

Ⅰ.①海… Ⅱ.①程… ②顾… Ⅲ.①经济学—丛刊 Ⅳ.①F0—55

中国版本图书馆CIP数据核字(2018)第251697号

□ 责任编辑 汝 涛

□ 封面设计 张克瑶

海派经济学

程恩富 顾海良 主编

上海财经大学出版社出版发行

(上海市中山北一路369号 邮编200083)

网 址:http://www.sufep.com

电子邮箱:webmaster@sufep.com

全国新华书店经销

上海华教印务有限公司印刷装订

2018年9月第1版 2018年9月第1次印刷

787mm×1092mm 1/16 13.75印张 261千字

定价:24.00元